U0033488

台灣獨立運動啓蒙者

王育德

自傳暨補記

王育德
王明理 著

吳瑞雲
邱振瑞 譯

王育德全集
台灣・苦悶的歷史
1 台灣・苦悶的歷史
2 台灣海峽
3 台灣話講座
4 台語入門
5 台語初級
6 台灣話常用語彙
7 閩音系研究
8 台灣語研究卷
10 我生命中的心靈紀事
11 創作&評論集
12 台灣獨立的歷史波動
14 台灣史論&人物評傳

【王育德全集】書影

阿江（生母）與四名子女

前排左起為育德、阿江、育霖；後排左起為錦碧、錦香。

左｜父　王汝禎

慶祝日本皇紀二千六百年受邀出席典禮，攝於參觀皇宮內。

昭和 10 年（1935 年）王汝禎呼籲台灣島內王姓族人共同建造王氏祖祠。此外，他設立「愛護寮」收容遊民貢獻社會，因而受邀參加皇紀典禮。

右｜育德的祖母（纏足）

1928 年獲頒綠綬勳章，所謂綠綬勳章，旨在贈予「孝子、節婦、義僕等之高尚美德，以及勤奮實業之楷模者」的勳章。

王汝禎的第三夫人　阿揚

王汝禎的第一夫人　阿母

就讀台南第一高女時期的錦碧（左）和錦瑞，大約攝於 1935 年。

王汝禎一家

前排左起為育德、阿揚和育哲、王汝禎和孫女、阿母、育彬、錦珪的長子。

後排左起為育森、錦碧、杜新春、錦瑞、錦珪和次女、育霖。（錦香就讀日本女子大學，不在）攝於 1935 年 1 月。

左｜身穿和服上衣的王汝禎（中）與員工們合照，攝於店前。

右｜位於台南竹仔巷的別墅。左側第一位為王汝禎，右側為神戶貿易商「怡利公司」老闆蔡炳煌（四女錦碧夫家）。

下｜在父親經營的「金義興商行」店前
店頭宣傳「蜻蜓火柴」布招。王汝禎手持旗子，另一名少女手持綁著蜻蜓的吊竿立在神轎上。

上｜祖母逝世三星期後供養做旬，排場隆重盛大。攝於1931年（昭和6年）。

下｜祖母葬禮最後一日燒紙厝的情景。

上｜阿江逝世於1934年（昭和9年），子女們於墓前悼念；左起為王育德和錦香的長女、育霖、錦香、錦碧。

下｜長女錦珪和丈夫杜新春（台灣第一位法官）。

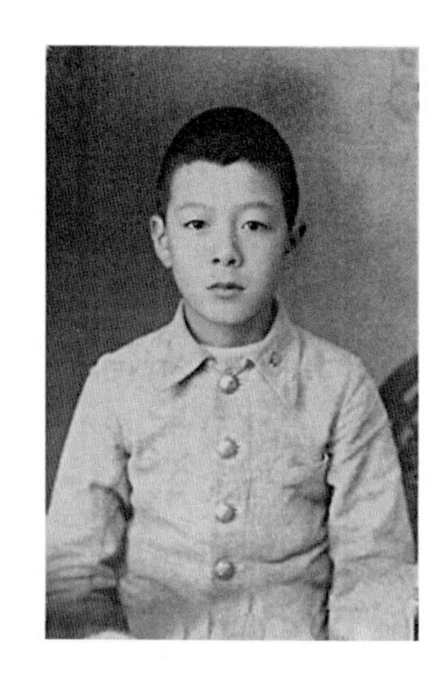

左｜育德就讀於末廣公學校，六年期間多半當班長或副班長。

右｜恩師　安田實老師

下｜末廣公學校全班同學合照

他們穿著中學制服，前排起第三位為作者。後排中央者為級任老師安田實，攝於孔子廟前。

上｜就讀台南第一中學的育德和就讀台北高等學校的育霖。

下｜至日本旅行的育德（中央）和育霖（左二），1937 年（昭和 12 年）攝於鎌倉鶴岡八幡宮前。

王育德和哥哥王育霖合照。

上｜台北高等學校文科甲類同學

前排中央為作者，第二排左1為邱炳南（邱永漢）。後排左起第六位為吉江清景。

下｜台北高校時期辯論社遠征

後排左側為王育德。前排身穿黑色學生服的是返鄉探親的育霖。

就讀台北高校文甲類，六名台灣同學合照。

前排左1為王育德、右側為林子雄。後排左起為邱炳南（邱永漢）、吳源坤、朱威廉、彭東祥，他們雖為文科學生，除了王育德和邱炳南進入東大，其餘同學都就讀於醫學部。

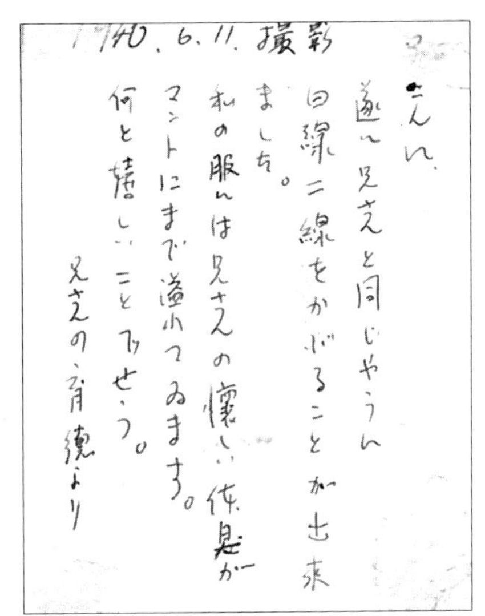

1940.6.11.撮影

兄さん、
遂に兄さんと同じやうに
白線二線をかぶることが出來
ました。
私の服には兄さんの懐しい体臭が
マントにまで滲みてゐます。
何と嬉しいことでせう。
兄さんの育德より

左｜就讀於台北高校的育德。

右｜相片後面的留言：「兄長 我終於與您一樣，戴上有二條白線的制帽。我的衣服和斗篷散發著兄長身體的味道，真是令人懷念啊。我感到非常高興。　育德 敬上」

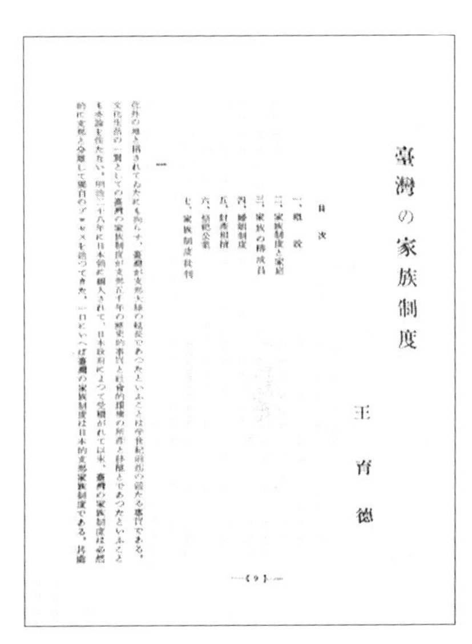

臺灣の家族制度

王育德

目次

一、緒說
二、家族制度と家庭
三、家族の構成員
四、婚姻制度
五、財產相續
六、祭祀公業
七、家族制度批判

一

—【9】—

右頁上｜台北高校文甲三年級生，受邀到長谷川清總督官邸，每個同學如戰爭時期的穿著正裝出席（平常他們穿著木屐，不過這天褲管全繫上綁腿）。

右頁下｜接見結束後，他們心情為之放鬆，脫下了綁腿。身穿白色夏季制服的是王育德。

左頁｜台北高校時期的文藝校刊《翔風》。

右｜東京帝國大學時期的王育德（患了肺病後，身形消瘦）。

左｜任職於嘉義市公所，1944 年。

執教於台南第一中學時期，1945-1949 年

參與〈新生之朝〉舞台劇的演員們。前排左起第三位為飾演老人的王育德。攝於 1945 年 10 月。

結婚照與王氏家族合照。1947年1月5日。

左｜身穿檢察官制服的育霖，於京都地檢署。

上｜1947 年爆發「二二八事件」之時，收容育霖等政治犯的西本願寺遺址（現今台北市西門町．萬華廣場）。王明理，攝於 2010 年。

下｜台灣政治犯在此受拷問處決。

1950 年，向東京大學申請復學。為了研究台語，攻讀碩士課程、博士課程，勤奮治學。
右二為倉石武四郎教授，王育德的恩師，亦是陪同王育德自首時的保證人。

1952 年 12 月，召請妻子雪梅和長女曙薰來日本團圓，1954 年明理出生以後，獲得特別居留許可，並承認其政治流亡的事實。

王育德住在日本期間，主要為專注研究學問，終生與東京大學的同學和朋友交誼深厚。

1958 年，王育德到明治大學商學部執教，其後升任為系主任，亦擔任東京教育大學、東京外語大學、都立大學、埼玉大學講師。在學校，他教學嚴格，私下和藹可親，經常招呼學生們到家裡，共享台灣料理。

1960 年 2 月 28 日，王育德與 5 名台灣留學生創立「台灣青年社」。
創社成員，由左至右：

黃永純　東京大學研究所學生（台南一中畢業）
傅金泉　早稻田大學學生（台南一中畢業）
王育德
黃昭堂　東京大學研究所學生（台南一中畢業）
蔡炎坤　東京大學研究所學生（台南一中畢業）
蔡光顯　住在香港（observer），於蔡炎坤後面（台南一中畢業）
廖春榮　東京大學農學部學生

黃昭堂、王育德等人在東京街頭示威遊行。1965 年 2 月 26 日。

上｜1961年6月，李登輝造訪王育德家。關於那天的訪談，收錄於王育德日文版自傳《歷經「昭和」的台灣青年》一書，李登輝讀過這本書。

下｜《台灣—苦悶的歷史》這部著作給台灣史觀和台灣人認同帶來巨大的影響。左為出版於1964年的初版，右為1970年的修訂本。

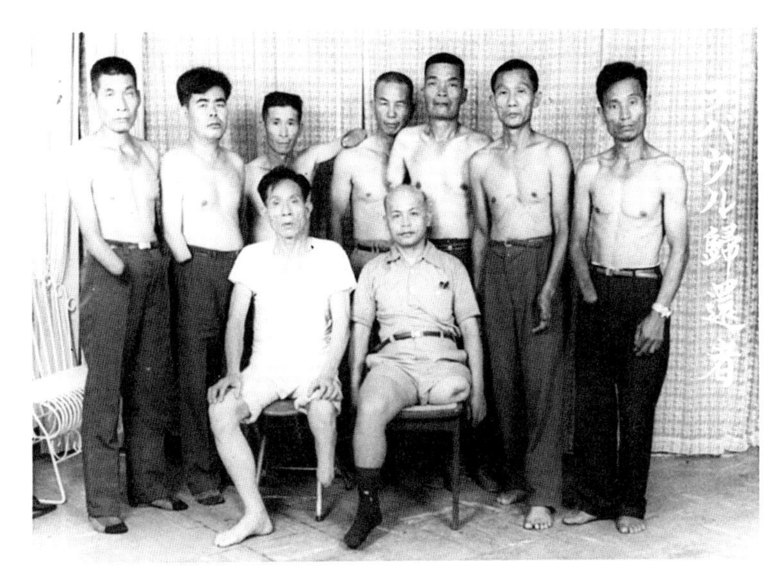

上｜台籍日本兵。

下｜王育德為「台籍日本兵補償問題」到街頭尋求市民連署。

上｜包括「台籍日本兵補償問題思考會」的成員和律師團。

下｜1985 年 8 月末，王育德率領來自台灣為準備出席第二次判決的原告們與日本的政治家面談（10 日後，王育德辭世）。

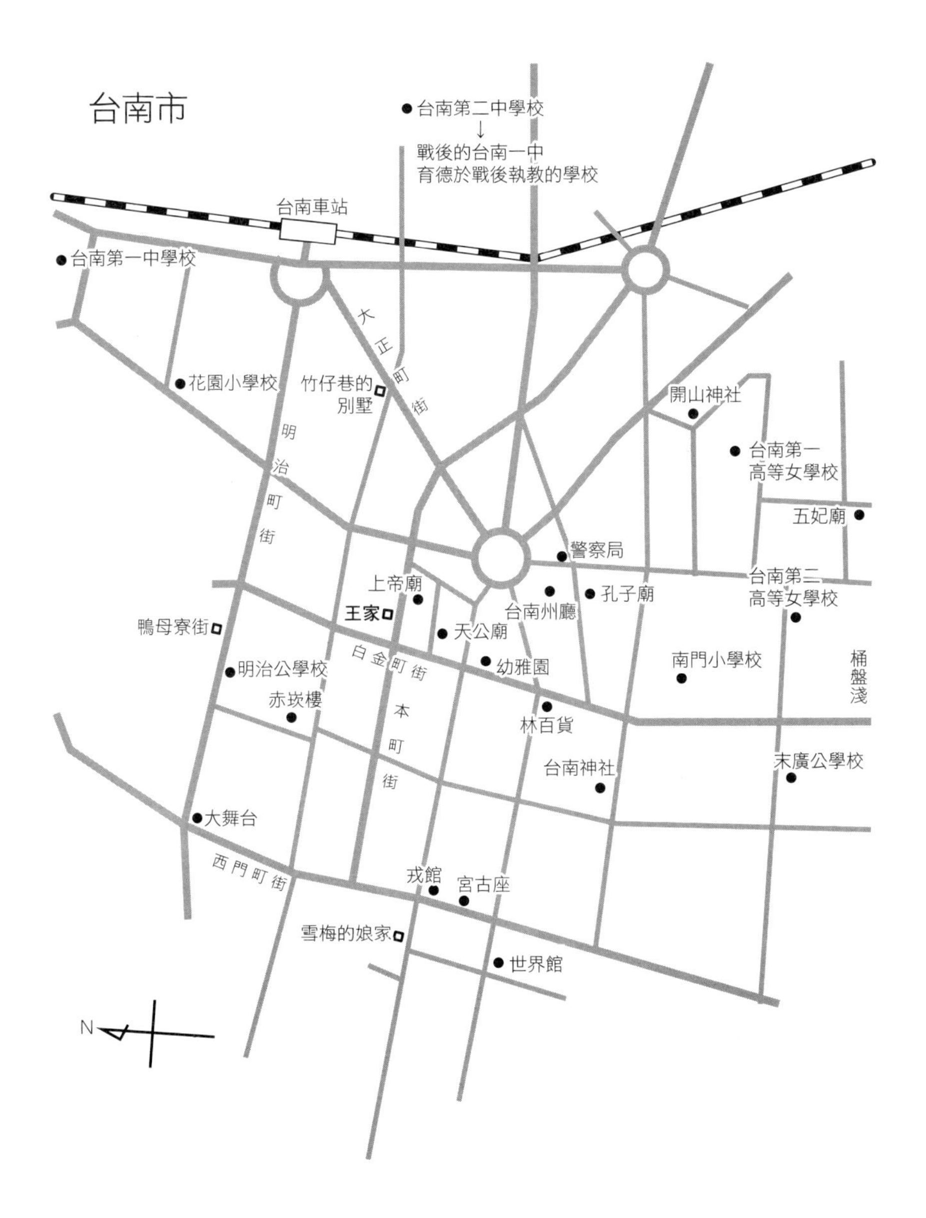
台南市
台南第二中學校
↓
戰後的台南一中
育德於戰後執教的學校
台南車站
台南第一中學校
大正町街
花園小學校
竹仔巷的
別墅
明治町街
開山神社
台南第一
高等女學校
五妃廟
警察局
上帝廟
孔子廟
台南第二
高等女學校
王家
台南州廳
鴨母寮街
天公廟
白金町街
幼稚園
明治公學校
南門小學校
桶盤淺
赤崁樓
本町街
林百貨
台南神社
末廣公學校
大舞台
西門町街
戎館
宮古座
雪梅的娘家
世界館
N

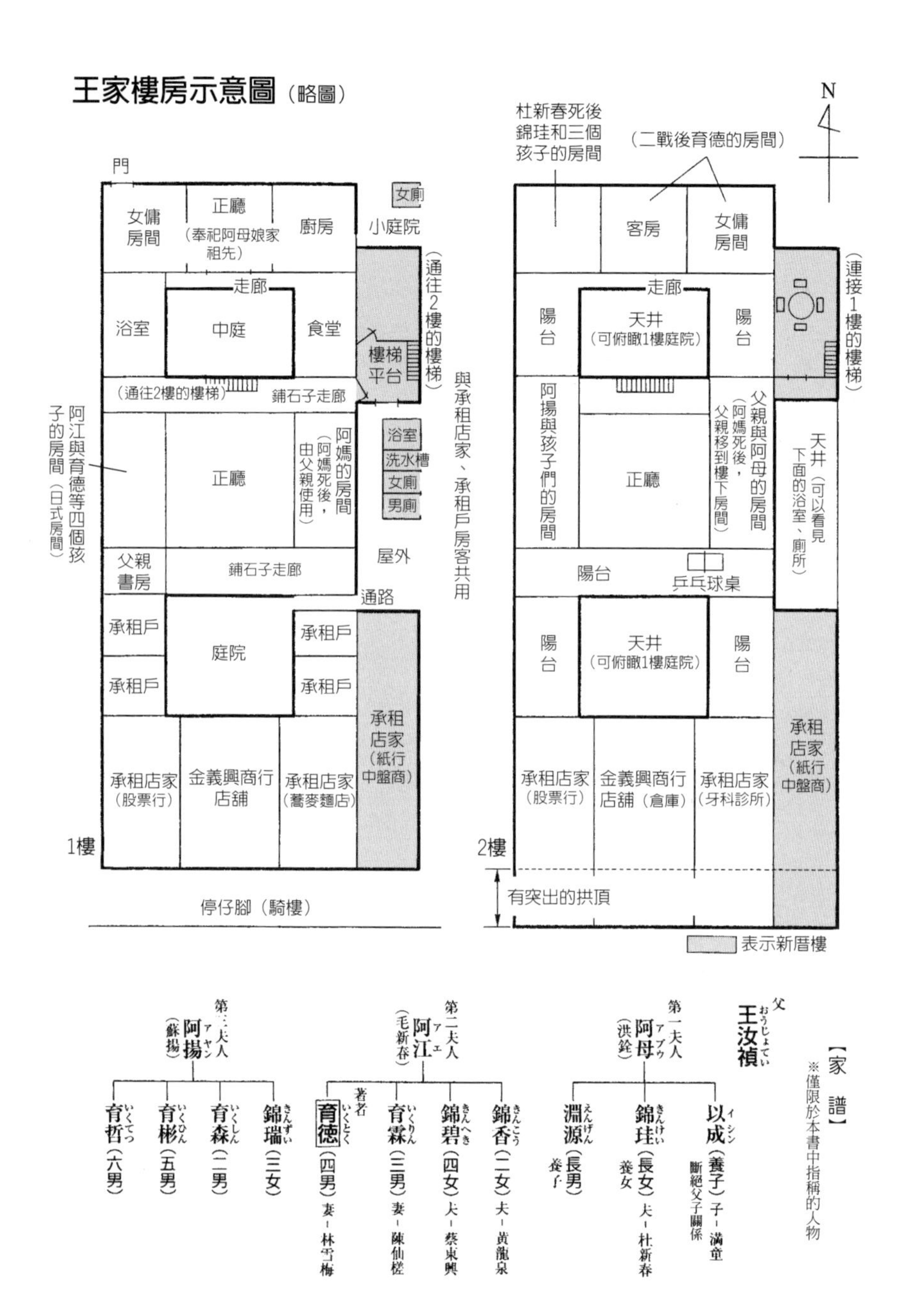

王家樓房示意圖（略圖）
N
門
女傭房間
正廳（奉祀阿母娘家祖先）
廚房
女廁
小庭院
（通往2樓的樓梯）
浴室
走廊
中庭
食堂
樓梯平台
（通往2樓的樓梯）
鋪石子走廊
阿江與育德等四個孩子的房間（日式房間）
正廳
阿媽的房間（阿媽死後，由父親使用）
浴室
洗水槽
女廁
男廁
與承租店家、承租戶房客共用
屋外
父親書房
鋪石子走廊
通路
承租戶
庭院
承租戶
承租戶
承租戶
承租店家（紙行中盤商）
承租店家（股票行）
金義興商行店舖
承租店家（蕎麥麵店）
1樓
停仔腳（騎樓）
杜新春死後錦珪和三個孩子的房間
（二戰後育德的房間）
客房
女傭房間
（連接1樓的樓梯）
陽台
走廊
天井（可俯瞰1樓庭院）
陽台
阿揚與孩子們的房間
正廳
父親與阿母的房間（阿媽死後，父親移到樓下房間）
天井（可以看見下面的浴室、廁所）
陽台
乒乓球桌
陽台
天井（可俯瞰1樓庭院）
陽台
承租店家（紙行中盤商）
承租店家（股票行）
金義興商行店舖（倉庫）
承租店家（牙科診所）
2樓
有突出的拱頂
表示新厝樓
【家譜】
※僅限於本書中指稱的人物
父 王汝禎（おうじょてい）
第一夫人 阿母（アブウ）（洪銓）
以成（イシン）（養子）子－滿童 斷絕父子關係
錦珪（きんけい）（長女）夫－杜新春 養女
淵源（えんげん）（長男）養子
第二夫人 阿江（アエ）（毛新春）
錦香（きんこう）（二女）夫－黃龍泉
錦碧（きんへき）（四女）夫－蔡東興
育霖（いくりん）（三男）妻－陳仙槎
著者 育德（いくとく）（四男）妻－林雪梅
第三夫人 阿揚（アヤン）（蘇揚）
錦瑞（きんずい）（三女）
育森（いくしん）（二男）
育彬（いくひん）（五男）
育哲（いくてつ）（六男）

王育德自傳

——自出世至脫出台灣 1924—1949

〔王育德 著；吳瑞雲 譯〕

補記

——亡命日本後的戰鬥足跡 1949—1985

〔王明理 撰；邱振瑞 譯〕

前記／王明理

這本自傳是一九六五年家父四十二歲時撰寫的，當時，家父自知這樣的作品不可能在台灣發表，試圖日後在日本發表才執筆寫下的。

然而，家母和伯母認爲「家醜不外揚，此時發表自傳，年紀尚輕」而強烈反對，以致未能完成。可以看出，面對國民黨和中共恫嚇從不退怯的家父，遇上這兩個人也不敢違逆。

從那之後，這些文稿始終深鎖櫃中，這次承蒙前衛出版社好意，才使得它重見天日。我想，台灣有那一刻的來臨，最欣慰的莫過於九泉之下的家父吧？

這些文稿幾乎都是草稿，有些部分屬於小說的體例，儘管我們盡量不損及原文，但在編輯上仍費了很大的工夫。編輯作業由家母（雪梅）、王育德的女兒（明理）及孫女（綾）執行，由於我們三人缺乏實務經驗，未發表的文稿又是以日文寫成的，突然要以漢文版的形式出版，超乎想像的耗時費工。我們先把家父不易判讀的草稿複印了三份，然後逐字逐句核校，彼此交換心得，耐心地重閱了三次。

核校後的文稿依序寄給譯者，再由譯者譯出傳至前衛出版社，待我們整理至最後篇頁時，倏忽已過了半年。

編輯過程中，祖孫三代也有意見齟齬之處，有時是祖孫二人串成一氣，有時是我們母女說服家母，不一而足。儘管如此，工作空檔茶敘一番時，思及祖孫三代能共同編輯王育德的文稿，感到無比的喜悅。

幸運的是，此次請到住在京都的吳瑞雲女士翻譯，她對我們繁瑣的叮囑從未面露慍色，總是戮力完成，再次向她致謝。

這本自傳只寫到王育德逃出台灣即告結束，或許讀者會覺得意猶未盡。其實，在那之後，家父留下許多小說（未發表）、筆記和日記。不過當事人已然去世，要以自傳的方式發表，多少有些困難，此刻我正以此遺稿撰寫家父逃亡後的續篇。

家父離開他深愛的故國台灣，在逃亡之地的日本結束一生。在他於異鄉重新開始的生活中，日本是讓他得識諸多知己、當上大學教授受到社會敬重，完成許多工作的國度。他在大學任教之外，最主要的工作是推動台灣獨立運動、研究台語、爲台籍原日本兵的補償問題奔走。家父雖然身在日本，仍一日未忘情於台灣，他要特別感謝日本社會對他從事台灣事務的包容。

家父二十五歲離開故鄉後，始終以台灣人自豪，不斷思考台灣的將來。到底是什麼力量使他如此深愛著台灣呢？祖國和故鄉對人的意義何在？讀者若能從這本自傳中，透過王育德的青少年時代了解無可替代的台灣的獨特歷史文化，我將與有榮焉。

自傳和【王育德全集】出版在即，我要感謝前衛出版社林文欽社長和邱振瑞先生。家父若知道他們蒐集他散佚的文稿，即使是艱深的日文文章，仍委託專家翻譯，極具耐心地編輯，終有【王育德全集】呈現在台灣人面前，不知會有多麼高興。在此，由衷致上我們家族的謝意。

最後，我也要藉此篇幅向黃昭堂先生深深致謝，家父亡故之後，他仍關照我們母子並提供諸多建言。

二〇〇二年春

（邱振瑞譯）

目次

第一章

大家族

我的身世背景

我於大正十三年（一九二四年）一月三十日出生在古都台南市。父親叫王汝禎，經營金義興商行，是海陸物產罐頭的批發商。母親姓毛名新春，我們小孩子都稱她「阿 e」，漢字寫成「阿江」（A-e）。「阿 e」是一種暱稱，我也不清楚其由來。母親在父親三位妻妾當中排行第二，換句話說，就是小妾。她在我們稱爲「阿母」（a-bú）的大某（正妻）與另一位小妾阿揚（A-iâng）的聯手戰線下，飽受欺凌，於昭和九年（一九三四年）病逝，結束她薄命的一生。當時我才十歲。

我的家庭是典型的封建大家族，兄弟關係非常複雜。長男王淵源是養子，他是一位難得的家業繼承人，昭和八年不幸死於急性盲腸炎，享年才十七歲。二男爲王育森，他是阿揚所生的第一個男孩，淵源兄死後，由他繼承了家業。除此之外，男性兄弟還有和我同母的育霖兄，底下則有阿揚所生的育彬與育哲兩位弟弟。

另外，還有一位相當於我們最年長的大哥——以成（î-sêng），他的微妙存在，就像是小說中的人物一般。

早在我出生之前，以成就被領養爲長子。或許因爲出身不好的緣故吧，他的品性非常惡劣，很早就被趕出家門。儘管早已被斷絕關係，他還是三不五時從後壁門偷溜進來，大搖大擺地命令我們：「去把阿母叫來！」然後總是花言巧語地亂蓋一通。例如：「我剛生了大病，可差一點就死了！」「待會兒就要出遠門去賺大錢了！」等等；最後，他一定說：「就這最後一次，拜託了！」好從阿母那兒騙取財物。父親嚴厲禁止我們，絕對不可以讓以成踏進家門，或給他任何財物，不過，阿母還是對我們說：「他是你們的大哥。」而且總是動之以情，這點讓我們感到不舒服，也使我們心生不滿。

除了男性兄弟之外，我還有四個姐姐。長女也是收養來的，名爲錦珪。其次是與我同母的錦香，第三是阿揚所生的錦瑞，排行第四的、也是和我同母的錦碧。這些姐妹們都嫁給父親所挑選的對象。當時父親以有學問做爲選婿的首要條件，我也受到這些頗富教養的姐夫們很大的影響。

爲了明確起見，我將家族成員整理如下表。

洪　銓（阿母）以成（養子、其後斷絕關係）
　　　　　　錦珪（養女、長女、嫁　杜新春）
　　　　　　淵源（養子、長男）
毛新春（阿江）錦香（次女、嫁　黃龍泉）
　　　　　　錦碧（四女、嫁　蔡東興）
　　　　　　育霖（三男）
　　　　　　育德（四男）
蘇　揚（阿揚）錦瑞（三女、嫁　石清楠）
　　　　　　育森（次男）
　　　　　　育彬（五男）
　　　　　　育哲（六男）

父親王汝禎的奮鬥史

父親出生於清光緒六年（一八八〇年），昭和二十八年（一九五三年）去世，享年七十三歲。當時我身在日本，有家歸不得，終於未能見父親最後一面，徒留遺恨。當時住在神戶的錦碧姐回到相隔二十五年之久的家鄉，見到了父親最後一面。據說父親最後奄奄一息之際，猶嘟囔著：「阿德是我們家最不孝的。」對於無法獲得父親諒解一事，我早已心中有數；但當我接到訃聞時，卻僅能在遠方遙祈父親冥福，懷想起父親晚年的不幸，還是忍不住地掉淚。

昭和十七年（一九四二年），由於實施「企業整備令」，台灣成立了以日本人爲幹部的「組合」（工會），原本極盡興盛的家業也頓時蕭條。在這種情況下，維持大家族制度成爲父親的極大負擔。父親忍痛將所有的六十間房產陸續脫手，以熬過戰時的日子。

二次大戰結束後，父親原本以爲又可重新做起生意，不料，這不過轉瞬之間罷了。對於勤勉正直的老邁父親而言，國民黨政府貪官污吏的跋扈與天文數字般的通貨膨脹，他不僅不知如何應對，也喪失了因應的意志。

代替父親肩負起重振家業大任的是育森兄，無奈他生性溫文，缺乏應對難局的氣魄。而被父親私底下寄以厚望的育霖兄，卻在二二八事件中慘遭殺害。當時我只是一個微不足道的中學教師，深感危險迫在眉梢，不得不想辦法逃離台灣。當我偷偷將一切準備妥當，向父親做最後的告別時，父親表面上雖然死心斷念，但還是不乾不脆地引述了《論語》中的「父母在，不遠遊」，責備我的冒險。

逃到日本的隔年——昭和二十五年（一九五〇年），阿母過世了。在戶籍上，我是阿母的兒子，我無法送阿母最後一程，父親想必非常不諒解。父親對阿母的信賴和愛情，幾乎可說是絕對的，也因此，阿母的過世對他打擊之深，可想而知。對父親而言，阿母去世後的三年裡，可說是他人生的「終戰處理」時期吧。

父親除了留下寫於日本白格紙的長達五頁的「汝禎遺書」——日期為民國三十九年（一九五〇年）十二月十日，另外還寫了「汝禎略敘一生經過」。其後，因糖尿病與失眠症日益嚴重，老衰而死。在我看來，父親身為堅強活過清朝、日本、國民黨政府三個時代的台灣人，其人生的最後階段，不能不說是有些孤單和淒涼的，如此一來，也沒有活下去的價值了。

父親十五歲時，台灣從清朝手中割讓給日本。當時，表兄弟劉瑞山經營一家名叫「和源」的日用品雜貨店，販賣香菸、油、紙類等，父親在店裡當學徒，月薪是兩圓。此外，若送貨到主顧家中，還可拿到兩三錢的小費。父親將這些收入全數交給祖母，祖母靠著這筆收入，加上她自己和女兒的收入，支撐著窘迫的家計。

就在這時，傳來了割讓台灣的騷動。各種流言四竄，說日本人是野蠻民族，禁鴉片、廢纏足、剪辮子等。官員和有錢人家紛紛逃亡中國大陸，熱血之士響應義勇軍抵抗日本人。趁社會秩序混亂之際，土匪跳樑在各地作亂。

當時父親不僅負起照顧祖母的責任，還帶著妹妹到處逃匿。對這些驚惶與苦難，父親以「走番仔反」（cháu-hoan-á-hóan）的字眼來形容，講述給我們聽。「走」指的是逃，「番仔」指的是日本人，「反」指動亂之意。我從這句話深切體會到尋常百姓被捲入歷史風暴中，既孤立又無從抵抗的生命感受。

對父親而言，爾後被迫必須面對日本時代，不知道應該說是好或壞？父親終其一生從未參加過政治運動，也不曾聽他發表過政治性言論。他完全不懂日本話，頂多是「mosiyosi」（もしもし之誤，電話用語，相當於「喂喂」）、「tatarima」（這還是從我們這裡有樣學樣的。此乃「ただいま」之誤，入家門的招呼用語，意爲「我回來了」）、「ramerame」（「だめだめ」，不行之誤，談生意用語）之類的。因此，他也從未想利用政治上的關係去攀門路。

儘管如此，父親憑著「起早坐暗」（khí-chá-chē-àm，早起晚睡）、「大富由天，小富從儉」之類再單純不過的經濟觀念，累積了巨大的財富，並以社會實業家的身份，多次獲得州知事與市長的表揚。父親所做的社會慈善事業當中，有一項是蓋了「愛護寮」，收容「乞食」（乞丐）或流浪漢。托此之福，台南市看不到「乞食」。昭和十五年（一九四〇年）的日本紀元二千六百年紀念慶典上，父親更被選爲台灣民間人士代表之一，列席觀禮。若只從這一點來看，或許這是父親尚能稱心滿意的一個美好時代。

諷刺的是，他對日本人所帶來的近代精神一點也無法接受，在他的腦袋裡，充滿的是清朝時代的想法，雖然這時期在他人生中只佔不到四分之一。大體上，他對我們必須接受的日本式近代教育表現出理解的態度，但他總是諄諄訓示，只有孔孟之教才是眞正的學問，在現實社會中，漢文最有用。

父親嘴巴上雖然這麼說，但他接受的私塾教育其實有限，當我拿著在東大學習的《左傳》、《莊子》之類的教科書，故意半挖苦似地問他時，他卻回說：「太難了，沒法子懂啊！」既靦腆又高興地一笑置之。

可是也多虧了父親，我們從五六歲起即被強迫學習漢文（當時用台語學漢文）。有時請老師到家中，有時到街上的私塾。漢文和日文的雙重教育對我們是很大的負擔，尤其正值好玩的年齡，這簡直就是欲哭無淚的苦差事。但現在想起來，這實在是父親留給我們的貴重遺產之一。和同輩的台灣人相比，我們兄弟的古文強多了，而我更是因緣際會地走上了專研台灣話之路。透過漢文的學習，我的台灣話獲得提昇，意外地派上用場，因此，我對父親的頑固之意更加感謝了。

當然，這是一種結果論。像父親這樣的教育觀，可說是清朝封建社會的殘滓，事實上從一九一〇年代末至一九三〇年代，這樣的封建餘孽仍根深蒂固地殘存在台灣社會的各個角落，這也使得原本可以很有發展的台灣年輕世代受挫。

例如我的複雜的兄弟關係，即是一個令人不愉快的例子。

當時的台灣人普遍認爲，多子多孫是對父母的最大孝道，也意味著自己的「好命」（hó-miā），或許現在也還是（注：指當時一九六五年）。也因此，娶妾不僅不是壞事，更是男子漢有出息的展現，反而受到尊敬。可是，多子未必幸福，重要的是要能夠好好地養育子女，做到像《三字經》中的「揚名以顯父母」。

那麼，要怎樣才能揚名彰顯父母呢？通常有兩條路，一是做大官，二是賺大錢。這有時也是一體兩面的。做大官的話，錢財自然廣進；有錢的話，自然能買個一官半職。當然，這種可能性僅限於男性。對女性而言，最好能像楊貴妃一樣，但這近於作夢，還是別癡心妄想才好。

父親的一生可分爲兩個階段，前一階段是重振祖父一代衰微的王家，後一階段是敦促子孫們進一步承續發展王家事業，他在這兩個目的下刻苦自勵。在祖母與阿母的協助下，第一階段的目的可說順利達成，但第二階段的目的，不能不說因子孫不肖，空留遺憾。

根據父親親筆的略傳，五歲時，生母去世，十三歲時，父親也過世了，留下年輕的後妻及其所生的二男一女，以及百圓債務。當時，這位年輕的後妻——我們稱爲阿媽的祖母才二十五歲。在宗法社會中，女性地位非常低；祖母帶著三名稚兒，又不清楚這個「前人子」（chêng-lâng-kiá^n，前妻的孩子）對自己將會採取什麼樣的態度，想必心中是極其不安的。

另一方面，父親也擔心這位後母（āu-bú，繼母）會丟下自己再嫁。爲了撫慰哀傷度日的祖母，父親將收入全數交給祖母。偶爾跑外頭時，就順道路過家門，探望祖母，安慰一番。下跪懇求也經常有之。「阿母，請安心。我會視您爲親生母親，好好對待您。」「請您絕對不要有離開王家的想法，無論如何，請您守住王家的名譽與節操。」而祖母只是抱怨自己苦命，潸潸落淚。

父親對祖母的孝順，連親生子也遠比不上，左右鄰居更喻爲二十四孝之一。因此，祖母遭遇到親生二子因病與意外接連夭逝的不幸時，想必她是爲了父親，才得以堅強存活下來。

祖母和她的女兒做些假花、刺繡的副業，甚至也做清洗纏足的卑賤工作，以回報父親的孝心。

所謂纏足，是將小腳漂亮地緊緊綁住，再穿上玲瓏小巧的紅布鞋，這的確有「三寸金蓮」的嬌媚風情，不過，清洗整理上非常麻煩。

首先要將腳帛（kha-peh，裹腳布）解開，用溫水洗淨，修剪指甲，然後撒上明礬粉，換上新的腳帛。至少二、三天得這樣清洗一次，否則臭不可聞。

清洗纏足，一個人總是做不來，一般都是讓婢女幫忙。婢女又叫赤腳仔（chhiah-kha-á），是不纏足的，因此往往不得要領，令人焦急。由於祖母本身也纏足，服務無微不至，所到之處極受歡迎。

祖母是一位和藹而重感情的人，這一點廣爲人知。昭和三年（一九二八年），她獲得「賞勳局」總裁頒授綠綬獎章。在台灣，被授予綠綬獎章的，屈指可數，這不但是我們王家的名譽，更成爲台南市與台南州的光榮，曾熱熱鬧鬧轟動一時。

父親二十二歲時離開「和源」獨立創業。時值明治三十八年（一九〇五年），台灣正好實施菸草專賣條例，開始販賣內地（日本）香菸、外國菸以及台灣菸絲三種。有關台灣菸絲，總督府依照往常慣例，從大陸進口菸草葉原料，委託台北與台南的製造商製造。當時由於實施專賣制度，製造業界興起熱潮，「同和行」乃以「和源」的雙倍價錢雇用了父親。

待了八個月後，父親向老闆預借菸草絲十擔份——相當於六百圓，做爲開始日用雜貨商的資本，起初是用扁擔挑著到處叫賣，其後開起一間小店。隨著生意繁榮，還清了祖父所留下的債務及「同和行」的借款。不久，生意的規模轉爲批發商，採購範圍更從台灣島內擴展到日本內地、朝鮮、上海等，發展爲台灣南部知名的金義興商行。

賢內助的阿母

在父親事業發展與家運隆盛的背後，阿母的相助之勞，功不可沒。

父親二十二歲時與阿母結婚。談起這段婚姻，還有一段小插曲。

阿母是某個老主顧的女兒，家住台南公園老松町附近。當時父親經常送貨到這裡。父親知道這戶人家有著一對姐妹花，姐姐嬌小玲瓏，妹妹體態豐盈。父親心裡偷偷愛慕著這位妹妹。正如照片中可看出來的，父親體格健壯，自然認定豐盈的妹妹和他比較搭配。當媒人前來談這門親事時，父親毫無疑問地認定對象就是妹妹，喜孜孜地答應了。結果結婚當天走下新娘轎的，卻是嬌小的姐姐。他們在情非得已之下結爲夫婦，但出乎意料的，他娶到了賢慧的太太。

至於結婚費用，他與祖母商量，向安平的五叔公（gō-chek-kong）開口借錢。五叔公是祖父的五弟，曾特地前往福州赴考，中了舉人。

一族當中能出個舉人，是莫大的光榮。除了本人能享有天子所賜的各種榮典之外，一族三代更被尊稱爲「舍」。「舍」是對榮貴子弟的尊稱，不是大少爺之類的稱呼可比擬的。由於榮典適用三代，因此我的孩提時代，女傭也都稱我爲「阿德舍」，當時，我也不覺得彆扭。不過，不曉得從什麼時候開始，卻從「阿德舍」變成「阿德桑」，當初我還自嘲地解釋，桑是舍的音誤。

話題再回到五叔公。或許五叔公是蠻了不起的，可是一談到錢的事情，也和一般人沒什麼兩樣，還不到約定的半年，他就火急地催討。阿母察覺了情況，向父親詢問，父親雖然有些沒面子，也據實以告。

阿母早有過貧窮生活的覺悟，但沒想到居然落到這種地步。苦思之後，阿母典當了自己陪嫁所帶來的金飾與手環，充做還債費用。但正月初二迫在眼前，這一天有回娘家的習俗，就算僅與親人面對，沒有半點裝扮的行頭，實在太不體面，最後阿母只好以生病爲由，避開回娘家一事，保住了父親的顏面。

父親不止三番兩次講述這段故事給我們聽，這也是誇讚阿母功勞之大的典型故事。阿母如何在父親的生意上積極幫忙，我不甚清楚，但在購物方面，阿母的確很有一套。從全家人的衣服到日常用品、每日三餐、點心類的芒果呀香蕉等的，她總是能夠討價還價買到好貨，的確非常不簡單。俗語說「善理財，家庭美滿」，從這一點來說，也算得上是阿母的內助功勞之一。

另外，阿母還有一個優點，就是十分熟悉婚喪喜慶，而且做事順序有條有理，能夠俐落地打點家中大小事情。拜時代之賜，在我們家境尚可時，這樣的能力提昇了我們王家的地位，也提高了王家的名聲。但是隨著時代進展，儘管家道衰微，她仍然一板一眼地凡事拘泥，使得我們頻頻感慨事情難辦。

總之，對父親而言，阿母是不折不扣的糟糠之妻，曾一起走過困苦的日子，因此對阿母幾乎言聽計從，金錢也任她自由使用。例如父親帳房的大金庫，除了父親之外，就只有阿母擁有鑰匙。父親要求我們必須尊敬阿母，就像對待他一般地善待阿母。他也告誡兩位小妾，要她們必須認清自己身份，不得有僭越的任何舉動。

但阿母有一個致命的缺陷，就是不能生育。我在阿母的房間閒躺時，曾經目睹阿母露出上半身擦拭身體。她的兩個乳房色白可愛，沒有皺紋，也不下垂，乳形非常完好，當時她都已經五十多歲了，還能保有這副形狀，讓我非常吃驚。從醫學觀點來看，或許是因爲女性荷爾蒙分泌不足，使得她「身體的女性化」不夠成熟吧。

結婚幾年後，父親得知阿母不能生育，不知有多麼失望焦躁。誇張地說，正是這一點，播下了我們王家悲劇的種子。父親與阿母這對不幸的夫婦想出了彌補之策，那就是遵照古早的「螟蛉子」（bêng-lêng-chú）習俗，收養了以成與錦珪，這也是阿母主張的，至少要有一男一女。阿母打從心裡疼愛兩位養子女，但也因爲她太過寵愛縱容了，使得以成爬上天，走向歧途。錦珪也驕縱任性，被我們取了大姊頭的綽號，刻意疏遠她。

儘管顧慮到阿母的心情，父親還是無法捨棄擁有親身骨肉的念頭；阿母苦惱之餘，最後不得不妥協了，於是娶阿江入門爲妾。

生母、逆來順受的阿江

我的生母——阿江，老家位在高雄州橋仔頭（橋頭）附近的九甲圍，出身貧窮農家，四歲時就被送去當養女。養父母是位於高雄舊城（左營）的曾家。在這裡，阿江受到很好的對待，雖然她也幫忙做些家事，但受到如同親生子女一般的疼愛與養育。阿江十九歲時，經人介紹後，父親前往試看，一眼就看上，隨即請人說親。父親說，儘管阿江接受納妾一事，心中還是非常悲傷。據說當父親前往迎娶阿江，在車站買了到台南的車票，父親把車票交給阿江時，她當下把車票撕破，而這大概也是她唯一所能表達的吧。

二次大戰後，我曾經和育霖兄乘坐巴士探訪九甲圍的阿江生家，那是一間僅有一廳二房的寒酸農家，一位據說是她親生哥哥的瞎眼老人戰戰兢兢地摸著我們，說道：「妹妹能夠幸福，眞是太好了。又生了兩個這麼傑出的兒子，我們什麼忙都沒能幫上啊。」接著眼淚就撲簌簌地落下來了。

我不喜歡談感傷的話題。相較之下，舊城二妗家的回憶就愉快多了。阿江也把這裡當做自己的家，常常帶我們回去過夜。

舊城是鄭成功時代鳳山縣治的所在，正如其名，還保有舊的城跡。從縱貫鐵路車站下車後，向西沿著灰塵滿佈的鄉村小路，大約走十五分鐘，就可以看到左邊危危傾塌的城牆。街道沿著城牆右外側開展，狹窄的石板小路蜿蜒，忽高忽低的。這裡沒什麼店面，來往行人也少。熱鬧的氣氛全被通過西邊的縱貫公路的兩側店家奪去了。

曾家位在舊市街偏北的一角，來到這裡，山形古怪的半屏山南麓就近在眼前。曾家是這附近的地主兼保正。曾家人住在寬敞明亮的裏院的房子。從二舅媽、二舅到眾多的小孩，每個人都樸實爽朗，舉止大方。

吃飯時，二舅媽總是站了起來，用她的筷子夾起大塊豬肉、雞肉就往我們碗裡塞，往往一夾就是一大堆，我們得費勁才能扒出菜餚下的白飯。我結婚後，曾帶妻子前往問候，也是這般受到豐盛招待。

我們和曾家小孩有時在中庭玩捉迷藏，有時到半屏山麓的蓮池潭採菱角，或跑進城牆內玩耍。舊城屬於山城的一種，稍隆的山丘上處處可見兵營和炮台遺址，另外，還有一座荒涼大廟和四處散亂的墳墓。

阿江是很懂得分寸的人，非常盡心服侍父親、阿母與祖母，對以成和錦珪也很照顧。她有肚量，手又巧，做飯、女紅都很行。可是她十九歲即入門為妾，直到二十三歲才好不容易生下錦香姐，這對阿江來說，不能不說非常不利。原本台灣人就有慶祝入門喜（jip-mn̂g-hí）的習俗，也就是結婚後能馬上懷孕。而父親原本就極為盼望能生下自己的親生骨肉，尤其是親生兒子，因此，如果能產下一子那也就好，不料已過了四年，生下的卻是女兒，這使得父親感到非常失望。就在此時，他收養了淵源兄，更進一步又納阿揚為妾。

但身為阿江其後所生下的兒子之一，我無法接受的是，當時至少已經證明阿江還能生育，父親實在應該再多等一下，看看狀況的。

根據另一說法，由於阿江實在太能幹了，受到父親、祖母和親戚們的喜愛，阿母心生嫉妒，爲了防礙阿江，故意將阿揚硬塞給父親，而且在兒子即將出生之前，趕緊領養淵源兄做爲自己的兒子。

阿揚的老家在安平南鯤鯓的小村落，父親是漁夫。她是一個身材高挑、臉蛋細長的美人，個性單純，但有些粗野。對我們來說，阿揚是阿江的敵人，所以當然討厭阿揚，有時甚至動口和她吵架；但不可思議的，和阿母相比，阿揚反而有一份人情味，因而也對她感到親近。

在阿江生前，阿揚和阿母聯手與阿江作對；但在阿江過世後，她卻經常和阿母起衝突，顯得歇斯底里，甚至數次咬過父親。阿江稱父親爲頭家（thâu-ke），稱阿母爲頭家娘（thâu-ke-niû），幾乎是竭盡所能地忍氣吞聲。可是阿揚卻毫不在乎地出口吼罵阿母與父親。除了多少有些仗著生下三個兒子的功勞——包括繼承家業的育森兄、育彬弟與育哲弟，另外就是她有一個先進的觀念，認爲妾和大某應當是平等的。

不管怎麼說，兩位小妾就像是造艦般地比賽生孩子。大正六年（一九一七年）錦瑞姐與錦碧姐出生。阿江與阿揚這回還是生下女孩，阿母遂到市內的寺廟裡許願，如果賜予一子，滿月（móa-goéh）時將一百二十跪一百二十拜來還願。也不知道是否眞是祈求靈驗了，大正八年（一九一九年），育森兄和育霖兄分別出生。先前的女孩和這次的男孩，都是阿揚手腳快了些，在排行上也就佔了上風。

而在四年半後，輪到我這一組的比賽，當時和我同時出生的對手阿棋（A-kî），在兩歲時死於瘧疾。

一年半後，兩人又都懷孕了，這一回則是阿江拿掉孩子棄權，阿揚則生下育彬弟。而尾子（bóe-kiáⁿ）的育哲弟，則是在阿江死後才出生，受到父親極度的寵愛。

對於接二連三出生的男孩子，父親在戶籍上做了一些手腳，分別從阿江與阿揚生下的兒子中各自挪出一名，將我與育森兄列在阿母的戶籍下。

這或許也是阿母的要求，換句話說，對於兩位小妾生下的兒子，想要在戶籍上表現出一視同仁。對於異母的親生兒子，父親除了想給予他們必須負起奉養阿母的法律義務，另一方面也爲了要讓阿母安心吧。

阿江這房不讓出育霖兄而把我讓出去的原因，在於育霖兄與育森兄出生只相差一個月，報戶口時說不通。

不管是誰，兄弟裡頭幾乎沒有一個人能打從心底敬愛阿母，眞正想盡心奉養她。如果淵源兄還活著的話，可能另當別論；但不管阿揚還是阿江的小孩，對於不是親生母親的阿母，一直心存隔閡。

父親也很早就察覺出這樣的氣氛而感到痛心，有時會採取高壓態度嚴厲痛斥我們，有時則是採取低姿態哀求我們。但到最後也只能落寞地安慰阿母：「如果妳先死的話，那也還好，但若是我先走一步，不知妳將怎樣過下去？」阿母最後也似乎想開了，向父親要來財產的一部分，確保了自己的養老金，表面上過著悠遊自在的養老生活。

本町（草花街）的大宅院

讀到此，讀者們可能多少感到吃驚，甚至心懷輕蔑，覺得居然能夠讓正妻與兩位小妾同在一個屋簷下生活數十年，也眞行。不過，這就是封建大家族之所以爲封建大家族的道理之所在，這是中國式的歷史產物，我自己也是身陷其中嘗盡苦頭，甚至咒詛發誓予以破壞。但以我個人的微弱力量，根本無能爲力，只能隱忍自重，等待時代的變化了。

不過，雖說同在一個屋簷下，我們家佔地可有兩百多坪，樓上樓下建坪更達兩百五十坪，這是由三棟房子構成的寬廣店鋪兼住宅，而且還買下隔鄰佔地六十坪、建坪五十坪的所謂新厝樓（sin-chhù-lâu）予以連接。從家族數與家中人口而言，算是非常寬敞，絲毫不用擔心必須經常彆扭地面對面。

我們全家人被分配到的房間通常有七八坪大，或不同樓，或隔著大廳走廊各自獨立，除了牆壁是用厚磚打造之外，門上更有著堅固的門閂。房裡頭設有床鋪、桌椅，甚至也有洗臉台與廁所。

父親是在大正七年（一九一八年）三十八歲時蓋起了這棟宏偉的住宅，當時正值第一次世界大戰的好景氣，生意急速地成長。在此之前，他或在東門町大人廟（Tāi-jîn-biō）租借店鋪，或買下高砂町員外境（Oân-gōe-kéng）「和源」的舊店鋪（劉瑞山當時已成爲大地主，放棄生意，搬到清水町去了），可是都馬上不夠用，乾脆到本町草花街（Chhó-hoe-ke）求發展。本町是當時台南的繁華街道之一，相當於東京的日本橋、京橋，從昭和十年（一九三五年）左右起，被銀座（Gîn-chō）、西門町所取代，現在則已經淪爲二等、三等地。

搭蓋這棟住宅時，父親尊重祖母的願望。頭前樓（thâu-chêng-lâu，前棟）是店鋪兼倉庫用的半新式建築；中樓（tiong-lâu，中棟）爲上下樓、四房一廳（sì-pâng-chit-thia^{n}）的傳統設計，一、二樓合起來有八個房間，以便讓八對孫夫婦往後能同時居住。有任何儀式活動時，則在樓下正廳。需要擺設大量供品，或是舉行宴會、唱戲等時，則將正廳經頭前庭（前庭）直達店面打通，爲此，特地將正廳正面與店鋪裡頭的門設計爲活動式，以方便拆除。後壁樓（āu-piah-lâu，後棟）與後壁庭（āu-piah-tiâ^{n}，後庭），則如同是前、中樓的後方，這裡有灶房、食堂、洗衣間、女傭房間等。廁所與洗澡間向來被視爲不淨之地，設在新厝樓的用地上。

從內地（日本）前來出差的製造商職員，對店鋪的接客室、中樓華麗的雕刻樑柱與施上金箔的牆壁，往往端詳入迷，然後開口道：「請教一下，府上宅第的結構不知爲何？爲了將來參考，可不可以參觀一下？」父親總是洋洋得意地笑了起來，然後命令我們小孩子帶路參觀。在幾個房間進進出出後，客人經常認不得路，大聲開口求助道：「對不起，請問出口在哪邊？」我們總感到極盡滑稽。這是由於客人對不同房間的不同床鋪樣式、掛在廳裡的壁聯（piah-liân，掛軸類）、古董等等，無一不讚嘆入迷，無意間逛迷了路，繞不出來。

回憶慈愛的阿媽

祖母唯一的最大心願，毫無疑問就是我們家能夠「四代同堂」，雖然這能夠理解，但光是五個兄弟就已經夠複雜了，而且糾紛不斷，如果八個兄弟姐妹全都結了婚，曾孫一個接一個出生，那幅景象，光憑想像就令人發毛。也不知該說幸或不幸，祖母未能親眼目睹孫子們成家即去世了。她健在的時候，家業極其發達隆盛，父親做爲一家之主的權威也日益鞏固，而我們這些孫子，則是年幼可愛；當時的王家可說是謳歌昇平的和樂時期，在維持這幅昇平的景象之上，祖母的存在是相當重要的。

雖然不能與聖德太子十七條憲法（編按：日本古代的太子，制定了十七條憲法）相比，大家族制度必須以和爲尊，祖母則是帶頭示範者；她心腸仁慈，不知道「生氣」兩個字，打從心底疼惜家中一切；而且她興趣廣泛，連帶影響著家人們，也豐富了我們的教養。

祖母的心腸有多仁慈呢？底下的例子可以說明。

她常告誡我們，不管什麼生物，都不可以殺生。「那個啊，是土地公（Thó-tī-kong）派來的！」因此，即使蚊蠅咬上身，她不過是用手或撢子之類輕輕把牠揮走。

一發現蚜虫或蟋蟀之類的，我們常常拎著牠們的觸鬚，抓到祖母面前。

「阿媽，妳看妳看，要把牠殺掉了哦！」

「哎唷！怎麼可以做這種壞事。太可憐了！把牠放生（pàng-se^{n}），阿媽給你一錢！」

說完後，就從「腰肚」（io-tó，縫製在腹帶的口袋）捏出一枚銅板，放在我們手中。當時的一錢，夠買一碗「油食粿」（iû-chia̍h-kóe），或是一杯「杏仁茶」（hēng-jîn-tê）。

「好啊，我去把牠放掉。」

就這樣騙到了一錢。其他兄弟見狀，羨慕地說：「好好哦！好好哦！」

「那你不會也照做？」

然後把同樣的那隻蟲交給其他兄弟，讓他以同樣手法拿去祖母面前，祖母也同樣給一次錢。剛開始做這種事時，還會洋洋得意的，但逐漸的，自己也覺得不好意思，就不再做這種胡說八道的事了。

祖母還給孫子們一個一個取了外號。例如，錦香姐和育森兄都很調皮搗蛋，分別給她們取了「惡香」（ok-phang，與惡蜂同音）、「惡森」（ok-sim，與惡心同音），育彬弟則有握拳使力的習慣，取爲「拎拳頭」（gīm kûn-thâu），我則由於頭尖，被取名爲「尖頭」（chiam-thâu）等等。

祖母經常喜歡坐在店頭前面眺望來往行人。路過行人如果出聲叫「金義興的頭家媽（thâu-ke-má）」，她總是笑容滿面地打招呼。

祖母有時一看到我，就出聲：「尖頭，來這邊，阿媽給你抓背。」然後將我抱坐在膝蓋上，用那雙「阿媽的手」輕輕慢慢地細抓，往往令人舒服得不禁打起盹來。

祖母種了很多水仙花，分栽在盆裡，裝飾在每個房間或廳裡。由於水仙花很容易就能用小刀施以雕工，加上味香，或見或聞，令人不由得心情穩靜。

祖母還養蠶，而且規模相當大；她總準備好些個淺篩子做爲養蠶棚子。我們小孩子的任務，則是幫忙用溼布將桑葉擦乾淨。

另外，祖母也非常愛看戲。由於她無法一個人前往，一定得找人作伴，我常被指名作陪。

「尖頭，帶阿媽去看戲啦！」

「不要啦！」

「怎麼這樣講？」

「不然，你要買什麼給我？」

「眞是搞怪！那你喜歡的，阿媽什麼都買給你！」

我們就這樣一起坐上人力車，到「大舞台（tōa-bú-tâi）」看歌仔戲（koa-á-hì）。

「大舞台」在台灣算得上是老劇場之一，也是台灣島內轟動出名的「丹桂社」（Tan-kùi-siā）的常駐舞台。父親是這裡的大股東，幾乎有用不完的招待券。

歌仔戲是台灣固有的唱戲，無論身段、台詞、唱法，和京戲一模一樣。但上演的戲目內容不像京劇廣泛，大概都是些「三伯英台」或「陳三五娘」之類的，不是讓小百姓們心裡蹦蹦跳跳的，就是一把鼻涕一把淚。年幼的我多少也能感受到場邊的氣氛，然而我更熱心的，是向祖母要到瓜子或熱呼呼的包仔（pau-á）、水餃（chúi-kiáu）。

後來我之所以對戲劇、歌仔冊（koa-á-chheh）產生濃厚興趣，出發點或許就在這裡。

此外，有趣的是祖母還會賭博。這種賭博完全是家庭娛樂，賭本也都是來自父親所給的零用錢，而且是在閒得沒事可做之下才會開玩。使用的道具是四色牌（sù-sek-pâi），牌寬一．五公分，長五公分左右，有「四色」（sù-sek）與「十湖」（cha̍p-ô͘）兩種玩法。

正如名稱所示，四色牌有黃紅白綠四種顏色，各有帥（kun，將）、仕（sū，士）、相（chhiū^{n}，象）、俥（ki，車）、傌（bé，馬）、炮（phàu，包）、卒（chut，兵）七種，以四張爲一組，合計有一百十二張。

「四色」的玩法和麻將類似，或「吃」（chia̍h）或「對」（tùi），牌都拿齊的話就算到；每張牌有各種算法，誰拿到最多「翻」（hoan）就算贏。「十湖」的玩法則是靠著「吃」或「對」拿「湖」（點數），牌的種類不同，點數也不同，最早拿到十湖以上的就算贏。牌的拿法類似撲克牌，每個人有二十張之多，拿在手中，像扇狀排開，扇軸的部分以大拇指壓住。

我本來就笨手笨腳，總無法將牌漂亮地撐成扇形，經常掉牌；加上大拇指總是按得太大力，往往一下子就累了，所以我也不怎麼喜歡玩牌。

從這裡也可以知道，連我這個孩子都看看學學地知道拿牌的方法與玩法，可見當時家人熱中賭博的人口數與熱愛程度了。

祖母加上其他三位「閒夫人」就可圍成一桌了；至於姐姐們，以及來玩的親戚阿婆們，也都是候補人選。

據說父親也曾經玩過一陣子，但爲了盡量不讓家人知道，他都是把朋友們約到別墅「竹仔巷」（Tek-á-hāng）。而且，父親還嚴禁在家中玩賭，如果發現小孩當中有誰觀賭或玩賭，除了嚴厲責罵之外，還會罰跪在正廳的佛壇前面。這可是很難受的一件事！除了跪得膝蓋疼痛，還會遭到進出人們的嘲笑。等到被允許起來時，得向神像、祖先牌位深深行禮，還得面向父親大聲地道歉：「都是我不應該，下次絕對不敢了。」父親對姐姐們的處罰雖然比較輕微，只口頭上責備一番，還是夠受的。因此不管是觀賭或參賭，大家都很提心吊膽，大概都是趁著父親旅行或出遠門時才開賭。

父親在家時，通常穿著一雙厚底的皮拖鞋，總是「啪達！啪達！」地拖著走。沒有聽到這個聲音，玩起來就安心。不過，也曾經有過父親比預定時間提早回來，一進門就往現場直奔而來。一碰到這樣情形，就如同緊張的默劇上演一般，各人趕緊將賭籌（玻璃珠）塞進口袋裡，也顧不得穿鞋了，趕緊找地方躲起來。有時候因故被排斥在外想報仇時，就把放在屏後（pîn-āu，中樓神龕後的板壁）的那雙皮拖鞋拿到現場附近穿上，故意「啪達！啪達！」地發出聲音。這一來，大夥馬上慌亂失措，或對撞，或撞到桌角等都有，實在沒有比這個還痛快的。不過，必須覺悟之後的集體興師問罪，偶爾還會吃上拳頭。

唯一的例外是祖母也在場的時候——祖母過世後則是阿母。如果她們兩人也加入賭局時，就算父親前來，只要說些笑話逗阿媽阿母她們笑，就沒什麼問題了。這時父親也只能苦笑，有時甚至會在祖母身後指點她。

阿江也曾經被邀一起玩過。我們則在旁邊頻頻聲援，但她的技術實在不太高明，經常都是當冤大頭。

祖母去世後，家中的賭博也變得露骨貪婪，通常都是阿母和阿揚明顯地合夥，讓阿江當冤大頭；阿江也氣憤得掉過淚。阿江病重時，從隔壁房間傳來的賭聲，使阿江頭疼加劇，吃盡苦頭。因此，在阿江病倒後，除了留學日本女子大學不在家的錦香姐之外，我們三個（錦碧姐、育霖兄、我）都發誓與賭博爲敵，至死將不再玩賭。

錦碧姐與育霖兄到最後都沒有違背誓言，我則意志力薄弱，一被邀約，不論四色牌也好，麻將也好，連猜硬幣正反面的「壓蛤殼」（teh ham-khak）也玩，有次被育霖兄抓到，慘遭痛罵。

和祖母有關的回憶，最令人高興的，就要數「做生日」（chò-seⁿ-jit）了。祖母「做生日」的盛典在台南市也是出了名的。從昭和元年（一九二六年）的六十大壽開始，總共持續了六次左右，我只記得最後的一兩次。

生日的兩三天前就開始在中庭演起戲，以帶動氣氛。就在這種歡喜熱鬧的氣氛中，家人們忙得不可開交，親戚們也都前來過夜幫忙。連我們也被分派到一些簡單的事情——例如，折疊燒給神明的金紙銀紙等。

好不容易到了生日的前一晚，不僅正廳打掃得很乾淨，還從庫房裡扛出法絨的紅毯鋪了整地。紅毯大約可覆蓋到中庭。想起來不知道該嘆惜還是該感謝，在戰爭期間布料統制的困窘情況下，這塊紅毯被染成藏青色，或化爲我們的睡衣，或化爲女傭們的工作褲，或化爲棉被套子。

能夠盛大地做起生日，也都是有賴神佛保佑吧，因此安置在「頂桌」（teng-toh，正廳正面的高桌子）的神龕也被擦得光亮，和威嚴佛像並立的祖先牌位也擦拭得一塵不染，而且點上了大紅的「百目蠟燭」（三七五公克的大蠟燭）。又拿下平常裝飾的兩側壁聯，換上用金箔寫字的華麗紅緞壁聯，桌椅則特意被換上金銀刺繡的套子，天花板的燈泡也被更換爲五百燭光大燈泡，到此，隆重的會場佈置就告一段落了。眞是富麗堂皇之至，連「大舞台」的舞台也遠比不上。

店裡的大掛鐘在久等之下，「噹！噹！噹！」地敲了十二下，此時，店員穿過中庭出到道路，將一整籠的爆竹接二連三點火鳴放，在一旁待命的「鼓吹」（kó͘-chhoe）陣嗶嗶咚鏘地吹奏起來。

如果是現代，這種情況可能牽涉到妨害安眠或取締噪音之事。但當時再怎麼說都是幾十年前封建色彩濃厚的台南市，附近的人蜂擁而至，店鋪前面擠滿黑壓壓的人群，只爲了親眼一睹這少有少見的盛典。而對於市內名門，又是獲頒「綠綬獎章」的祖母的生日，警察也是一起湊熱鬧，頂多偶爾整理一下群眾秩序而已。

父親身著帶有樟腦味的前清長衫馬褂（tn̂g-sa^{n} bé-kòa），將祖母從房間牽到擺設在正廳中央的壽椅（siū-í）上座，在這裡接受大家的祝壽。祖母臉上塗了白白厚厚的一層，也是一身清朝式樣的服飾，阿江他們圍著祖母幫忙打點。等到祖母上座後，音樂隨即停了下來。

四周飄盪著令人喘不過氣的靜穆氣氛。緊接著，父親站出到祖母面前，接著是由身爲嫡子兼家長的父親，開始向祖母行禮拜壽。此時，音樂再度響起，但不同於之前的音樂，這回是悠長的旋律，這是爲了使拜壽能夠莊嚴肅穆進行。

父親拜完壽之後，接著是阿母、阿江、阿揚的順序，然後是我們這些孫子；男的在前，女的在後。等待自己出場時，就像參加考試一樣，不僅心裡七上八下，連雙腳也抖個不停。因爲一失敗的話，會當眾丟臉。當然，祖母只會笑笑地說道：「尖頭仔，嘸對啊。」不過，其後阿江的責罵才是可怕。

拜壽是行中國式的磕頭，要領如下。首先站到祖母面前大約一公尺左右處，接著說出吉祥話，「阿媽，給您恭喜，添福壽，老康健。」（a-má, kā lí kiong-hí, thiam hok-siū, lāu khong-kiān）這些，阿江大都在事前早就教了，也在嘴上說慣了，往往一口氣就說完。若沒有出錯，自己也鬆了口氣地笑了。

但接下來的才更是難辦。我們得在胸口處雙手握拳（女性則是合掌）拜三次，接著先從左膝跪下，以手掌（女性用手指輕握）撐地，全身趴伏在地面上。這樣的動作得重複三次才算禮成。小孩子帶著半好玩的心態，這樣的行禮總覺有些不夠。如果是纏足女性或病人，不是呼嗤呼嗤地喘不過氣，就是步履蹣跚、東倒西歪，我們在一旁看得有些不忍，因此一看就知道需要幫忙時，常會上前扶著，順便在耳邊幫忙數次數，避免弄錯。

祖母經常在一二回合完了便揮手說道：「好了好了！多謝多謝！」但大家也心裡有數，

明白這是禮數上應做的，也沒有人會在中途停下來。看著別人的拜壽，雖說有著一定規矩，但每個人習性不同，看起來非常有趣，而且又能好好品賞每個人的盛裝與裝飾品等，所以就算是自己輪完了，大多還是留在旁邊。

從家人、親戚、店員，大概輪到女傭們時，東方天空已開始染紅。最辛苦的要屬父親了，行完禮後，還得一直陪在祖母身邊，對每個拜壽的人按身份發紅包（âng-pau）。紅包原來是指包在紅袋裡的祝賀金，沒想到現在的台灣卻成了公開賄賂的代名詞。自從中國人來到台灣後，連這原本可喜可賀的小小零用錢也跟著墮落了。

沒有人拿到紅包不會高興的。紅包到手後，馬上找個角落打開來看，兄弟之間更是互相看來看去。令人驚訝的是、年幼長序的分寸絲毫不亂。接著，就等待「十錢商店」（編按：每件賣十錢的商店）開門，用十錢買了錢包，再小心翼翼將剩下的錢放入錢包中。每年都重複這件事，非常有意思。

如果有父親友人或附近的人帶著禮物前來拜壽的話，父親也回以「從拜」（tòe-pài，倒拜、回拜），在祖母身旁向對方行同樣的禮。這意味著還沒到能接受這個禮數的地步，因此予以回禮。

當天早上吃的是紅白兩色的甜圓仔湯（îⁿ-á-thng），這是因爲廚房正亂哄哄地準備著中午要吃的壽麵（siū-mī），還要準備給親戚們的回禮（麵、饅頭、粿、豬肉、雞、鴨、酒）等，早飯只好簡單帶過。

從下午到戲上演爲止，小孩子們無事可做，不是在家中晃來晃去，就是到外頭玩耍。

在家裡附近的上帝廟前，也有紀念活動分發白米救濟貧民。大概都是依照保正（pó-chèng）事前調查的名簿，警察也會到場監督，一戶人家發給一斗米，當時算是相當多的量。雖然有充分的準備，但人們還是擔心領不到，吵吵鬧鬧地爭先恐後。

開始時還有趣地觀看，沒多久也看膩了；回到家時，店員們正忙著分頭將回禮一一送往親戚家。塗成紅色的三段籐籠稱爲棧籃（chàn-nâ），通常用扁擔左右挑著，比較行的可騎腳踏車，不然就只得吆喝著走著去。送禮的店員們每個人起碼可以拿到六個地方的紅包，看在這一點上，雖然累人，還是值得走一趟。

晚上則是翹首期盼的食桌（chiàh-toh）時間，這意味著圍著宴桌吃飯。幫傭者手忙腳亂將中庭臨時搭蓋的舞台拆除，從正廳到店鋪、連「亭仔腳」（têng-á-kha）下都擺上宴席；這些宴桌是活動式的，通常桌椅成套，家裡常備十幾桌。從樓下大廳一直到亭仔腳，算起來大概有個十二、三桌。中樓的二樓有四桌，後壁樓二樓的大廳與新厝樓的樓下則各有一桌，招待的客人算起來總共也有百人以上，十分熙攘熱鬧。

料理則是在後壁庭（後庭）蓋了臨時大廚房，並從市內有名餐廳「寶美樓」或「招仙閣」等請來大廚師；他們一大早就帶著助手前來，叮叮噹噹地切菜準備。其中，在中庭烤「仔豬」的情景最令人印象深刻，這也成了流傳好一陣子的話題。負責端菜的則是女傭們，由於她們知道等一下可以拿到紅包，所以即使這個那個的受到客人逗弄，她們還是笑嘻嘻地跑進跑出。

我們被分配到中樓二樓的家屬席，在母親們的旁邊設有孩子席。我們這些小孩子，通常都是「平野水」（pêng-iá-chúi，冰仔水，汽水）大口大口喝，加上一個勁地拚命吃，一下子就飽了，接著就想睡覺，被帶到房間裡。

對我們而言，到這裡已萬事滿足，但對大人們來說，接下來還有一大堆善後工作等著。從開始計劃到實際行動，父親負起所有責任，他的操勞與開銷，我實在非常同情與佩服。

父親始終笑容滿面，似乎極為滿足；他的勞神可能獲得回報，但對於這些開銷，難道他一點都不心疼嗎？「只要有收入，用了也不心疼。」這是父親的口頭禪。記得我就讀公學校時，學校的家庭調查裡有一欄要塡寫家產，我問父親：「阿爹，我們家到底有多少錢？」父親聽了，哈哈大笑說道：「是啊，那你就寫個十萬吧！寫多了，稅金可是很重的！」

當時，一甲（kah，台灣面積單位，一甲有二九三四坪）田大概値千元到兩千元，若單從父親說的這個數額來計算，則我們家相當於五十甲到一百甲的大地主階級。父親未曾告訴我們收入的狀況，大概是怕我們奢侈鋪張吧。

我還記得在昭和十一或十二年的除夕那天，聽到「家長」（ke-tiúⁿ）大掌櫃郭燦杯說：「今年的賞金（siúⁿ-kim，獎金）可有得看了。」

我一再請求他：「到底賺了多少錢？拜託，告訴我嘛。」

他偷偷地告訴我：「如果被知道是我說的，肯定會被痛罵一頓的，你可要保密喔。光是我保管的帳簿上，就有三十萬元。」

如果換算成現在（一九六五年）的物價指數，大概相當於一億日幣的巨額；要是我的話，即使幾輩子也賺不了這麼多錢。但是家裡一年就能有這麼多收入，讓我感到非常吃驚。

昭和六年（一九三一年）一月，正值我公學校一年級的第三學期，祖母過世了。父親爲祖母在台南辦了前所未見的盛大喪禮，對祖母盡了最後的孝道。

祖母從染上瘟疫到過世，大約一個月；眼看著已經沒什麼指望了，家裡頭便悄悄著手準備辦理後事。

不但日以繼夜縫製著遺族所需的各式喪服，也運進了好幾反（長十．六米、寬三十四公分）的茶色粗麻布、白藍色棉布等，裁縫機更是踩個不停。阿江他們也忙著縫製可愛小衣服——像是給人偶穿的，以便給祖母在黃泉之下使用。我們則拿來模仿著演起布袋戲，經常挨罵。

祖母一嚥了氣，家中馬上籠罩哀傷的氣氛，整天充斥著痛哭聲。正廳的模樣馬上更換，兩座神龕立即被遷到後壁樓的二樓，換上了祖母的靈位。紅紅綠綠的東西，不是被換掉就是被蓋上，周遭全換成白藍黃的顏色。

其中，最令人受不了的是極盡吵雜的女人們的慟哭聲。拿著小椅子來到遺體的枕頭邊——入棺後則是在棺材旁，用手巾掩臉後開始哭了起來。一天最少要哭個五次，包括「叫起」（kiò-khí）——「天亮了，請起床喔！」「叫食」（kiò-chia̍h）——「飯好了，講起來吃飯喔！」「叫睏」（kiò-khùn）——「晚上了，請休息喔！」另外，如果親戚的阿婆們前來弔喪，又跟著一起哭。在我看來，只覺得荒謬之至。

阿江由於特別感念受祖母照顧的恩情，打從心裡哀傷祖母之死，不但自願擔起了「叫起」「叫食」「叫睏」一事，和其他人一起哭時，大都泣不成聲，眾人哭累了，好不容易站了起來時，只有她還哭個不停，令其他人不知如何是好，紛紛上前拍拍她的肩：「夠了夠了！新春仔官（Sin-chhun-á-koa^{n}）！」這一來，她反而又扯開嗓子大哭起來。有一回，我上前阻止她，卻被她狠狠地捏了大腿一把，痛得我也跟著哭了出來。祖母死後不久，阿江身體也跟著變差，我們兄弟都認爲，她是服喪期間把身子哭壞了。

祖母死後第二天，在樂隊伴奏下運來了棺材。這是我出生以來見過的最大棺材。一般的棺材大概只四個人抬，了不起是八個人抬，祖母的棺材卻是三十二個人吆喝著抬來。

祖母被換上十三層的華麗新衣——連我們小孩子都在心中覺得太可惜了。而不僅於此，甚至還佩帶上冠、耳環、戒指等黃金翡翠製的飾品。在蓋棺之前，不僅嚴加警戒，還每隔幾天就塗一次漆，這主要是因爲台灣風俗上習慣土葬，希望能盡可能將遺體長期保存。棺材安置在正廳約兩個月，這段期間，每星期辦一次「佛事」，稱爲「做旬」（chò-sûn）。

按照「旬」（sûn）的不同，父親和我們或爲主祭，或爲受禮的一方。但無論哪一角色，都得身著麻服，長時間正襟危坐。從祭官的口中發出不知所云的號令時（就像是說著彆扭的官話），我們也學著大人所做的，或磕頭或大哭，而和尚唸經也夠長的，唯一感覺還好的，是道士們吹奏的音樂，這令人感到有趣，我們不但不知不覺的琅琅上口，有時還兄弟大合唱。

從正廳到店鋪前的供桌上擺滿了家中所備或別人拿來弔喪的供品。我們則跪在桌子兩側。有一次，發現隔著桌子跪在對面的育霖兄頻頻向我使眼色，仔細一看，中間掉有一塊鹿狀的糕餅，趕緊爬進去揀起來，分一半丟給育霖兄，此時好死不死，被阿江轉頭瞧個正著，狠狠吃了一拳，但我和育霖兄兩人還是忍不住笑成一團。

好不容易終於等到出殯。裝飾得漂漂亮亮的棺材被抬出到道路中央，以樂隊爲前導，裝飾有祖母遺照與綠綬獎章的兩人扛的幡旗則緊隨在後。有兩位警察也同行擔當起護送與整理交通秩序。其後則是人夫扛著花圈及稱爲「軸」（te̍k）的弔聯，排成長龍。

有關「軸」，稍微詳細地說，這是買來毛毯或一般洋服或連身衣裙的布料，整個攤開後，在中央縫上寫有「弔靈」的大紙，被當成供品的一種。收到的一方則用竹竿吊掛在壁上，收到愈多，表示故人的德望愈高。不知道這是從什麼時候開始的慣例，葬禮結束後，父親都會予以分配，印象中拿到時非常高興。

前頭已經出發有好一陣子了，棺材卻仍然沒有出發的跡象。女人、小孩應該搭哪輛人力車，出發順序怎麼安排，東一句西一句，家門口附近喧鬧吵嚷得像是火車站前。

父親遵照舊習，從祖母過世後就不理髮不剃鬚，就像是「乞食頭」，拿著「幡仔」（hoan-á，弔旗）緊緊跟在棺材後頭，步行的父親與坐在車上的我們，都放聲大哭地繞街一趟。

終於抵達墓地時（墓穴已經在事前就請工人挖好），我對墓穴的深度與大小感到非常驚訝。

在喪禮「尾日」（bóe-jit）這一天，必須「燒紙厝」（sio-chóa-chhù）——焚燒用紙糊製的模型屋。這是爲死者在黃泉的住居做準備。焚燒之前，通常會陳列在自家門前供人參觀。由於祖母的「紙厝」實在太大了，還特別借了上帝廟廣場擺列，這棟「紙厝」是三層樓的孔廟格式，而且還附帶自用車。將這棟「紙厝」拆解後運到墓地焚化，想必花了父親不少錢。

然而，我們一家卻在其後兩三年裡接連遭遇不幸。有一說是祖母墳地的風水不好，提議改葬到其他地方。在我看來簡直是無稽之談，但父親與阿母卻是表情沈重。我曾經跟隨父親前往巡視過幾次，只是雨勢過強，削掉部分崖壁，造成墓庭變窄；而小河水量增多，流勢也很快，根本不能說是小河。如果說這樣就破壞了風水的話，其後因台南機場的擴建工程被迫遷棺重新火葬的事，這又該如何解釋呢？

第二章

孩童時期

母親的苦衷與責打

從小我的個性即相當倔強，不論吃的或穿的都很挑剔，脾氣又暴躁，一有不稱心馬上動怒，一生氣就大聲哭個不停。也因此，「愛哭胚」（ài-khàu-phoe，愛哭鬼）成了我的另一個外號，比「尖頭」還要通用。

爲什麼會變成這樣一個「壞小孩」呢？我自己也不清楚。阿江爲了改掉我的壞脾氣，經常打罵，不但不見效，反而使我越來越倔強。不過，阿江的手段，怎麼看都是過份了。挨打被掐都還算好，有時甚至是雞毛撢子咻咻地打，或是用髮簪子接二連三地扎刺。

對台灣的母親們而言，打罵小孩是家常便飯，這是植根於不承認小孩的人格，認爲對小孩的管教越嚴格越好的傳統觀念。

可以想見的是，除了上述的傳統觀念之外，周遭令人不快的大家族制度，也使得阿江採取了過份的管教手段，以抒解她累積的鬱憤。

我們四個小孩當中，以錦碧姐最爲聽話，也因此很少遭到責罵。育霖兄雖然性子倔強暴躁，和我不相上下，但身體虛弱不堪挨打。錦香姐由於身子高大又有些任性，也經常挨罵，我還見過她被用大飯勺打。不過，還是屬我受到的打罵最爲嚴重。

一旦雞毛撢子挨在身上，眼睜睜看著一痕一痕的瘀青浮腫起來，四五天內都不會消失。爲什麼雞毛撢子會被拿來當做「凶器」？這是由於雞毛撢子就吊在房門裡側，馬上就可以拿到手，長度大小也正好，又結實耐用，實在是好「工具」。

一開始時，阿江總還是曉之以理，如果我還是不聽話，就開始發起脾氣來，眼睛往房門處一掃，這就等於發出危險訊號了，錦碧姐馬上大聲叫來女佣治仔（Tī-á），要不就是趕緊把雞毛撢子藏起來。有時運氣不好，正好只剩我和阿江兩人，這時就只能聽天由命了。阿江把房門緊緊關上，避免被干擾似地盡情痛打我一頓。我則大聲哭叫，在地上滾來滾去。結果，固定羽毛的綁線斷裂，從阿江握住雞毛撢子的地方，羽毛一撮又一撮地飄揚落地。由於這是阿母分發給每個房間用的必備品，這時，我也有些擔心阿江會因此遭到父親責怪。阿江也停了一口氣，看看我，又看看撢子，轉眼間，馬上就像沉下心似的，下手更重了。

偶爾實在聽不下時，阿母會在房外出聲：「新春！阿德可是我的小孩，不是你的孩子！來，趕快把門開了。」企圖動之以情。阿江對阿母的話也無話可回，只能睜大眼睛瞪著我，說道：「是！就來了！」然後打開房門，讓阿母進去。阿母把我帶出去，塞了銅板，叫我拿去買東西。當然，我也不是不知道這是阿母「做好人」，但也只有這個時候能夠眞心感謝阿母。

大概爲了避免再弄壞雞毛撢了，也爲了不讓我大聲哭泣，阿江想出了用髮簪子扎我的辦法。被髮簪子扎刺，嚴重時鮮血噴湧而出。由於一瞬間的深刻恐懼感與伴隨而來的疼痛，使得我連放聲大哭的勇氣也沒了。只是痛得哼哼叫，用手直摸。

印象中，有一次不經意看到阿江正在痛打我時不停地流淚，剎時我也停止哭泣。只有這一次，心中深深反省，自己怎麼這麼不乖，給阿江添這麼多麻煩；但還是沒能立即坦率地道歉。不過，之後的一段期間，我聽話多了。

懷念的搖籃曲：治仔

治仔是我接觸過的眾多女僕的第一個。家中除有分別負責煮飯、洗衣的女僕之外，三位母親都有各自專屬的女佣。這些專屬女佣除了打掃各自負責的房間、鋪床、尿桶及準備茶水之外，還負責辦一些交代的差事。對治仔而言，最重要的工作就是負責照顧我，想辦法讓我這個愛哭鬼能夠不哭，這樣就謝天謝地了。

不知道爲什麼，我非常喜歡治仔，只要她背著我外出，我就興高采烈。治仔的出生由來，我完全不清楚，只知道她的保證人是上帝廟再過去一點的一家桶店。因此，她背著我外出的地方，不是上帝廟就是那家桶店。

桶店的一家人對我百般疼愛。這人家有一位歌仔戲演員，經常拉起胡琴唱歌給我聽。在這空檔，治仔就趁機幫忙做些家事，或是閑話家常。這位大哥後來不做演員，在街角賣起東西，夏天賣仙草冰，冬天賣米糕。如果是我去買，通常會多給我一點。

治仔喜歡賭博，她到上帝廟也是爲了玩賭。她不知不覺中就與賭伴吆三喝四地丟起銅板玩起賭博來，把我丟在一旁，我也只好一個人在廟埕遊玩。有一天，把風的人傳來一句：「大人（tāi-jîn，警察）來啦！」大家馬上四處逃散，動作快的，已經跑到後殿（āu-tiān），治仔則在驚惶失措下，躲到神桌底下的黑暗處，那裡有奉祀「虎爺公」（hó-iâ-kong）的小祠，亂七八糟地擺放著一些廟會用的道具，平常治仔總是說不可以到這麼髒的地方去，否則會把衣服弄髒等等。但這時的治仔竟躲到裡頭去了，連我這小孩也感覺事非尋常。不過，我也沒有出聲哭泣，只是呆呆地坐在廣場前面。

就在這時，「喀！喀！喀！」兩位佩掛著長劍的警察來到面前，張望著一片寂靜的廟裡，當發現我的時候，蹲下來問道：「小朋友，在這裡做什麼？」

「在這裡玩啊！」

「一個人嗎？」

「嗯！」

「好乖啊！有沒有看到賭博的人呢？看到他們逃到哪裡去了嗎？」

我知道一旦我說出實話，治仔一定馬上被抓走。

我撒謊道：「不知道！」

他們一聽我這麼說，連找也沒找就掉頭回去了。稍後，治仔從神桌底下爬出來，全身髒兮兮的，頭髮上也沾滿白白的蜘蛛網，她緊緊抱住我，把臉頰貼著我，說道：

「太好了！眞乖！實在眞聰明。不過，還要拜託不要告訴阿江哦。」

「嗯！」

從這件事後，治仔對我更是疼愛有加。

等我再大一點時，家裡給我買了一輛三輪車，治仔的任務變成跟在車後看緊我。

竹仔巷的別墅

當時父親在我們稱爲「竹仔巷」（Tek-á-hāng）的地方蓋起一棟別墅。竹仔巷是在清朝的台南市地圖上可以找到的古老地名。那一帶大概是建築、工藝用竹材批發店的集中地區。因爲這個緣故，我家北側的台町還殘留數間竹材店，阿江友人的「樣姨」（Iu^{n}-î）家也是其中一間。

別墅位在從台南車站通往州廳的大正橋正下方，南邊有一座高崖，攀上高崖能到達橋上。當時這座大正橋還是粗糙的木造橋樑，底下是一條從東邊流來的蠻大條的髒河流。別墅面對這條河流，而在河流的對岸，是林投樹繁茂的一片空地。聽說這裡是聞名的「林投姐」（Nâ-tâu-ché）出沒的地方，周遭非常荒涼。父親選擇在這裡蓋別墅之前，當然也瞭解這一帶的狀況，不過，因爲離家裡近，大人只要走個十分鐘左右，我的三輪車也只要十五、六分鐘左右就可到達。

從治仔常帶我去的那家桶店角落向左轉，沿著花園町前邊有著行道樹的下坡路走，拐過圖書館右手邊即可出到河邊。河邊是一條砂子路，三輪車怎麼用力踩也無法前進，在這裡，都是治仔在後面幫忙推。一路向東溯河而上，沒多久就可以抵達別墅。

父親在這裡蓋了別緻的純日本式房子和庭園。他找來個子高大的林金火叔、當醫生的許水木叔、李老龍叔等人，或在這裡玩四色牌，或叫來藝妓宴客，把這裡當生意上歇口氣的地方。儘管父親看似嚴厲，仍有瀟灑的一面。

家人也經常帶著吃的東西到這裡遊玩。對於這裡的一切——從純日本式的房子、庭園到觸目所及，我都感到稀奇，非常喜愛。這一切都是本町家裡所沒有的。庭園裡造有假山、池塘，還有花圃。池裡有金魚、烏龜游來游去。渡過石橋可以抵達假山。花圃則種植了各種花草。我最感興趣的還是玩土。因爲本町家中除了盆栽的泥土之外，見不到泥土，雖然有前庭與後庭兩個庭園，但兩處都鋪滿花崗岩和紅磚。

整個榻榻米房間就好像一張大床鋪，怎麼跑跳摔都有彈性，非常舒服。走廊、小別屋等等的構造也非常有趣，不像本町家中的結構全都是四角四面，左右齊一。廁所則有兩處，分別在廚房與「應接間」（接待客人的地方）旁邊，不但清潔明亮，一點也不臭。和我原先對廁所的看法全不相同。

本町家中的廁所位在最邊邊，這是由於一般認爲廁所是極不潔淨之處。也因此廁所不僅不乾淨，又臭兮兮，晚上也沒有電燈。我們的房間裡，都備有「尿斗」（jiō-táu，尿桶），大小便都在這裡。所謂的廁所，是沒有資格使用尿桶的女僕們才用的，或是女僕清潔尿桶屎尿的地方。

等到我稍微長大一點，感到在「尿斗」上大便實在不怎麼好看，遂有使用廁所的習慣，但上廁所之前，得讓女佣先用水沖乾淨，吩咐她們在前頭庭院處等候，上的時候將門半關上。總之，上廁所是一件不愉快的事情。

談到了這樣一個不太文雅的話題，我只想說，透過對廁所的看法與廁所建築構造上的變化，台灣社會也一步步的邁向近代化。

這棟別墅沒多久就碰上「市區改正」，遭到拆除，不過，建築物本身被解體，又在明治町的鴨母寮（Ah-bú-liâu）重建。這棟鴨母寮的別墅，當最年長的姐夫杜新春當上台南地方法院法官時，成了他的宿舍。他調職到地方任職一段時間後，因病退休，在這裡度過療養生活，直到過世爲止。

姊夫杜新春的「英勇事蹟」

在這裡我想稍微提一下杜新春。他是王家長女錦珪姐的丈夫，是霧社附近集集人氏，似乎有高山族血統，長相帶有異國風味。

他從台中一中畢業後進入第八高等學校，接著進入京大法學部。大學時代剛開始是苦讀，與錦珪姐的婚事談妥後，父親對這位未來女婿予以學費上的支援。他們這年輕一對有著熱烈的戀愛書信往來。錦珪姐的漢詩使杜新春感到驚嘆。杜新春通過高等文官考試，成爲台灣人第一位法官，光榮地衣錦還鄉。父親則四處奔走使他進入台南地方法院，果眞達成目的。

父親並將才改建過的鴨母寮別墅給了這對新婚家庭。我們經常前往遊玩，他對我們也很疼愛。對我而言，杜新春讓我嗅到了新內地文化的氣味，例如，他買了《世界大思想全集》、《世界美術全集》、《夏日漱石全集》、《菊池寬全集》、《大審院全集》等等，在他死後，這些書全都放在我們家，讓我接觸了世界文化的皮毛。他喜歡麻將和酒，經常招待日本人同僚，徹夜打麻將、喝酒。

我曾經看過他用收音機收聽六大學的棒球賽（日本有名的六大學對抗賽）。「投手投出！揮棒了！是一支外野安打！」等等，這是我第一次知道棒球這種東西。

有一次我們全家前往「宮古座」觀賞文化協會的壯士劇。宮古座是包廂式，我們包了二樓正面特等席的四個包廂。放坐墊的服務員前來每個包廂放四個坐墊，共放了十六個，我們將帶來的零食放下後，下到樓下大廳。回來一看，裡頭有人坐著。

「喂，這可是我們的位子啊！」

「甚麼？是我們先來的。」兩個日本人帶著酒臭味。

文化協會的壯士劇以台灣人爲對象，但日本人也經常前來觀看。

場內客滿的觀眾被這樣的問答嚇一跳。在二樓的人則圍成一座人牆，樓下的人則站起來，抬頭往上看。

日本人顯得更加威風了。

「你知道我們是誰嗎？我們可是州廳官員。」

同伴的男人也開口出聲：

「本來呀，本島人坐特等席就是與身份不相稱，讓出來也是應該的。」

我心內想，根本是對方不對嘛，家人則是嚇得發抖。此時，杜新春用平穩的語調開口了。

「就算是州廳官員也必需遵守禮儀。我們出了特等席的錢，所以坐特等席。有甚麼地方不對嗎？」

「你說甚麼無禮的話？」

「無禮的是你們吧。」

另外一位說：「你這傢伙是誰，報上名來。」

杜新春稍微笑了笑。

「你想知道我的名字嗎？我是這樣一位人士！」

他從上衣內袋拿出名片盒，遞出一張名片。兩個內地人看了，吃驚異常。

「哎呀，可眞是失禮了。」

「有關此次失禮，將會好好道歉，無論如何，請息事寧人。」

然後就偷偷摸摸消失了蹤影。周遭的人也鬆了一口氣。接著樓下傳來哇哇地喝采聲。這件事馬上傳遍全市。傳聞越來越誇大，有一陣子，全台南市走到哪裡都有人在談論這件事。

杜新春由於麻將和飲酒過量，弄壞了身體，四十四歲時死於肺結核。他從停職後到過世的三年間，吃盡所有的藥，試過所有療法。父親這裡也開支了一筆龐大的金錢。

杜新春過世後，父親非常頹喪。有杜存在，不管是對日本當局還是市內其他人，都能在法律上發揮影響力，就連一向難以對付的警察，也都沒有靠近家裡一步。

最被杜新春所激勵的，我想應該是育霖兄了。他點燃年輕壯志，想要成爲像杜新春一樣的司法人員——不是法官而是檢察官。這一回，父親又將希望全放在育霖兄身上了。

竹仔巷的舊址被填埋後，成了寬廣道路的一部分，崖上則蓋起了雅致的耳鼻喉科——鹿沼醫院，大正橋也變成水泥橋，河川成了清潔的下水道，這一帶變得面目一新。記得每次路過這裡時，懷念的心情總是油然而生。不過，我也總是告訴自己，由於有市區改正，市街才能從骯髒的封建闃暗蛻變爲現代的明亮。

治仔出嫁後，從安平來了一位膚色黝黑的女佣，成爲我們這一房專屬。

這位女佣在看顧我的時候，經常把我帶到「後壁樓」（後棟）二樓東側的女僕房間。女僕房間有著一張三疊（榻榻米）左右的床鋪，鋪有草蓆，棉被等則收在壁櫥中，大概是三四個人共用。地板上置有一張方形桌子，祖母她們經常在這裡賭博。之所以會選擇在這裡玩賭，是盡可能不想讓父親知道。開賭大都是在下午，早上則顯得寂靜安閑。

她爲什麼把我帶到這個地方呢？肯定有什麼好玩的吧？我正覺得不可思議時，這位女佣不時從北邊窗戶眺望著，突然冒出一句：「快來看！那個，有趣吧！你好好地看一看！」

我順著她手指的方向一看，就在小巷對面有一間公共廁所。

這間公共廁所大概是清朝時代遺留下來的，不僅蓋得粗糙又骯髒，細柱支撐著高高的紅瓦屋頂，後方與左右三邊只用低矮的紅磚牆隔了起來。不過，蹲下來時從隔壁看不到；前面沒有門，只立了兩塊紅磚而已。

因此，從二樓的窗戶往下看，什麼都看得一清二楚，但我覺得看了也沒什麼有趣的。然而，這位女佣卻似乎有些變態，看到男性在「辦事」（解尿）時生殖器勃起痙攣的情景，便十分興奮，以此為樂。

被她一說，有生以來第一次目不轉睛看著大人的「東西」，被它的奇形怪狀與巨大嚇了一跳；一想到等自己成人後也會長成這樣時，我有些不好意思，但也很快就覺得無趣了。

有一次我在庭院角落解尿時，父親來到我的身後，問道：「阿德，你解尿的時候，小鳥可會站起來吧？」這話使我嚇了一跳。

「咦？嗯！」我有些不好意思地回答。

「是嗎！那就好！」父親一副放了心的樣子。

我能聽懂父親話裡的意思，男性如果不能勃起的話，代表他有殘缺。想必父親也很擔心是不是生了一個殘缺的兒子。然而當時的我，哪裡僅限於解尿時會不會勃起，我連自慰都懂了。爲了讓父親安心而撒謊一事，我一直感到自咎。

父親的鴉片同好們

我的初戀大約也發生在這個時期。她的名字叫許淑貞。

淑貞的父親叫許水木，是一名外科醫生；他不僅以醫術高明聞名，在文化協會活動正盛的時候，他在台南市也是知名的政治運動家。許醫師與父親雖然年齡上有段差距，但交情之好，連我們都看得有些羨慕。據說父親患盲腸炎入院台南醫院時，正好由當值的許醫師負責手術，因他的醫術精湛加上看護周到，父親心生感激，因而結下這段機緣。許醫師在本町四丁目蓋了洋式三層樓的「共和醫院」，據說那塊用地也是父親出面幫忙的。

由於有這段情，許醫師也理所當然地成爲我們的家庭醫生，更有意思的是，許醫師還成了父親的賭伴、鴉片友與酒伴。有關賭博一事，在竹仔巷別墅一節中已經約略提過，這裡稍談談鴉片的事。

在當時的台灣，吸鴉片是公開獲得承認的，尤其像父親這般有經濟能力、社會地位又高的人士，只要申請的話，很容易就能拿到吸食執照。「鴉片專賣」更在「人道理由」的大義名份下，成爲總督府的主要財源之一。

父親吸鴉片純粹是半好玩半興趣，沒到非吸不可的地步。父親有著愛好風雅的一面；雖然由於血壓高，不怎麼喝酒，但他抽烟——水烟槍或沒有濾嘴的烟；也玩女人——是在竹仔巷別墅或出差時，有節度而適當；消遣解悶時，則玩玩四色牌或麻將；音樂方面則聽聽南管。因此，鴉片也算是他愛好風雅的一部分吧。或者說，是他從前青少年時代就曾經悄悄懷抱的夢想——「有身份人家」的具體表現吧。

鴉片是放在一個可愛的錫管裡，對面的中藥店「永順隆」是這一帶的指定零售店。父親通常都派我們跑腿，帶著帳本和錢前去購買，手續也非常簡單，只要在帳本上蓋個印就行了。

從錫管裡擠出帶有光澤的黑色軟膏，把它裝進鱉甲製的小筒中，然後用類似編織針的兩支細針挑出，在煤油燈上一邊燻烤，一邊用手指將其搓揉固定，等到大概像豆子般大小時，就可以裝進烟槍裡頭。到此，也就一切準備就緒。接下來就只是在火上邊燒邊吸。在家時，都是由阿母負責準備好一切，父親只要斜躺著叨咬烟槍等待就行了。阿江和阿揚則負責吸完後遞上熱毛巾與濃茶。

有時我躺在阿母坐的位子後面，和父親面對面躺下，看著阿母伶俐的動作看得入迷，接著就是瀰漫的芳香撲鼻而來。確實，鴉片香味有著難以形容的好味道。有一次在父親吸完離開後，我死纏著阿母讓我吸一口。吸和聞又不一樣了，味道更爲刺激強烈，吸後頭暈目眩，但最後的感覺還是不錯。

由於鴉片畢竟不是有錢就能買到手，因此阿母都會把錫管尾部拆成兩截，然後用小刀仔細將軟膏一點不剩地刮下來，甚至連掉落在煤油燈周遭的鴉片屑也絲毫不漏地收集起來。將鴉片屑弄成一團放到口中的話，據說滋味和抽鴉片差不多。有一位賣香腸、肉乾的馬仔材，經常冒冒失失地就衝進家裡找阿母，再三懇求阿母分一點鴉片屑給他。

馬仔材就是一位典型的鴉片中毒者，他身材細長，骨瘦如柴，走起路來搖搖晃晃，聽說已經被送入更生院好多次了，卻仍然改不掉吸鴉片的習性，但配給的量又不夠，所以經常得從各樣人手中買進鴉片屑以彌補不足。

有趣的是，他做的香腸肉乾非常好吃，有台南第一的稱譽，我們也經常讚美他，他也以此自豪，故意提高價錢，而鴉片屑的價錢又隨便喊價，狡猾地以物換物。

阿母經常在口頭上警告他：「就算被警察撞見了，也絕不能說是從我們家分到的！」

「當然，我可是非常清楚，就算被打到死，也絕對不會說出金義興的名字。請頭家娘安心吧。」

屬於新類型知識份子的許醫師之所以會吸起鴉片，想當然是他非常喜歡；不過也可以想見，當初一定是父親勸他嘗一口的吧。許醫生一來，就算父親已經吸完一天的固定量，也一定相陪地躺下來，而原本是阿母負責的準備工作，則換成許醫師來做。有一次我也碰巧在場，感興趣地聽著他們男性之間的閑談，也看到許醫師雙手的靈巧，感到敬佩不已。心想，原來這就是拿慣手術刀的外科醫生，另外也同時聯想到「名士劇」中扮演女性角色的演員動作。

初戀情人許淑貞

想必也是由於這份交情吧，許醫師才會在我們家開家塾學漢文時，提出讓他女兒一起學習的要求，讓淑貞來我們家。

淑貞伶俐聰明，又長得胖嘟嘟，非常受到歡迎，甚至被取了「丘比特」的外號，受到百般疼愛。有一次，相當於塾長的錦珪姐與調皮的錦香姐故意開玩笑問道：「丘比特！長大後，你要挑我們家兄弟的哪一個嫁？」當時一起學習的男孩子有育森兄、育霖兄和我三個，三個人都紅著臉等待淑貞的回答。

沒想到淑貞很乾脆地說：「阿森又胖又粗魯，我討厭他！」

「哎呀！哎呀！」

「阿霖瘦瘦的，又不好侍候，我也討厭他！」

「嘿嘿！」

「阿德跟我一樣大，又對我很好，我喜歡他。」

聽到這句話，姐姐們捧腹絕倒，育森兄和育霖兄則氣沖沖，我卻是不好意思地逃了出去。由於年紀相近，不但我們所選的漢文教本一樣，連學習進度也都一樣，也難怪她很自然會對我有親近感吧。

按照農曆來算，雖說我們同年，實際上她比我大上幾個月，應該算是姐姐，但小時候根本就不清楚這樣的事，只知道兩人都是肖豬（按照農曆，我是大正十三年（一九二四年）十二月二十五日生），心裡非常高興。

昭和四年（一九二九年）四月，我滿五歲，進入末廣公學校的附屬幼稚園就讀。當我看到淑貞也前來時，眞是喜不自禁。當時在台南市，幼稚園不過才兩三所，將小孩送入幼稚園就讀的非常少。末廣公學校的附屬幼稚園設在白金町一座類似廟宇的建築物裡，從我們家步行大約五、六分鐘，她們家距離比較遠，大概要走個十分鐘。

對我和淑貞而言，幼稚園是可以避開兄姐們的視線而愉快「約會」的地方，我們一屁股就在同一桌子坐了下來，也一起玩，連上廁所也是手牽著手一起去。她上廁所的時候，或許有我在的關係吧，安心地連門都不關。因此先上完的我可以偷瞧她那可愛的白色的屁股。有一次被她發現，她用那雙註冊商標的大眼睛瞪了我一眼。後來，我就把臉轉過去，和她一邊說話一邊上，這樣雙方就打平了。

我和淑貞的「蜜月期」在幼稚園結束時告終。一年後，兩人一起參加南門小學校的考試，淑貞考上，我卻落榜。不得已之下，我只好進入末廣公學校就讀。這在後面部分將會再做說明。當時小學校與公學校有著社會地位的差別待遇，連帶地使我對她有了自卑感，不僅羞於與她碰面，有時還故意避開。不過，越這樣反而越懷念她，連自己也釐不清頭緒，甚至有想哭的感覺。

因此，家裡辦祖母的「做旬」時，和大人們的哀傷或喪禮的騷嚷比起來，我更在意的是淑貞和她母親是否會前來。沒看到她們的蹤影時，我非常失望，她們出現時，我卻又總是在意她的存在，站也不是，坐也不是。

直到她進入台南二高女、我進入台南一中就讀時，我對她的心情才稍微回復到從前的從容與鎮靜。一中和二高女的關係雖然不像小學校與公學校那般緊張，但多少有些類似。我的自卑感多少解消了一些，也有勇氣經常拜訪她們家，但這一次，變成是她不太想見到我了。淑貞的母親熱情地招待我，有時還會做些點心；許醫師則會找出空檔，和我聊一些政治運動，或是被警察抓走後接受拷問的事，以及演劇等等，使我感受很多。

但就在這個時候，由於許醫師的誤診使得淵源兄不幸死亡，父親與阿母非常痛恨他，對許醫師的態度也轉趨冷淡，兩家之間幾乎不再來往。

早逝的淵源兄

我對因許醫師的過失而喪生的淵源兄有很深的感情。淵源兄的死和祖母的過世，意義並不相同，他的死是直接左右了王家命運的重大不幸事件。在我們家，祖母原本就只是象徵性的存在，沒有因爲她的過世而產生什麼大影響。但淵源兄的死卻意味著喪失了無可替代的家業繼承人。阿揚所生的育森兄取而代之成爲繼承人，這一來，也改變了三位母親間原本勢均力敵的狀態。而育森兄本人並不怎麼喜歡做生意，這使得王家在父親一代之後，就步上了衰微的命運。

決定王家命運的這個重大不幸，是在某天突然降臨的。

公學校四年級第二學期某一天的午休時間，我正在校庭玩耍，長工前來叫我，我心中正覺奇怪，一回到教室，安田老師說道：「你們家中似乎發生什麼不幸事情，剛才來了電話，你立刻回家。」

「什麼不幸？」

「嗯……是不是有哪個哥哥患了重病？」

「啊！」

我馬上叫了出來，全身哆嗦地發抖起來。患病的哥哥？那一定是育霖兄了。他罹患肋膜炎，高等學校尋常科的學業也辦了休學，正在異地療養中，想不到他竟……。我抓了書包就跑出學校，沿路上一直想像著阿江哀嘆的樣子，在眼眶中打轉的淚水止不住地掉了下來。

大白天裡，家裡店門卻已經關下。正值年末，街頭洋溢著熱鬧的氣氛，好似只有我們家遭到遺忘了，寂靜得令人不快。我拉開邊邊的一扇門，惶恐不安地一腳踏入，吵雜的哭聲頓時一擁而上。父親與阿母的哭聲越發大聲。我感覺到有點奇怪，如果是育霖兄的話，父親和阿母不會哭成那樣的。

遺體橫放在正廳臨時弄起的床上。兩年前祖母過世時也是相同的光景。毯子從頭覆蓋，只微微見到蒼白的大腳底。我心中直覺到，這麼大的腳可不是育霖兄。過了一會，我偷偷對阿江說：「幸好不是育霖兄！」

「別亂講！」阿江微微瞪了一眼。我馬上瞭解是淵源兄，但還是難以置信。

淵源兄是商業專修學校的運動選手，才十七歲就已經有著大人的好體格。他不僅肌肉發達，精神也十足，這個我最清楚了。他曾出場參加市運會的安平往返一萬米馬拉松比賽，還拿了第四名。從比賽前一個月，他爲了鍛鍊體力，在小腿綁上好幾塊鉛板，還戴著睡覺。

親戚們接到訃聞趕來，阿母流著眼淚哭訴事情的經過，我才稍微明白狀況。當時我一大早就到學校，傍晚很遲才下課，因此，白天家裡發生什麼事都不太清楚。

前一天白天，大概剛過正午，淵源兄突然喊肚子痛，回到他新厝樓二樓的房間休息。忍了一個下午，病情仍未好轉，晚上請來了許醫師。這麼一說，我倒是記起許醫師昨夜九點左右來看過診。但家裡有人感冒或吃壞肚子是常有的事，我也不怎麼放在心上。

許醫師診斷不出原因，就先注射嗎啡止痛，說明天再來看診，然後就回去了，而淵源兄一夜也睡得很好。哪知道一到今天早上，比昨天還痛得厲害，淵源兄翻了白眼，雙手按住肚子在床上翻滾，父親和阿母驚嚇了，再請了許醫師，但等不及許醫師來，淵源兄已口吐白沫，氣絕而亡。聽說他斷氣前還嘆氣道：「許水木這個傢伙！都是被他害死的。」

淵源兄的死因是急性盲腸炎。父親也有過盲腸炎的經驗。它有急性與慢性兩種，無論如何，讓盲腸炎這麼單純的病奪去性命，也太令人無法釋懷了。

很明顯的，嗎啡注射成了致命點，因爲嗎啡雖抑住疼痛，但發炎卻逐漸擴散，到最後反而無法控制。如果沒有打嗎啡而任憑疼痛發作的話，父親也可以察覺出情況不對，或是請其他醫師來診斷，或是送進台南醫院，總之，可以採取其他的急救措施。

從阿母口中得知，許醫師來看診時，喝得爛醉。如果眞是這樣的話，就不能不說他是無法原諒的敗德醫生了。父親他們沒有提出告訴，但從父親、阿母乃至家裡的人，都怨恨許醫師。而我呢，如果不是淑貞的話，恐怕也同樣吧。

我很喜歡淵源兄。他雖然是養子，頭腦也不算好，二中和長老教會中學都沒能考上，好不容易才擠進商業專修學校；但這都不是什麼大問題。他自己本身倒是看得很開，反正他是要繼承父親事業做買賣的，讀書的事就讓給弟弟們。吸引我的是，他有著運動選手的明朗性格，而且又溫和，很有長男的威望。

才十六、七歲就說有威望，顯然不怎麼恰當；總之，他擅長出點子，並付諸實行，這使得育森兄、育彬弟、還有我，都很樂意聽從他。比如說，他在中樓二樓的陽台一角搭蓋了鴿籠，養了鴿子。我們都遵照他的指示，經常不是打掃鴿籠，就是將鴿子帶到遠處放飛。

以成（第一個養子）和台北的藝妓巧仔（Khá-á）生了一子，名叫滿童（Bóan-tông）；阿母看他可憐，把他接來扶養，這個滿童成了我們的好玩具。

比如說，金魚或鴿子死了，淵源兄就要滿童扮演孝男（hàu-lâm），用紙箱當棺材，然後叫他拿著棺材和幡旗辦起喪禮，我們則扮演和尚角色，模仿和尚唸經，在家中緩步列隊遊行。這其中殘留一些祖母喪禮的影響。若被阿母看到，被罵道：「僥倖（hiau-hēng）喔！」大夥就四處逃散。

滿童與煮飯女中一起睡，經常尿床。女中也很明白滿童在家中的地位，故意誇大地發牢騷：「滿童可又尿床了！從來沒有看過這麼令人討厭的傢伙。」

淵源兄知道後，說道：「好！我們就給他一點處罰！」於是邀我們一起把滿童帶到前樓的二樓，這裡作倉庫用，裝箱的罐頭或魷魚、冬粉等類的大綑包裝在兩側堆積如山。他叫滿童抱來大綑草繩，要他站在中間，大家則圍著他。接著由淵源兄開始盤問。

「你常尿床對不對？到底幾歲了？」

滿童智能發達比較慢，舌頭也有點咬字不清，把「六歲」（la̍k-hòe）說成「流血」（lāu-hoeh）。

「笨蛋！怎麼會是流血！是六歲。」然後賞他一拳。

「那麼，六歲接下來是幾歲？」換成育森兄盤問。

「七！拭血（chhit-hoeh）！」

「眞憨！拭血是拭血，七歲（chhit-hòe）說不出來嗎？」又是一拳。

我則在旁邊用腳搖著草繩。

「我怕！我怕！」滿童終於放聲哭了起來。一哭出聲就麻煩了。

「好，就到這裡爲止，放你一馬。如果你跟阿母說的話，那可就不原諒了。」這才將他釋放。

回想起來，當時肯定感到非常有趣，不過，事後有點罪惡感。

淵源兄能夠想出這樣的壞點子，想來他的性格上也有不良的一面吧。有一段時間他交上壞朋友，走上歧途邊緣，父親知道後非常生氣，將他綁在中樓二樓的陽台柱子上，用粗棍子揍打。印象中我們很少挨父親打，而父親這樣教訓淵源兄，我們只能從遠處看，感覺非常可怕。阿母急得想袒護他，對著父親狠狠罵道：「淵源不是親生的，就可以打死他嗎？」因爲有以成的前例，父親對阿母的懇求也聽不進去。但不知是不是父親的打罵眞的生效，從那次以後，淵源兄就像變了一個人似的，不僅溫馴和善，也常幫忙父親的生意。

最讓父親高興的是，淵源兄承擔了催討房租的差事，而且成績非常好。在不動產投資上，父親有他獨到的看法。如果是在鄉下購買田地，不僅田地距離遙遠，難以管理，而且由於缺乏農業知識，往往不是任憑佃農擺佈，就是地租遭削減或拖欠；反而不如在市區內購置房產出租，一來容易管理，二來也比較方便催討房租。等到戰爭時期，他才明白偏重購置房產的方針是錯誤的。有田地的人，不僅不愁糧食，一旦必須疏散時，也能拜託佃農們，容易疏散。我們一家大小不僅一直被糧食所困，也沒有適當的地方疏散，而且空襲還損壞了不少放租的房屋。但如果能撐到戰後還沒賣掉，是比擁有田地還要有利的。由於國府施行「三七五減租」、「耕者有其田」，土地遭到國府的掠奪，地主們都蒙受了很大的損失。對於房產，雖然也正打算實施「都市平均地權」，但截至目前（一九六五年）仍未實施。

雖然催討房租比較容易，還是有很多狡猾的房客這個那個地找種種藉口，想盡辦法降低房租或賴帳。雖然也有專門收租的店員，但收租好壞和薪水沒有關係，如果被怨恨而遭暗算，反而吃虧，往往聽任對方擺佈。淵源兄可就不一樣了，他當做是父親與王家的事業，盡心盡力，收租成績也非常好。聽說房客們也對他稱讚有加，說他不愧是金義興的「大頭家子」（tōa-thâu-ke-kiáⁿ）。

淵源兄頗擅長交際，也很有幽默感。想必他的個性也受到房客們的歡迎吧。在我家裡，最受到歡迎的是父親生日的餘興節目——「尋寶」遊戲。這「尋寶」的點子實在也只有淵源兄才想得出來。範圍規定在前庭與中樓的一樓陽台，高度也在小孩們伸手可及之處，時間則限在早上九點到下午三點；小紙張上寫著幾等幾等，放到四公分左右的吸管裡，然後用漿糊黏起來，藏到各個地方。遊戲規則是將這些「寶」找出來以換取獎品。藏寶地點極其巧妙，或在盆栽的葉子裡，或在柱子裂縫，或在石階突出處等等。

記得有一年，天色猶微暗時，阿江已經起身梳洗打扮，剛好看到淵源兄在庭院中開始藏寶。這時我剛好從睡夢中睜眼醒來，阿江對我說：「阿德，跟你說一件好事。」淵源兄聽到這句話，來到窗邊說道：「阿江人眞壞，怎麼可以偷看人家藏東西呢？」

「我又不是故意看的。對不起啦！」

「看到幾個地方？」

「大概兩處啦！」

「兩處的話那還好！」

「可不能重換地方！」阿江故意裝出一副威嚴的樣子。

「算了，反正是阿德，給他一點便宜。不過，可不能告訴其他人。」淵源兄露出白皙牙齒，微微一笑。

淵源兄一死，誰當孝男、幡旗由誰拿，馬上成爲問題。情景雖然沒有像滿童那麼悲慘，但大家心中都不想扮演這個角色。諷刺的是，這個任務還是輪到我頭上。理由是和淵源兄同樣在阿母戶籍下的，有我和育森兄，但育森兄將代替淵源兄成爲繼承人，剩下的就只有我。

由於是父親與阿母的吩咐，阿江也不得不接受，並想盡辦法說服我。比如喪禮的規矩作法，只要聽從大人指示，照著做就行了，沒有什麼好擔心的；結婚之後，若生了小孩，只要將男孩的一人做爲淵源兄的小孩，讓他奉祀淵源兄的靈位即可等等。

扮成孝男拿著幡旗，感覺麻煩又沒有體面，但想到與淵源兄的關係，也認了。

對於奉祀死者、掃墓、上香之類，我並不拘泥形式。如果心中存有追思之念，我相信那也具有祭祀之意了。因爲會讓人懷念的，無論是自己的孫子也罷，他人也罷，都無關緊要；而如果眞是値得懷念的人，縱然是他人，也會懷念不已。反之，如果一點都沒有値得懷念的，連自己的子孫也遺忘，那也沒有辦法吧。在這裡，我所以這樣寫下淵源兄的事，也是出於懷念他，淵源兄若地下有知，應該感到瞑目吧。

母親過世

淵源兄死後剛好一年，阿江也過世了。雖說死因是肺吸虫症，但我們兄弟都認爲，阿江是氣死（khì-sí）的。總之，我們家四年中辦了三次喪事，傳出了有冤魂作祟，大家也都提不起勁。淵源兄和阿江都同樣在年尾過世，那陣子幾乎忘掉了過年的快樂滋味。

阿江去世時是昭和九年（一九三四年），我就讀公學校五年級，十一歲。因爲在第二學期結業式上演的學藝會戲劇中，我被選爲小隊長的角色，每天都留到很晚，練戲練得很高興。有一天傍晚，家裡打來電話，把我叫了回去。阿江病情危篤一事，我是知道的，因此沒有特別的驚訝。本來家裡的人早就私底下偷偷談論著，不知道阿江能否撐過「冬節」（tang-cheh，冬至），聽到這樣的話，我雖然覺得很氣憤，但心中也早有覺悟。

肺吸虫侵犯到頭部的末期症狀，那副痛苦的樣子，我實在不忍心看。阿江連在榻榻米旁邊稍微走動一下，也哀哀呻吟。喀血日益嚴重，身體也日漸衰弱。上廁所、吃飯都沒有辦法自行處理。就讀女學校四年級的錦碧姐常常請假或早退，以便照顧阿江。眼看著錦碧姐也日益消瘦，我也沒辦法定下心來好好唸書睡覺。若能治癒，我祈求阿江早日痊癒；但若眞的沒有辦法的話，那就……，我腦海中浮現的是現在所謂安樂死的想法。

我對錦香姐在阿江生前結婚，又定居到遙遠的東京，既嫉妒又羨慕；對育霖兄，我則非常痛恨；想到他不但給阿江帶來種種麻煩，甚至讓阿江患上這場病，卻還是軟弱無力。我是阿江所生的四個小孩中的老么，我的想法中，老么最有權力撒嬌。但說起來還眞令人怨嘆，我這個老么不僅不能撒嬌，根本就是一直被棄之不顧，任令把我託給女中照顧。我心中甚至一直覺得，這樣的母親不要也罷。因此，在旁人來看，我應該是最不幸的，但我並不怎麼哀傷。只是，當阿江遺體被放入棺材，正要蓋上厚重的棺材蓋時，我卻不經意大叫出聲：「不要蓋！」我跑近棺材旁邊，想要踢走大人們。父親吃驚地把我抱在懷裡，邊哭邊說：「哎，我知道你很難過，但不能亂來。以後我會好好疼你。」

記得聽到這句話後，我也平靜下來。現在回想起來，或許這也算是一種「示威」行爲吧。當時我的年紀已經夠懂事了，人過世就必須放進棺材埋葬的常識沒有不懂的道理，但我卻故意撒嬌，這大概隱藏兩種含義，除了抗議阿母和阿揚對阿江的無情之外，也是對往後我在這個家中的地位感到不安的一種自我表現吧。

由於阿江死得太過悲慘，使我深深感受到生在大家庭制度下的不幸，對往後的人生觀有很大的影響。

此一不幸，肇端於育霖兄在台北高等學校尋常科的宿舍中罹患了肋膜炎。記得是我公學校三年級的時候，家裡接到了學校通知，阿江擔心得睡不著覺，乃下定決心到台北看看育霖兄的情況。這時我再三要求阿江帶我一起去。這是有生以來第一次出門旅行，興奮無比。當時的心情，我還以「望眼欲穿的星期六」爲題作文，這篇文章入選台南市小公學校優良作文，還被油印出來保存在圖書館裡，是我發表的第一篇文章。

那次行程非常匆促，坐星期六晚上的夜車出發，再坐星期一的夜車回來，因爲阿江認爲學校不可以請假太多。星期天晚上，我們三人一起住宿在圓環旁邊的一家飯店「高義閣」，度過了母子歡聚的一晚。隔天早上，坐巴士到宿舍附近，在那裡和育霖兄道別；分手時，三個人都哭了出來，依依不捨地不停揮手道別。之後，我催著阿江遊覽市內，並買了一些東西。台北市街的美麗與規模，令我非常著迷，也留下深刻印象。

一回到家，阿江馬上和父親商量：宿舍生活雖然比較省錢，但吵鬧又營養不足，無論如何，有必要租房子，讓阿江一起住個一陣子，親自照顧。父親並不怎麼當一回事，但阿江少見的強烈態度硬是不讓，父親只好勉強同意。

阿江租來的房子是一間長屋（細長宅邸）的二樓，一樓是店鋪；位在下奎府町，離圓環有點距離，離古亭町的高等學校也有一段距離，但因爲預算關係，只能在這一帶找房子。我曾經在放假時跟著錦碧姐前往，在那裡待了十天左右。正如從大家族制度中解放的獨立小家庭，當時我們的生活簡直就像作夢一般令人愉快，所有一切都非常新鮮，既輕鬆又悠閑。也只有在這一時期，能夠盡情吃到阿江的親手料理。若晚飯吃得早，大家就一起外出散步，淡水線的火車就像玩具一般，披滿夕陽餘暉，慢吞吞地通過鄰近的田地。

我就讀高等學校時，常來這一帶徘徊，懷想從前。但水田只剩下一半，一半蓋起了房子；也明白了火車之所以慢吞吞，是因爲雙連站就在附近的緣故。

阿江的辛苦卻沒有得到代價，育霖兄的病情並不見好轉；半年後，他在父親的命令下，辦理休學回到台南。阿江不在家的這半年，在家中的地位低落了許多，我和錦碧姐知道後，雖然十分焦急，但也莫可奈何。阿江與父親之間似乎產生了厚牆。阿母和阿揚則加強團結，抱怨阿江在台北的生活浪費錢。阿江也早就料到會有這樣的怨言，日常生活非常節衣縮食，但育霖兄的醫療費是不得已的開銷，她非常憤慨，如果連這個都要被說話，那根本就無立腳之地了。

但她還是把怨憤藏了起來，阿江非常顧慮家人的想法，最有效的方式是帶大批「土產」回來，但阿江手上可沒有這麼寬裕，話說回來，要是眞的這麼辦的話，肯定又會被東扯西牽地說上幾句：都能夠帶這麼些土產了，生活上想必……。

阿江準備了什麼樣的「土產」呢？給女性的是新竹有名的白粉，給家裡的是北部出名的鹹漬淡水毛蟹（mô-he）。鹹漬毛蟹相當於日本常見的鹹魚類，又便宜又好吃。阿江是從下奎府町鄰居歐巴桑那裡得知的。她自己吃起來非常好吃，就託人買了一整桶，辛辛苦苦地帶回家中。

回到家後，她馬上向家人推薦，還分給附近鄰居。這一來惹了非常大的麻煩。因爲毛蟹有寄生肺吸虫，凡是吃了的人幾乎都被感染。幸虧我有偏食的壞習慣，看到那黏黏滑滑令人不舒服的東西，非常討厭，一點都沒有興趣嚐一口。其他還有幾個人因其他原因沒有吃，他們剛開始都還覺得有些吃虧，後來知道吃過的人全都感染，大家才鬆一口氣。

「奇怪，我又沒有罹患肺病，卻吐出血痰！」

一有人說出來，同樣癥狀的人接二連三出現，這場騷動於焉開演。

沒多久，很明顯是由寄生虫引起的疙瘩，紛紛在眾人手腕、大腿處出現，而且到處竄移。事情越鬧越大。當然，阿江受到眾人的怨恨，但也用不著等到眾人怨恨，阿江本身已怨恨起自己；她是肇事者，也是吃下最多的人，病情最重，咯血的情況也最嚴重。她握緊拳頭，懊悔地狠狠捶打吐出血痰的胸部，連辯解的話也說不出來，只是哭叫：「就算我死了，也道不了歉。」阿母和阿揚卻不放過阿江，故意大聲到處宣揚：「這一定是新春想要害死懷恨她的人。」有一次，阿江實在聽不下去，從房間跑出來抗議說：「這太過份了！如果可以的話，我還想將我的心挖出來給你們看。」

父親也幸運逃過一劫，但想發脾氣也發不來，只是沉著臉，令人害怕。他請來醫生，說道：「事到如今，也不用談錢的問題。日本沒有更好的藥嗎？附近感染上的人，也都給他看看。」

和家人相較之下，鄰居多半同情阿江，因爲他們瞭解阿江平時的爲人，也想得很開，認爲都是運氣不好，反而安慰阿江不要太過悲傷，以免弄壞身體。

身體抵抗力強的話，肺吸虫自然會消滅。過了幾年後，這件事好像沒有發生過似的，大家全都治癒了。就只有阿江一人，病情越來越嚴重，終於爲此喪生。這大概都是由於阿江在精神上備受打擊，喪失了抵抗疾病的氣力吧。而給阿江精神上重大打擊的另一原因，是有關淵源兄去世的中傷。

淵源兄在死前兩三天曾對阿母提到，他夢見張有白帆的船航行著；很湊巧的，幾天前阿江也在和其他人閑聊時說她作夢，夢中出現身著白衣的人什麼的，總之，夢中出現了白色。淵源兄死後，沈浸在悲嘆中的阿母將這兩個夢牽連起來，說這一定是阿江，因懷恨阿母，所以「做儆」（chò-khiò，詛咒）殺掉阿母心愛的淵源兄，以消除心中怨恨。

我們聽到這樣的事都非常氣憤，阿江視淵源兄爲長男，非常愛護他；而阿江也知道兄弟當中，淵源兄最疼我，也因此對他示好。再說，阿江哪來的錢「做儆」呢？傳聞中，「做儆」必須先找出熟悉咒術的唐山人（Tn̂g-soaⁿ-lâng，指來自大陸的中國人），然後拜託他作法；但拜託也需要很多錢。要對一個人下咒殺害，費用太低的話，對方也不願意幹吧。何況，有時必須偷偷拿出想施咒對方的衣服或日用品，有時候，半夜裡這裡來那裡去的，都必須聽從作法指示。這麼可怕又麻煩的事情，患病的阿江哪有餘力去做呢？但阿母卻堅持好幾次「問佛」（mn̄g-pu̍t）的結果，說淵源兄都是這麼說的。

「問佛」是一種召魂巫術，有人專門從事這行，通常都是以某座廟寺爲根據地，到廟裡頭請他們作法，但阿母是把他們叫到家中作法。

他們使用的道具是一座小神轎，幾個相貌不怎麼和善的男人於夜深時抬著這座神轎來到家中。等到子夜，正廳神龕前點起紅紅蠟燭，焚香柱點香爐，並燒起金紙銀紙。神明替身的男子走上前去，用兩手抱著神轎，唸唸有詞地唸咒文，不知不覺中，他的身體開始發抖搖晃起來，據說這表示神靈已經降臨到神轎。

我感到害怕，只能站在遠處看，乩童的身體抖得更厲害了，幾乎沒有辦法在一個地方一直站立。他發出啊、喔的聲音，在神龕前面陡地一下子後退，然後又一股作勢猛衝向前，用神轎的前腳激烈敲打桌子，然後又後退，眼看著左右腳就要糾纏在一起，卻又馬上咚的一聲衝到桌前，這一回，又一股作勢地劃出曲線，神轎的前腳就這樣一直激烈撞擊，瘋得厲害。

據說這就是神明的話語。神桌旁邊站著另一位「桌頭」（指通譯員），解讀神明所說的，並記在紙上。這樣的動作反反覆覆，大約過了一個小時，香爐的煙逐漸淡化，金紙銀紙也燒得差不多了，乩童的動作終於平靜下來，他精疲力竭，站都站不穩，其他同夥從他兩側撐住，讓他坐在椅子上，用手巾幫他擦汗，用扇子搧風，或給他喝茶。另一人拿著紙片，招呼阿母過去，嘀嘀咕咕說著些什麼；好像說是淵源兄從黃泉來傳話之類，我們雖然聽不見，但肯定是左右了我們命運的重大事情。說起來，這雖然極其荒謬，卻也是封建大家族制度的眞實。

阿江唯一的好友叫樣姨。也就只有樣姨一個人來探病並且鼓舞她，還必須躲躲藏藏地避開父親與阿母的視線。樣姨得知阿母用「問佛」的結果來中傷阿江，非常憤慨。在我們不知情下，樣姨也幫我們「問佛」。一問之下，令我們大喫一驚，得知阿江病情難以好轉，是因爲被「做徼」。我們咬唇大罵。我們都沒作法害人，哪知道對方卻作了法，這算什麼！樣姨安慰道，將解咒解（kái）看看。聽說解咒比下咒要困難多了，但也管不了那麼多了，我們就像溺水中抓住草繩一樣，向樣姨千萬拜託。

除此以外，我和育霖兄某一天來到市內聽說非常靈驗的天公廟（Thiⁿ-kong-biō），拜託一位長滿鬍鬚的道士，請他唸了許多咒；在規定的時間，我們向著某個方位的角度下跪，宰殺準備好的公雞，雞血不知是喝掉，還是倒在地面上，已經記不清楚細節了，反正是非常繁雜的儀式就是了。另外，我們還分頭到市內各個主要寺廟祈願。有個中醫給了些小粒眞珠，告訴我們，和其他東西一起混著喝下的話對身體很好，我們也按照他的指示做了。

但一點成效也沒有，阿江還是死了。阿江的遺體，大家都很害怕，沒有人敢靠近一步。錦碧姐一個人幫阿江擦身體、穿衣服、化妝，不然就得任憑葬儀社的「土公」（thóo-kong）隨便處理了。

阿江一死，父親馬上命令我們收拾整理房間，並用硫黃燻房間，說是細菌到處滋生，不衛生。對於這樣無情的舉止，我感到無比痛恨。

葬禮時，育霖兄是孝男，必須拿幡旗；原則上孝男必須跟在棺材後面，邊哭邊走。但由於他有病在身，被允許乘坐人力車，我則時而走在人力車後面，時而走在旁邊，那個時候，也只有這個病弱的哥哥是我唯一的依靠了。錦香姐接到電報後，馬上從東京出發，不過，仍然趕不及參加葬禮。悲傷加上懷孕的不適，一星期的匆促行程使她痛不欲生。

一抵達家中，她跌跌撞撞地滾向正廳中的阿江靈位前，哭倒在地，扯開嗓子喊道：「我的阿母！」

父親聽到，責罵道：「阿母又不是只有你的阿江一個人，還有阿母、阿揚也在。」

錦香姐的個性一如從前，不認輸地哭喊：「我的阿母只有死去的阿江一人！」

父親氣得渾身發抖：「妳這個不孝女！」

我們四個兄弟姐妹已許久沒有這樣相聚，四個人發誓往後將心手相連。育霖兄向我教誨：「我們要報阿江這個仇。我們要力求上進，爭口氣給大家看。」

「嗯！絕對的，沒有問題。」

從這個時候開始，我決定了活在人世的意義。

第三章

末廣公學校

公學校與小學校

我開始上學是在昭和五年（一九三〇年），當時的台南市人口大約十萬，其中內地人（日本人）大約有一萬五千人；市內共有兩所小學校與五所公學校。小學校與公學校的區別，主要在於小學校專收內地人子弟，而公學校則是收台灣人子弟。

在台灣，全面對所有內地人與台灣人施行義務教育制度是在昭和十八年（一九四三年）。但大約在明治末年（一九一〇年代）治安穩定下來之後，內地人的就學率已經高達百分之九十以上，與義務教育實施後並沒有太大差異；而台灣人的就學率，根據昭和四年的統計，男子45.63%，女子14.66%，平均爲30.68%；日台之間有很大差距。

而且這還是全島的平均數字。都市地區的台灣人熱心教育，不用警察、保正來勸誘，就爭相將子弟送進公學校就讀。

上層階級的本島人則逃避公學校，經常各方奔走，盡量要讓子女進入小學校。因爲小學校不僅教育內容和設備好很多，在官場也吃得開，等於是一張公認的名門世家證書。根據昭和十年（一九三五年）四月底的統計，全島小學校（尋常科）的兒童人數爲三萬七三〇七人（公學校爲三七萬三八九二人），其中本島人只有二六二〇人，可以想見入學之困難。

台南市有兩所小學校，一所是南門小學校，另一所是花園小學校。

南門小學校就如名稱所示，位於舊台南府城的大南門底下，附近有台南神社與孔子廟兩大有名古蹟。從孔子廟前朝車站向北而行，可以來到警察署、台南州廳、參議會堂、消防署等行政中心，過大南門往南行的話，則是桶盤淺（Tháng-pôa^{n}-chhián，台南的地名）的高級官舍街。

花園小學校則位在台南市北邊的公園入口前面。從車站到公園一帶，雖然同樣是內地人的住宅區，但除了台南步兵第二連隊的將校官舍一角之外，顯得雜亂無章，夾在其中的花園小學校，占地小，周圍樹木繁茂，總感覺陰森森的。可能是這個緣故，在本島人的眼中，南門小學校顯得等級比較高一些。

公學校則分別有位在市東南角的「台南師範附屬」、西北角的「寶」，市中心的「末廣」、西邊的「港」，此外還有專收女學生的「明治」。

我家兄弟姐妹的升學狀況也很複雜。年齡有點差距的錦珪姐和錦香姐讀明治公學校，錦瑞姐和錦碧姐讀南門小學校，育森兄讀南門小學校，育霖兄讀末廣公學校，我也讀末廣公學校，育彬弟讀南門小學校，育哲弟則讀後來新成立的汐見國民學校。

此處的重點是，阿揚生的孩子除了老么育哲弟之外，其他三人都進了南門小學校。這成爲我們自卑的原因，總覺得父親以阿揚的小孩自豪，對他們特別疼愛。

異母兄弟姐妹中，感情最好的要數錦瑞姐和錦碧姐這一對了。這是由於兩人個性都很溫和善良，加上兩人從南門小學校到台南一女，都感情很好地順利直升。育森兄和育霖兄這一對則完全相反，雖然一起參加南門的考試，育森兄合格，育霖兄卻落榜。在我看來，毫無疑問育霖兄的腦筋居上，沒想到卻落榜了；根據錦碧姐的說法是，落榜的原因出在育霖兄性格內向，沒能夠好好回答老師的發問。在這一點上，育森兄個性調皮，不管知不知道，他肯定都是大聲地回答了。育霖兄雖然勉勉強強去了末廣，但對他而言，這卻成了一生的轉機。非常幸運的，這個時期的末廣請來了下門辰美老師等嶄露頭角的年輕老師，正是邁向黃金時代的高峰期。

下門辰美先生與相撲

從一年級到六年級，下門老師都一直擔任育霖兄他們這一班，他以徹底的斯巴達教育鍛鍊他們，目標是「打倒南門」。本島人的老師、兒童們總是自卑感作祟，相較之下，內地人老師卻有「對方算老幾」的心情，激發學生的鬥志，令人愉快。

至於下門老師本身是不是因爲經歷過對小學校反感的事，還是出於純粹動機，只爲了自己的抱負與試試自己的能力，這就不得而知了。

對於升學班，下門老師自掏腰包購買參考書，在正課之外加緊訓練。現在想起下門老師，仍然很懷念的是，他恐怕是第一位在台南市的小公學校裡設置相撲土俵（相撲力士的比賽場地）的老師。他除了自稱「大親玉」（大頭家），還給學生們一個個都取了名號，如「新高山（玉山）」、「濁水溪」之類的，英勇地吆喝著「hakeyoi, hakeyoi, nokotta（相撲中裁判鼓舞選手用語，上呀！上呀！加油之意）」，和學生們比賽。被摔倒在地哭哭啼啼的，反而讓他一再重來。這一來也破除台灣人對兜襠布（hundoshi）的羞恥觀念。

在下門老師的指導下，育霖兄從一年到六年都擔任班長。另一方面，育森兄在南門的成績並不好。我們都必須給父親看通信簿（聯絡簿）。我們這邊都是甲，育森兄他們的甲卻是稀稀落落的，父親似乎也不勝高興地頻頻點頭。阿揚不認輸地說：「就算是公學校的班長，也比不上小學校的最後一名啊。」

不過，輸贏還是明顯地分出了高下。育霖兄以台北高等學校尋常科爲目標，漂亮上榜；育森兄則參加台南一中考試，雖然也及格了，但在育霖兄的榮光之下，顯得沒什麼分量。

尋常科的定員是四十名，當中大概有一成左右是給本島人的保障名額。不論內地人或本島人，非常優秀的人才都集中到此。這一年，下門老師班上除了育霖兄外，還有其他兩人也參加考試，三人都上榜。台南市的報紙刊登了三人的照片大肆報導，末廣的名聲大噪。

我挑戰南門時，當時育霖兄即將升上末廣五年級，他勉勵我一定要報一劍之仇，但不知道爲什麼，我也落榜了，更是恥上加恥。兄弟間沒有其他對手，心情上雖然輕鬆一點，但一起考試的淑貞卻考上了，使我感受到不爲人知的恥辱感。不得已之下，進入末廣就讀，唯一感到安慰的是能和育霖兄在同一學校讀書。

當時末廣位在孔子廟與台南神社中居家群的一角。校舍是有點像廟宇的老舊建築，校園小得可憐。兩棵大榕樹面對面聳立著；鷺鷥鳥群在樹上築巢，不由分說地就對著在校園裡吵吵嚷嚷的我們頭上，大剌剌灑下白色的糞便。

即使是白天，教室也昏暗，雨一下就啪達啪達滴落下來，因此我們就抱著書包到孔廟上課。大概都僅是坐在地上聽老師說話，常常就玩起「柱鬼」（hashira oni）等遊戲。所謂「柱鬼」，是將台灣式的「站水鬼」（tiàm-chúi-kúi）予以日本化。「站水鬼」的玩法是劃兩條線當兩岸，在兩岸橫渡來回之際，中間有鬼會抓人，被抓住的人換當鬼。調戲水鬼的台詞「水鬼伯仔，乒乓洗腳帛」（chúi-kúi peh--á, pīn-pông sé kha-pe̍h）也很有趣。這大概是將橫渡台灣海峽的冒險予以遊戲化。我們則加以創造安排，將排列成正方形的四根柱子予以多角形利用，並取名爲「柱鬼 hashira oni」，這成了一句台式日語。

玩「柱鬼」的最好舞台是孔子廟中的明倫堂，其正中央有一塊大板壁，上頭寫著「大學」的開頭一段。由於我學過漢文，能夠輕易唸出「大學之道，在明明德，在新民，在止於至善。知止而後能定，定而後能靜，靜而後能安，安而後能慮，慮而後能得。物有本末，事有終始，知所先後，則近道矣。古之欲明明德於天下者……」，當我大聲唸給同學們聽時，他們睜大眼睛，非常驚訝。

恐怖的「雷公二世」

一年級級任是姓鶴的女老師。第一學期由其他人擔任班長，第二學期開始，我被選爲班長。兄弟一起當班長這件事，我們在心中感到非常得意。鶴老師身材嬌小，膚色白皙，和名字完全相反，運動會時親切地教我們玩「浦島太郎」的遊戲，使我留下很深的印象。

升上二年級時，育霖兄他們高學年遷到遠處的新校舍，我也變得寂寞了，加上又是由趙老師擔任級任，趙老師眞是身瘦如鶴，顴骨高高突起，非常暴躁，經常發脾氣，一生氣就發出尖銳聲音大罵，因此大家非常怕他，給他取了「雷公」（lûi-kong）的外號。

只有我一個人認爲他是「雷公二世」。趙老師的父親——趙雲石，在我們家教漢文；他也是骨瘦如柴，目光銳利；我們不會時，就大聲責罵：「怎麼連這個也不會？」便彎曲指頭，用指節敲我們的頭。他在我們家的外號也是雷公，所以我有必要區別一世與二世。

據說一世的趙老師是清末秀才，也是台灣著名詩社之一「南社」（Lâm-siā）的總帥。父親常告誡我們，能請到這麼優秀的老師來教，如果不好好學習的話，會受到天懲。二世的趙老師大約是台南師範畢業吧。

即使如此，對一個才八歲的小孩而言，一世教中國式教育，二世卻教日本式教育，腦筋沒搞糊塗才眞是不可思議。

實際上，我嘗試過抵抗這兩種教育。因爲從學校回來後還要被強迫學習漢文，這對正好玩的兒童來說是一件痛苦的事。當時我感到非常懷疑，學習這麼困難的東西到底有什麼用？只不過由於畏懼父親，不得不去，但學起來也心不在焉。

由於不想再讓「雷公二世」繼續教，我開始考慮轉校。因爲他不是出拳就是用鞭子打我們；班上只要有一個人搗蛋作怪，就將整班留下直到周遭一片漆黑，家人擔心來學校接人時，才總算可以回家。有一次，身爲班長的我偷偷溜到教員辦公室，卻看不到趙老師影子，一問之下，才知道他因事外出。當時，眞是一肚子氣。

未能進入小學校

二年級將升上三年級時，我下定決心參加南門小學校的轉學考試。育霖兄已經從末廣畢業了，末廣已經沒有吸引我的地方，加上如果又是讓趙老師繼續擔任，那才夠淒慘呢。和父親商量之下，他也非常高興地接受了，還鼓勵我可別再失敗了。我也決心臥薪嘗膽，一雪前恥。

當時育霖兄已經接到台北高等學校尋常科的合格通知，他告訴我，比起在公學校的辛苦，當然是進到小學校，未來應考時輕鬆多了。雖然是臨時抱佛腳，總想能準備多少算多少，於是向父親百般要求，請他拜託趙老師。根據派去的店員回來說，趙老師大動肝火，小學校有那麼好嗎，聽到這裡，只覺得非常洩氣。結果我也沒能充分準備就去應考了。

考試當天，我和父親一起前往南門小學校。我本來一點都不希望父親一起跟來，但父親也必須和我一起接受面試。小學校的兩層樓紅磚建築威風凜凜，光看而已，今天卻感到特別威嚴。在寂靜的走廊下等了一會，校長先生從校長室中探出頭把我叫進去。父親悄悄地摸了我的頭。

隔著大桌子和校長對坐，兩腳不停發抖，校長先生很親切就家裡狀況問東問西，然後不慌不忙地站起來，打開後面書櫃拿出一本書。我瞄了一眼，不就是「尋常小學校用國語讀本卷二　文部省」？「啊，慘了！」我頓時死了心，因為這是三年級才教的。

公學校所使用的教科書是台灣總督府編纂的，小學校則是從內地訂購國定教科書。例如，同樣都是一年級的國語讀本，公學校是從「hana（花）hata（旗）tako（風箏）ito（線）」開始，小學校卻是從「花開了，花開了，櫻花開了」開始。

這之間的差異或許理所當然，一個對象是新附之民，一個卻是本國國民。但如果想想六年後升中學時，將以同樣問題測試國語能力，難道沒有不公平的地方嗎？

因此，末廣在二年級時，將小學校一年級國語讀本列爲副讀本，但並沒有因此增加國語時間，在這種情況下，通常是慢一年，因此採取了六年級一口氣塞了五年級與六年級兩年份的對策。

對於兒童來說，這是非常大的負擔，老師們所教授的也不能消化吸收。這事我是在參加尋常科考試時才知道的。此時我只是單純的憤慨，覺得毫無道理。

校長先生當然不會知道我的心情，他翻開中間部分，用力把書壓平，然後拿到我面前：

「來，從頭唸唸看。」

我一看，課文標題爲「町」，如果只是唸出聲，總有辦法吧，我放膽開始唸了起來。

「市區有時計屋（鐘錶店），有本屋（書店），有吳服屋（和服店），有小間物屋（女性化妝品雜貨店）……」

「都會嘛！」我鬆了一口氣。

「那接下來，意思懂不懂？」

「……」我心想完蛋了。

「鐘錶屋是賣什麼東西的店?」什麼嘛,這麼簡單。

「賣鐘錶的店。」

「那麼,本屋是賣什麼的店?。」

「賣書的。」

「那麼,吳服屋是賣什麼的?。」

這個我就不懂了。因爲台灣人社會沒有吳服;但以此類推,「我想,是賣吳服的!」

「是——啊!」

感覺上雖不中亦不遠。不過,校長先生眼鏡下的眼睛卻往上吊,他直盯著我看的那副表情,令人不怎麼愉快。

「那小間物屋是賣什麼的?」

我想了半天。komamono到底是什麼東西呢?黔驢技窮之下:

「是,是,賣koma(陀螺)的店。」

「啊,是koma呀,原來如此。今天就到這裡爲止,辛苦了。」

行了最敬禮後出到走廊,全身汗流浹背。心想該可以及格吧,我也覺得應是沒有問題的。

父親從會客室被叫了出去，興高采烈去了。沒多久出來時，我看了他的表情，馬上直覺慘了，一定沒通過。我戰戰兢兢地跑近，問說：

「阿爹，怎麼樣？」

「漏屎馬（làu-sái-bé，笨桶、笨蛋）！」他好不容易才冒出一句。

我緊追上去想問理由，他連頭也不回，坐上了在玄關等候的人力車揚長而去。我一個人垂頭喪氣地回到家中，此後有好一陣子都很害怕看到父親。

育霖兄滿懷希望地北上了。另一方面，育森兄也通過台南一中考試，小我兩歲的育彬弟竟也不可思議地輕易通過南門小學校考試。在三人輝煌的陰影下，我卻必須繼續上末廣，心情與腳步都非常沈重。

諷刺的是，這一年起，末廣學校遷移到位在市西南端剛完成的新校舍。新校舍的路途不僅遠了三倍以上，又一定得路經南門旁邊，對我而言，這實在是難以忍受的痛苦。儘管新校舍的運動場寬廣，教室也雄偉美觀，但我一點都不感到高興。

我覺得舊校舍還比較好，離家不到十分鐘，來回也和南門毫不相干，住在街內的內地人又少，因此，和南門學生擦身而過的機會也很少。

南門學生的制服、帽子很俏，同款式的長筒靴，搭配黑色背包，看起來就很帥氣。末廣的學生們也有制服、帽子，總覺得土里土氣的，鞋子規定運動鞋，不知道是不是沒錢買，也有人穿著棕櫚製的拖鞋；背的則是掛肩的布製素面書包，也有人用「風呂敷」（包袱巾）綑著。

當我們通過南門旁邊時，學生一定從圍牆上伸出頭來嘲笑作弄我們。

「喂！Chankoro（清國奴）！」

「汝啊（Ií-á，內地人對本島人的蔑稱）！好臭喔！」

我受到的屈辱感比一般人更要強上兩三倍。雖然氣憤得要命，但也沒有回嘴的詞彙與勇氣，所能做的，就只有把臉朝向另一邊，按著書包快跑通過。

恩師安田實先生

安田實老師出現在我面前時，正是在這樣的情況下。由於安田老師的幫助，不僅使得我有勇氣繼續在末廣學習，也以此爲樂，並使我學到了如何在人生中克服一切地活下來。

從三年級開始直到畢業爲止，安田老師一直擔任我們班導師。現在的日本小學也有所謂級任老師，有好有壞是沒辦法的事，但對孩童來說，有著決定命運的重要性，何況是在殖民地的公學校。末廣的編制，一學年有六班（第五班與第六班是女生），根據「昭和十一年三月卒業紀念寫眞帖（畢業紀念冊）」來算的話，除了米田校長之外，老師總共有三十六位，當中內地人老師有十九人；但我從中學年到高學年，既不是本島人老師，也不是其他內地人老師，偏偏就是安田老師一直擔任我的級任，對我來說，的的確確是命中註定。

由於繼續擔任班長，或監督值日掃地、或幫忙老師改考試卷等，經常留下來。有一天，老師親切地對我說：「育德，一塊兒回去吧！」把我嚇了一跳。我知道老師是騎自行車來學校的，因爲他住在「花園」裡側的北門町，離學校很遠。他會住在北門町，是因爲師母在「花園」教書，對她比較方便。爲什麼老師教公學校，師母卻是教小學校，我無法理解，到最後也都沒有問過原委。

老師騎自行車到末廣來的路線，是從車站前通過兩旁有鳳凰木行道樹的大正町，下行到大正公園，轉過圓環，再沿著幸町，從孔子廟前南下到放送局（廣播局），在台南二高女的角落向西拐彎，然後就一路到底，容易認也容易走。

「你都是走哪條路？」

「從南門西側經過台南神社，向白金町……」

「好！就從那邊走。」

老師用右手壓著自行車手把，把左手放在我的肩膀上，邁步走出。光是想到老師為了我而專程花時間繞遠路，在老師的大手掌下，我的小小身軀不禁全身僵硬。

「哪！育德，你不認為末廣也是好學校嗎？」

「是。」我有些疑懼，不知道應該怎麼回答才好。

「不是只有南門才算好學校，不管是南門還是末廣，都是一樣的。」

想必老師也知道我參加南門轉學考試的事情了，當時我真是感覺羞恥，全身發熱。

南門的圍牆可見，從運動場那邊傳來漂亮的日語呼喊聲，如果不是和老師一起走的話，我已準備開跑了。

「哪，才不會輸給那些傢伙呢！不會輸的啦！」老師朝著南門校舍的方向，揚起下巴。我彷彿也受到鼓舞一般，好久不曾好好正眼瞧過南門校舍了。

對我而言，內地人老師對於內地人的小學校反感一事，是一個大發現。我頻頻仰頭看老師的側臉，疑問老師心目中到底對本島人抱持如何的想法，而將小學校學生稱做是「那些傢伙」，老師他自己不也是內地人嗎？

「沒有什麼好悶悶不樂的。你是個男子漢吧？」老師拍了一下我的肩膀。

「是，是。」

「和老師一塊學習，老師會將你調教得不輸任何人。」

「嗯。」

我有生以來沒有這麼感動過，體內似乎湧出新血奔騰全身，原本鑲在心中的小框框，似乎也唏里嘩啦解體了。

現在試著反省當時的感動，或許這是我第一次認識到眞正的「師」的存在與意義。也知道內地人與本島人之間，除了對立關係之外，還有其他關係的可能性；或許，我也瞭解到身爲男子漢應該要具備什麼。

從來沒有人教過我這樣的事情。安田老師是否有意識地曉諭我，那就不得而知，但從他簡短的話語中，事實上我已體會到這個道理。其後，我與老師交談了什麼，在哪裡分手，我完全沒有印象。不過，以這天爲分水嶺，我的心情大大轉變。此後我高高興興地上學，也學習得非常愉快。

安田老師體格魁梧，健壯結實，鬍鬚濃密，連胸毛也亂蓬蓬的。他的故鄉是鹿兒島，自稱爲「熊襲」（Kumaso，傳說中居住在九州南部的種族，因大和武尊（Yamatotakerunomikoto）的征討傳說著名）的子孫，雖然熊襲是遭到日本武尊滅亡的賊將，他卻以此自誇，令我們感到非常驚訝。總之，我們給他取了「鬍的」（hô͘-ê）的外號。

安田老師管教嚴厲，比較起來，趙老師根本不算什麼了。若是唸不來、忘記功課、自修時間吵鬧、掃地不乾淨等等，劈里啪啦就賞給兩記耳光。

輪值掃地的人經常會放兩桶水在講台旁邊，這不是用來防火的。因爲老師有時會命令：「喂，Chan－！」Chan（清）是Chankoro（清國奴）的簡稱。「站到前面來！」「頭抬起來！」劈里啪啦賞幾個巴掌後，他臉上的表情就好像觸摸到極其骯臟污穢的東西，馬上用那桶水來潔淨雙手。事實上，有的同學臉上掛著鼻涕，有的長滿瘡疤，老師想即時清潔雙手的心情並非不能理解，但如果是這樣的話，乾脆不要下手才好。

巴掌呀拳頭的，還算好，最難以令人忍受的是，他有時會用皮鞋的鞋尖咚一聲往我們的腳踝踹，我們往往禁不住大叫「阿母啊！」地蹲在地上大哭起來。

台灣話是被禁止的。米田校長宣佈過：說一句罰一錢。

「喂，剛剛講了什麼？膽小鬼，站起來。再賞你一下！」

安田老師不罰錢，代以再賞一腳。通常我們只能眼淚撲簌簌地流，有好一下子都無法站起來。因此每當有體操課時，老師穿著運動鞋前來，大家便都手舞足蹈，非常高興，因爲今天即使被踢，也不會痛了。

體罰不只限於安田老師或趙老師，似乎是公學校普遍常見的現象，動不動就要學童在大熱天的網球場罰跪一兩個小時，還有人因此中暑，這些都不罕見。家長們只能忍氣吞聲，若到學校告狀抗議，只會被狠狠罵說日本精神不足，落得狼狽不堪、自討沒趣的下場。上流家庭之所以想盡辦法要將小孩送入小學校就讀，原因之一就在於逃避這樣淒厲的體罰。

我也好幾回吃過安田老師的拳腳，不可思議的是，沒有留下任何壞印象。他不像趙老師那樣陰鬱沈重，十分乾脆，感覺上比較好。另外，安田老師的體罰中帶著緩和痛苦和怨恨的幽默感。

其中的傑作是某次的體罰。大概是五年級的時候，女生們吵吵嚷嚷地通過走廊，大家紛紛轉頭看外面，對老師的話漫不經心。

「喂，看什麼看？好，通通出到校園。」

大家臉色發青，但已經無濟於事。老師將我們罰站在喝水台的旁邊。

「你們這些傢伙對女孩子這麼有興趣嗎？都是睪丸在作怪吧！既然這樣，就讓你們把睪丸現給女生們看！」大家嘻嘻竊笑著。

「好，褲子脫下來！」大家以爲是開玩笑。

「叫你們脫就脫！褲子脫下來，趴著繞校園一周！」

正在猶豫之間，慣例地從那頭已經開始踢過來了，大家慌慌張張地趕緊脫下褲子，爭先恐後爬出去。運動場廣闊，再怎麼爬還是有限度。從面向校園的第一棟教室可看得一清二楚，好在這裡是低年級的教室。我們雖然哭哭啼啼的，也半覺得有趣，但漸漸手腳也疲軟了，休息時間又接近了，大家焦急地哭了起來。若不是米田校長巡視教室正好看到這幅光景，責備了安田老師，眞不知道會出現怎樣的結局。

除了體罰之外，安田老師令人深刻印象的是他的「御國自慢」（以故鄉自豪）。台南市雖然位在熱帶，冬天還是挺冷的，學童們常是穿著毛衣、棉衣，腳著黑色長襪，身體猶會哆嗦哆嗦地發抖。

「如果內地像今天這麼冷的天氣，就下起雪了吧！下雪的日子很好哦，原野、山頭、街道都變成白色，白皚皚一片的銀色世界。小孩子們堆雪人、打雪戰的……」也不管課程內容相不相干，老師突然脫口而出。

一聽到「雪」（yuki）這個字眼，大家頓時眼睛發亮。

「老師，雪長得怎麼樣？」有人問了。

「雪啊，沒看過的人，怎麼說明都沒有辦法讓他理解的。嗯，簡單來說，把它想成你們夏天吃的刨冰就行了。」

「那，是可以吃的囉！」

「你們這些愛吃鬼，馬上就想到這樣的事！」大家哇地笑起來。

「是啊，是可以吃啦。如果口渴了，把它放到嘴裡也可以，或是放進水壺，燒開後可以當水喝。」

「好好哦！不用錢就隨便你吃！」大家嘆了口氣。「台灣的冰店如果把它拿來賣，就可以賺很多錢了。」

「你們這些傢伙眞笨！天氣寒冷的時候，誰會想吃冰呢？把它運來的話，雪馬上就融掉了，而且運費又貴。」

「……」大家只是睜大眼睛，不停眨著。

我在日本定居之後，才知道在日本中，鹿兒島算是最溫暖的，也很少下雪，應該說很罕見。老師洋洋得意地談著下雪的情景，我們都被他矇住了。一想到這裡，就禁不住苦笑起來。從安田老師的立場來想，或許這是來到炎熱的台灣擔任公學校級任時的一種懷鄉情緒吧。

「而且，下雪時想起的就是赤穗義士。」

「……」

「時間是在元祿十五年十二月十四日夜晚，大石良雄以下的四十七名義士，趁著大雪，在江戶本所松坂町的吉良上野介的房屋……。」艱深固有名詞接二連三出現，一時之間也記不了。但因爲是報仇的故事，大家聽得非常入迷。

不過據說，比那個赤穗義士更偉大的是建造木曾川堤防的薩摩義士（薩摩指鹿兒島）。很多日本人並不知道薩摩義士是誰，而多數日本人都不知道的事猶喋喋不休地講給台灣孩童聽，這只能說是「御國自慢」。

來到台灣的內地人以九州人佔多數。可能因爲距離最近。其中，又以鹿兒島人最多。就我所知，不論是下門老師或安田老師，都帶著以往薩摩男子的濃厚風貌，這使得他們慣於施行重骨氣鬥志的斯巴達教育。我不怎麼清楚下門老師的狀況，不過，安田老師則是強烈的「御國自慢」。

薩摩義士的其次是西南之役。總帥是西鄉隆盛、桐野利秋、村田新八等等。話題轉換到壯烈的熊本城包圍戰、田原坂激戰，結果遺憾的，西鄉隆盛在城山地方切腹自殺。講到這裡，老師總是閉眼搖頭。有時也會乘興而起，「花是霧島，香烟是國分，燃燒著的是大原（Ohara-ha）櫻島（聳立於鹿兒島灣的活火山，是鹿兒島象徵）。」唱起了大原節（Ohara-bushi，鹿兒島民謠），獲得大家的鼓掌喝彩。

由於我喜歡看戲，錦珪姐常邀集阿江、阿揚與女中們在家裡說書，不論《三國志》、《荒江女俠》，我每每聽得入迷不去睡覺。而安田老師的「御國自慢」，是我首次嘗到日本式說書的樂趣。同樣都是說書，安田先生更帶熱情，這樣的熱情，在錦珪姐的《三國志》、《荒江女俠》中是聽不到的。聽著老師的「御國自慢」，往往燃起我對台灣的情感。

另外還有一點，老師的說書有著《三國志》與《荒江女俠》所沒有的現實性。隨著學年升高，故事中聽過的地名、人名逐漸出現在教科書中，每每令我心生感動。往後我對歷史地理的興趣，也可以說是從此逐漸產生的。

從三年級到六年級的每一學期，我不是擔任班長就是副班長。班長、副班長不是經由選舉產生，而是由級任老師決定。每學期始業式時，在全校學生面前，叫出「幾年幾班，班長某人，副班長某人」，排在最前面，由米田校長一個接一個頒發獎章與任命書。場面非常盛大，被叫到名字時，掌聲就爆然響起。

藏青色的獎章刻有三片鳳凰木葉子的校徽浮雕，上頭寫著字，班長是白色，副班長是紅色。不管上學或放學，都要將它掛在胸前一眼就可以認出的地方。

雖然別人肯定非常羨慕，但由於育霖兄一直都擔任班長的緣故吧，我總感到有些遜色。這當然是由於我的腦筋比不上育霖兄，一點辦法也沒有。但班上起碼也有三個人和我程度差不多或比我出色，每當我擔任副班長時，總是這三人中的某人出任班長，但老師似乎比較看重我，雖然我不清楚原因，總覺不可思議，但也非常愉快。

記得有一回安排我擔任班長，但我鬧彆扭，無論如何就是不願擔任，老師很傷腦筋，表示最起碼也要我擔任副班長，否則班上沒有辦法團結。後來還是不得不接受。

我之所以鬧脾氣，是由於前學期結束前發生的某件事，老師把責任指向班長，由我代表接受懲罰。我對此感到非常不滿。老師把我一個人留在教室，我到現在都還記得當時他說服我的情形。

「你一定覺得自己什麼壞事都沒做，爲什麼要遭到老師毆打，而懷恨在心吧？」

「……」明明知道，爲什麼還揍我？我心中頓時湧現新的悔恨，眼淚掉了下來。

「那麼，你知道爲什麼一國的首相總是成爲目標而遭到殺害呢？你知道原因出在哪裡嗎？」

「不知道。」我很冷淡地回答。

「你覺得首相本身有什麼不好的地方嗎？」

「我不認爲。」

「是啊，會當上首相的人，大概不會做出什麼壞事，但他還是被盯上而遭到殺害。爲什麼？這就是追究他的責任。」

「責任？」我首次抬起頭，看著老師的臉。

「在上位的人是很爲難的，地位愈高的話，責任愈重。名聲愈大，責任也愈重。瞭解了吧！」我老實地點點頭。「所以啊，育德，換句話說，班長等於是班上的首相。老師之所以會揍你，絕對不是你很可恨，何況也沒有理由恨你啊。不過，班上出現了做壞事的傢伙，責任就必須由班長來扛。」

將班長比喻爲首相，感覺還不錯，我心情也平靜下來了。老師提到的責任論，我也能夠理解，當時我所理解的責任論，在我往後的人生觀紮下了根基。

「但是老師，我的身體並不怎麼結實，長久以來都一直當班長，這一學期換其他人當看看，怎麼樣？」我仍然有點拉不下臉，找出其他理由。

老師考慮了一會兒，說：「既然你這麼說，那麼就讓洪武雄當看看，但你必須當副班長幫他的忙。洪雖然身材高大，或許管不來。」

班長有許多任務，包括喊「起立」、「敬禮」的口令，另外也要監督自習、檢查掃地、幫忙改考試卷等等，因此總是必須早到晚歸。六年級的各班長除了班上事情之外，還必須輪值擔任全校總管，我雖然不像育霖兄那麼體弱多病，但也絕對稱不上強壯，因此也感覺到疲倦。

從這學期開始，其他的三個人也輪流當班長，但他們的做法總讓人覺得不乾不脆，令人焦急，結果我在精神上更加疲倦。例如自習時，大家馬上覺得無聊，開始吵鬧。如果是我的話，會馬上站上講壇，挑我拿手的科目複習功課等，然後一個個指名，問各種問題，如此一來，大家就逐漸感到有趣。但其他的班長就只會警告「安靜下來」，一點效果都沒有。掃地的話，他們也指揮得非常笨拙，輪值的人做得懶懶散散的，總沒辦法收拾乾淨。若是我的話，會將掃地輪值者分成幾組，互相比賽。一講到比賽，大家馬上幹勁十足，便敏捷俐落地完成。

也因爲如此，一有什麼事情，大家馬上往我這邊看，老師爲了顧及班長面子，會問問他的意見，但到最後，總是我不做決定就收不了場。在我擔任班長之時，我似乎變成他們的老大了。

我大概有十個比較要好的玩伴，經常在歸途中到台南神社境內用網球打棒球。我除了當某一方的投手之外，同時也身兼全體裁判。如果爲安全上壘還是出局爭論時，通常大家都會接受我的判斷。因此，常見的因爭吵而玩不下去的狀況，在我們的遊戲中一次也沒有發生。

雖然我這麼說可能不太恰當——我的「權威」確立起來的時候，大概是升上四年級後發生的一件事情。班上有一個「四人幫」，身軀高大，心地不好，經常欺負人，也不太聽我這個班長的管理。我找老師商量。

老師說道：「是嘛。這不是老師處罰一下就可以解決的問題。大家一起教訓一頓的話，怎麼樣？」

隔天下課後，老師在校園集合大家，當大家面前將四人幫叫出來。

「聽說你們很自豪自己的腕力。今天老師特別允許，在老師面前幹一場，怎麼樣？大家上吧，即使被揍也別哭。」老師用向來的口氣說。

四人幫和大家都你看我，我看你，忸忸怩怩的。這時，我大聲叫道：「老師說打架也沒有關係了，幹吧！除了今天，可沒有機會了。十個人對一個，不會輸吧。」

有一個人帶頭猛撲了過去，於是開始互毆混戰。四人幫起初背對背地圍成一團，不讓大家靠近。

「一個個拉開！」

「就算被踢也沒有關係，拉腳啊！」

「對，就是這樣！」

被拉開後，四人幫馬上垮了，就像保齡球全倒，大家紛紛從上面騎著，轉眼之間，四人幫身上已堆起一座金字塔。

「好了！好了！」

若老師沒有開口，這座金字塔恐怕難以倒塌。金字塔倒塌後，四人幫匍匐在地上喘氣。從此以後，班上變得非常團結一致。

米田校長的「日本精神」

關於末廣，另外還有一個不能忘記的是校長米田龜太郎。米田校長幾乎就是芝山巖精神的化身。所謂芝山巖精神，是指明治二十九年（一八九六年）元旦在台灣的日本教育發祥地——台北近郊的芝山巖，六氏先生（六位日籍老師）受到「土匪」襲擊殉職，用以稱頌他們的犧牲獻身。

米田校長來到末廣後，一心一意想要將學生鍛鍊成優秀的日本男子漢。他除了督勵老師們施行斯巴達教育之外，還採取以下手段鍛鍊日本精神：每天早上升國旗、齊唱「君之代」（日本國歌），遙拜皇居。雖然這是不管在哪個公學校都舉行的儀式，但米田校長是全神貫注地實施。

從服裝、態度等小地方，他都逐一警告。不管在校內或校外，一旦被他發現，馬上進行說教，隔天早上的朝會更會發表出來。

我曾經在病後剛治癒時，乘坐家裡的人力車上學，途中被米田校長發現，遭到他大聲叱責我缺乏日本精神。但可能因爲學童坐在人力車上，校長卻在車下，有些困窘吧，他立即就放我一馬。

一有節慶日或紀念日，正是米田校長灌輸日本精神的最好時機。台灣除了有文部省規定的節慶日之外，還有幾個特定紀念日：六月十七日的始政紀念日、十月二十八日的台灣神社祭、十月二十九日的招魂祭。

四大節（元旦、紀元節二月十一日、明治節十一月三日、天長節四月二十九日）時，由於學校沒有「御眞影」（天皇照片）可以敬禮，因此在學校舉行儀式後，又由高年級排隊到州廳敬禮。這麼誇張的事情，大概只有末廣才有做，因爲我們多次的去程回程都沒有遇過其他公學校的學生。「南門」與「花園」小學校則有「御眞影」。想到連這個都有歧視待遇，步伐也沈重起來。末廣東邊鄰接的是二高女（第二女子高中），主要收本島人子女，但有懸掛「御眞影」，進校門後，旁邊就有神社形狀的奉安所。米田校長嚴格命令，即使來到其他學校的御眞影奉安所前面，也必須停下來行最敬禮。米田校長的宿舍就在二高女的東側，所以校長本身每天上下學校至少要行兩次禮。因此，這命令一言九鼎。

而且米田校長有時候還躲在樹後，以揭發違規者。最近在東京都內常常見到警察躲在電線桿後面，揭發違反交通規則的車子，看到這個，我總會想起米田校長，不禁想笑出來。

毋庸置疑，十月二十八日的台灣神社祭，還有每月二十八日的月祭，我們都必須去神社參拜。在響亮的喇叭聲下，我們踏著整齊的步伐前進，「南門」的傢伙們照例總是從圍牆上眺望，彷彿嘲笑我們愚蠢之至。

其中，讓市長感謝、家人卻恨之入骨的是，每個星期天早上的課外作業。四年級以上的學童們分成四組，輪流打掃台南市四大名勝——台南神社、開山神社（現在的開山郡王祠）、孔子廟、五妃廟。竹掃把與耙子必須從家裡帶來。

當時台南神社的外苑還未蓋起來，但境內十分寬廣，非常有得掃。其次是開山神社，不用多說，這是祭拜鄭成功的。最輕鬆的是五妃廟，只有狹窄的前庭，但它在桶盤棧一角，離家也最遠。

五妃廟是祭祀鄭被清朝滅亡時（一六八三年）守節而自殺身亡的寧靖王與五位妃子。除了台南神社以外，開山神社、孔子廟、五妃廟祭拜的都不是日本人，這一點稍稍緩和了我的抵抗感。

可能受到台灣同窗會風潮的影響吧，一九六五年六月，末廣同窗會首次在東京召開。住在大阪的米田校長因爲有事必須來到東京，因此藉這個機會，順便請來住在東京的下門老師與擔任我們隔壁三班的安藤老師，還有其他兩三位老師；加上末廣畢業生七八位，共聚一堂。

同窗會中以我最年輕，和育霖兄同輩的有一位，其他都是更早的。末廣每年有二百四十名男生畢業，由於種種因素，聚會人數相當少，總令人感到有些寂寞。如果不是同窗會這次集會的話，我是不會與這些人相識的。

他們大都是貿易商、餐廳或遊樂場的經營者。和我這個當學校教師的，生活圈子完全不同，此外，在日台灣人還有著不太喜歡談論自己經歷的習性。

或許因爲這樣緣故，我差一點就被排斥在外。他們知道我從事獨立運動，對於和我同席感到麻煩。聽說擔任幹事的人用了種種理由說服，例如，人數原本已經非常少了，如果再少的話，對於出席的老師們也不好意思，因爲米田校長似乎也想見見我等等。我則被要求保證，絕對不談政治話題。

如果在普通情況下，我很有可能鬧彆扭，但因爲一心想見米田校長，我直率地一口答應了。有關米田校長，我於戰後初期曾在台南聽過他的不幸傳聞，說他在撤退回日本的船上，由於指責中國人護送官的非法行為，遭到殺害。我聽到這個傳聞時，不禁苦笑，因為米田校長很有可能做出這樣的事。但事實上，米田校長是平安地回到日本，直到兩三年前，好不容易才聽到他仍然健在，但不清楚他住在什麼地方。得知他專程來到東京，我雀躍欣喜。

和他的再會，算起來已相隔三十年。從公學校畢業後，根本沒有和他見過面。在島內時，總安心地覺得想見面的話隨時都可以見；此外，對於他的徹底嚴格鍛鍊，也總有一些反感，因此從未興起想見他的積極念頭。

但經過戰後二十年的大變化，我的意識產生極大轉變。現在想起來，無論是好是壞，毫無疑問地，末廣時代打造出我做為一個人的雛形。斯巴達式教育非常管用，精神鍛鍊也很好。另外，先在這裡提及的，我之對抗凶暴獨裁政權，賭命在獨立運動上的昂然鬥志與堅毅性格，可說都是在末廣時代培養起來的，這一點也不誇張。「老師，請安心。我一直都活用在末廣所學到的。」我一直等待著機會，希望能夠親口向米田校長說出這些話。

仔細端詳坐在面前的米田校長，原本黝黑的臉色現在也變白了，皺紋雖然加深，身體依然健壯，我感到安心，心想一定可以讓他看到台灣獨立成功的一天。

但他卻向我道歉說，往昔的日本精神教育是錯誤的。我安慰道：「沒有這回事！」

我內心感到相當爲難。實際上，也是處於非常複雜與微妙的心理狀態。「怎麼樣，過去的教育很好吧？」如果對方威風地說出這樣的話，當然覺得不舒服，而且也違反事實。但另一方面，如果他們低著頭說「對不起」，也令人有些不知如何是好，這等於我們盡是被教導了壞事。

在台灣，以米田校長爲首，下門老師、安田老師的教育絕對不是衝動的暴言暴行的教育，如果只是衝動的暴言暴行，或許以「對不起，請原諒」、「好，那麼既往不咎」的話就可以解決了。但無疑的，這是他們傾注了崇高精神與生涯熱情的神聖事業，既然如此，就應該感到自豪與滿足才對。而且，也必須他們先能自豪與滿足，我們這些經歷過日本近代化教育的台灣人才會有所寬慰，也才能從我們在日本時代學習的學問知識中找出積極的意義。

是我太善待日本人了嗎？不，我認爲可憎的是殖民體制本身。就這一點而言，殖民的一方當然不好，被殖民的一方也同樣有責任。我認爲，應該向台灣人謝罪的是日本政府本身，單獨的個人並沒有什麼罪過。殖民體制一旦被施行，像米田校長這些站在初等教育第一線的個人，哪有什麼自由可言呢？這樣的說法可能對老師們有些過意不去，但他們不就像只能接受上級命令才能行動的二等兵嗎？

另外頗有意思的是，日本精神的教育實際上並不如老師們所自負地那麼有成效。台灣人也沒有那麼單純幼稚，就算是公學校的幼小兒童，日本精神的灌輸並非像輪胎灌氣那般不費吹灰之力，就算短期間充氣充得飽飽的，也會馬上漏得一乾二淨。

且試反省一下我本身的情況。由於九一八事變、上海事變的發生，「日本是正義之國、支那是不義之國；日本軍強大、支那軍弱小」這樣的觀念開始被積極灌輸。這的確發生了影響，我們在和朋友對罵時，脫口而出的便是：「蔣介石、宋美齡、傳染病、傷寒、霍亂、死了沒關係。」回家後仍然一個人喃喃唸著，愛戲弄人的掌櫃阿郭聽到，馬上打岔道：「蔣介石很了不起喔，死了可不行。」我非常生氣，差一點出拳揍他。中學二年級的時候，發生支那事變（一九三七年蘆溝橋事變，中日戰爭的開端），看到上海攻防戰中中國軍隊英勇抗戰，我才恍然大悟地回想起阿郭說的話。

這時候轉換過來的價值觀一直持續到昭和二十年（一九四五年），其後又重回以前的「蔣介石、宋美齡、傳染病、傷寒、霍亂、死了沒關係」。不過，這一次的轉換可是真心的。

在日本再度見到安田老師是在一九六七年。之前，最後一次見到安田老師是在終戰那年冬天。我聽說老師並沒有一直待在末廣，戰爭結束前兩三年，他前往斗六的一個「國民練成道場」（國民鍛鍊講習所之類）擔任幹事。斗六離台南遙遠，又是那樣的一個工作，我沒有勉強自己前往拜訪的念頭。直到我聽說老師混雜在許多日本人之中，在大正町空地擺起關東煮的路邊攤，眞是又驚訝又悲哀。

我一間又一間地找，找到時，只見師母一個人忙著，老師卻躲在黑暗角落喝著酒。我一眼就看出那是茫然、自暴自棄的悶酒。

「老師，我是育德，找了你好久。」

電石燈周遭並不那麼昏暗，但醉眼朦朧的老師卻沒能一眼就認出我。

「……啊，是育德啊？我也很想見你啊。分手後幾年了呢？我這副樣子，眞是慚愧啊……。」

對日本人來說，台灣已經成爲敵國領土，原來的支配者與被支配者的關係逆轉爲戰敗國國民與戰勝國國民的關係。日本人在命運未卜的情況下，意氣消沈；相反的，台灣人則相信明日的輝煌燦爛，意氣軒昂。

安田老師後悔斯巴達教育的錯誤，請求我原諒。那副表情，與其說是認眞嚴肅，不如說近於卑屈。對於老師的恩情，我非常感謝，也覺得斯巴達教育的結果非常有用，這並不是謊話，但不可否認的，當時我還是感覺有些痛快。

與米田校長會面時也有類似的問答場面，但已經不再有之前的痛快感，反而想到自己與台灣的命運和日本之間不可思議的關係，思緒紛亂。

「悔恨深似海、夢碎七里濱」

我的升學目標從一開始就設定在台北高校尋常科。除了是出於對育霖兄的仰慕，對於不想輸給他的我，也是理所當然的目標。安田老師也抱持同樣心情，對我特別照顧。我們升上六年級時，就分爲升學班與非升學班。全班六十人當中，升學班有二十七、八人左右，合格的有二十三人。這是從貼在相簿的紀念照片中算出來的結果。

背景是孔子廟大成殿東側的細長建築物——東廂，以安田老師爲中心——老師當時臉上稍微露出微笑，我們身著寬鬆的新制服，排成三列，端端正正地站立。安田老師之所以露出滿意笑容是有道理的，82%強的升學率，在市內的公學校中找不到其他例子。

從頭上戴的帽子來看，考上的學校分別是台南師範一人，台南一中一人，台南二中十五人，長老教會中學二人，台南商業學校二人，不明一人。

成功背後總有辛苦的一面。結束一天六小時的正課之後，不升學的人就回家，升學班則留到天色發暗，補習重要科目。

這時斯巴達教育依舊被延用。以算術爲例，「雞兔同籠」等艱深問題一個接一個教，測驗成績也當場改出，只要有一題不正確，馬上被退回去，一直留到算出正確答案爲止。

我們共同出錢購買蠟燭，藉著蠟燭的微弱亮光繼續學習。我的視力也從這個時期開始變壞，畢業時已必須戴上深度眼鏡。這種補習不限於學校，老師還將志願者集合到自己家裡，進行夜間補習。對於伸出一雙臭腳，抽抽搭搭流著鼻涕唸著書的我們，師母從來沒有擺出難看的臉色。相反的，她忙著準備宵夜等，以慰勞、鼓勵我們。此外，雖然是題外話，老師從未收過我們半個「紅包」。

育霖兄特意從台北南下，把我帶到台北參加考試。非常不可思議的，自從阿江過世後，育霖兄像是脫胎換骨似的，身體變得非常健康；他也一直相信是阿江把壽命分給了他。

當時他已經復學，在學校前面隔著水田的昭和町寄宿，我在他寄宿的地方落腳。考試前幾天，育霖兄帶著我在台北市內稍做散步，打算等考完後再好好參觀市內。這時，在新高堂書店前面，我第一次見到邱永漢（炳南）。

早就聽育霖兄說過南門有一個姓邱的優秀學生，今年想必也會參加尋常科考試。什麼都很得要領的邱君，想必已拜訪過育霖兄，詢問考題的傾向以當做參考了吧。

育霖兄介紹後，我仔細觀察他一下，腦袋大得出奇，有點笨重的感覺，但眼睛炯炯有神，鼻樑高挺，心想原來如此，看起來就是一副聰明伶俐的樣子。我們彼此彬彬有禮地互相致意，但總感覺他多了點從容不迫。

「前幾天謝謝您了。這位是擔任我們班上的藏本老師。」他向育霖兄招呼致意，日語非常流利，一點腔調都沒有。那位老師膚色黝黑，高個子，綳著一張臉。

聽說只有邱君一位是從南門來的。爲了這一位邱君，老師也跟著一起來，我心想這副幹勁眞不一樣啊。果然我落榜，邱君上榜了。雖然落榜，對於安田老師，我並沒有懷恨之心，反而覺得對不起他。

我並不清楚老師本身怎麼想，不過，私底下我將安田老師和下門老師擅自比擬爲競爭對手，暗下決心不讓老師敗陣。但實際上，我的頭腦不比育霖兄優秀，性格上和育霖兄比起來也有弱勢的地方。育霖兄意志堅定，而且總是很努力；我則意志薄弱，性情多變。

但若讓我爲自己辯護的話，原因在於我的生活環境比育霖兄惡劣。五年級第二學期，阿江的過世對我而言是非常大的打擊，「無法撒嬌的老么」的積憤，就算心中打算認眞學習，也總是在某些面向上自我墮落。

若說考試失敗的直接原因是出在國語科，現在我仍然記得清清楚楚，主要的試題之一：

七里が浜の磯伝い
稲村が崎名将の
剣投ぜし古戦場

出現文部省歌唱教本「鎌倉」的前半部分，分別要寫出「□」的大意和劃線部分的單字意義。一大堆艱難的地名，又是我最不擅長的古文調，加上「kizahashi」（階梯）的大和語彙（指日本獨特的語彙，非從漢字來的），我倉惶失措而走投無路了，悔恨的淚水一顆一顆滴落在答案紙上。但這不能以一句眞沒出息就一笑了之，實際上「鎌倉」出現在尋常小學讀本卷十二，也就是小學校六年級後期的教科書中；末廣即使購買爲副讀本，根本顧不到那裡，或者頂多學個表面，和沒學過完全一樣，回答不出也是理所當然。

後來，不管海水浴或是學會的巴士旅行，我不知道去過幾十次鎌倉，「kizahashi」也去了兩三次，但無論什麼時候，總是無法打消對鎌倉的怨恨。

第四章

台南一中

南部第一名門中學

昭和十一年（一九三六），我參加第二志願台南州立台南第一中學校的考試，輕易考上了。每科近乎滿分，每從考場出來，我就在心中嘀咕著「殺雞焉用牛刀」。

我選擇台南一中的理由有三。

第一，在台灣南部的學校中，台北高校本科的入學率，數台南一中最高。雖然我在尋常科落榜，但台北高校的路子並沒有就此斷絕。從中學進入台北高校，有兩次考試機會，分別是在第四學年修了與第五學年修了時。若是在第四學年修了時能夠考進去的話，就和從尋常科升上來的同一學年，等於從尋常科直升上去。若四年後能夠進入的話，和從尋常科直升上去沒有什麼兩樣。

第二，南門與花園的畢業生大多進入台南一中就讀。我兩度向南門挑戰都失敗，如果能夠進入台南一中的話，積怨就可以一掃而空，也可以清算對淑貞的自卑情緒。此外，阿揚再也不能拿她的小孩向人自豪炫耀。

第三，如果想要加強「國語」（日語）能力，最好的捷徑就是進到內地人的生活圈，若是進到本島人多的台南二中，永遠也學不好「國語」。

對我而言，台南一中不過是次好選擇。但在一般人眼中，能夠合格已是足以誇耀的一件事。台南一中的合格率，內地人是一．五人對一人，頂多二人對一人，本島人則是六、七人對一人。和台北高校尋常科同樣，台南一中給本島人的名額也控制在一成左右。

另一方面，台南二中的合格率，內地人幾乎近於無條件入學，本島人則五、六人對一人。

台南一中與台北一中都創立於大正三年（一九一四年），是台灣最早的中學。剛開始時，分別稱為台南中學校與台北中學校，為總督府立。不用說，其目的在於收容內地人官吏與會社員二世（公司職員的第二代），因此設備也非常宏偉美觀。

台南一中位於台南市南端，在台南公園與兵營中間，擁有紅磚校舍兩棟，運動場則有三百公尺跑道、棒球場、六面網球場，附屬設施有講堂、音樂教室、室內體操場、柔道場、遊泳池、農園，甚至還有學寮（宿舍）。

一學年三班，一班五十人，五學年總共七百五十名學生，這麼多學生使用這些設施，與其說沒有什麼可以挑剔的，不如說是夠奢侈了。

至於台南二中，我在戰後幫忙接收時，才第一次知道二中設施的情形，對它的寒酸感到非常驚訝。它同樣有兩棟校舍，卻是極爲廉價而簡易的建築。室內體操場兼用做講堂，有時甚至當做音樂教室使用。運動場則是極爲狹窄，根本無法相比。雖然也有類似學寮（宿舍）的設施，但距離很遠。

我除了再一次憤慨歧視待遇的嚴重之外，不可否認，我也暗自慶幸讀了台南一中。但就如同以下將說明的，實際上，我的台南一中生活夾雜著一些悲慘的事情，因此，整體上的心情是更爲複雜的。

我進入台南一中的時候，育森兄在五年級。在內地人多的一中唸書，即使是異母兄弟，有一位哥哥在最高學年，總是覺得膽子比較壯。

與育森兄同期的還有名聲遠播校外的本島人知名運動選手陳郁文、林甲寅等人，他們對全校有影響力，但對我家裡的複雜情況並不知情，只知道我是育森兄的弟弟，對我特別好。

台南一中生活看起來似乎有著非常順利的開頭，但破滅也來臨得很快。這也是因爲育森兄的緣故，更覺得可嘆。

原本在阿江、阿揚小孩的對抗關係中，育森兄和我這一組可說最爲尖銳。從年齡來說，他的對手應該是育霖兄；然而，育霖兄小時候身體虛弱，成不了吵架對手，等到大一些，育霖兄又到台北去了。

就性格上來說，我有些魯莽蠻拚，和育森兄的粗野，剛好勢均力敵。他有著身爲三兄弟頭頭的意識，我則自覺到，我是阿江唯一依賴的兒子。

曾有過這樣的事。阿江病情轉趨沈重時，即使有人在榻榻米的側旁走動，她也會叫痛。育森兄在上中樓樓梯時，卻故意踩響木屐，甚至在他的房間——就在我們的正上方，故意咚咚咚地弄響地板，令人不快。

由於顧慮阿江病情，我平常也隱忍自重。有一次實在忍不住，跑出房間衝到二樓怒吼：「難道不能稍微安靜一下嗎？」這一來豈只沒有效果，咚咚作響反而變本加厲，惹得我悔恨交加，眼淚直流。阿江死後，他們也沒有憎惡的對象了，彼此暫時相安了一陣子。

父親幫我買了和育森兄同樣的書桌，做爲考上台南一中的獎賞。我的房間在白天也昏暗，父親將我的書桌和育森兄一起擺到中樓正廳東側的阿母房間，命令我白天和育森兄一起讀書。

我們從桌子怎麼擺諸類的小事情發生口角，最後演變成嚴重扭打。在腕力方面，一開始我就沒有贏的打算。正由於自知贏不了，一直隱忍。但累積的怨氣一鼓爆發，我也毅然開打。若是隔著距離打的話，體格小一號的我絕對沒有贏的機會，於是我大膽地一頭撞過去，育森兄一屁股著地。兩人扭打成一團，忽上忽下地滾到陽台。

罵聲、怒吼聲夾雜著物件毀損聲，突如其來的扭打場面驚動家人。父親趕來之後，才將兩人拉開。育森兄按著大大的肚子，丟下一句：

「給我記住，我才不管在家裡是什麼兄弟的，在學校可是高年級和低年級。在學校給你好看！」

我怒喊著回了一句：

「你要做什麼?膽小鬼！」但是內心著實吃了一驚。

結果育森兄並沒有那麼卑鄙，但總覺得在台南一中的生活已起了不祥之兆。

不祥的開頭仍然又是「國語」問題。有一位姓東的少尉教官時常在測驗時實施「個別訓練」。那時，我們得按照出席名簿（日文五十音）的順序，如「Amano Shinichi」「Ishigaki

Hideo」，大聲喊出自己的名字。

內地人的姓與名大概都是兩個字，若扯開嗓子大喊時，語感很好，但本島人的姓只有一個字，名字兩個字，每個字的發音有些奇怪，前後的平衡感也不怎麼好，我只要大聲一喊「Ou（王）——Ikutoku（育德）」，立即惹來哄堂大笑。

「什麼？Ou Pikutoku？」也有人打岔回話。

還沒做測驗之前就已經被挑毛病，當然做不好。我在心裡反彈，名字都是父母取的，我有什麼責任。但還是痛恨起生爲本島人。

親戚中，有一位叫蔡東華的，目前（一九六六年）在東京開設「蔡事務所」，是台灣方面東寶（日本電影娛樂業有名的大公司）的總代理，在藝能界頗爲知名。他從山口高校進入京都帝國大學工學部（工學院），進而往這條路發展，是比較罕見的奇特人物，他在「南門」與邱永漢同期，台南一中和我一起讀了一年。

由於他是「南門」出身，「國語」非常流利，內地人的朋友也非常多。「Sai Touka」，他出乎意料地琅琅上口，連一個笑聲也聽不到。可眞是取了個好名字，令人嫉妒又羨慕。

一個一個輪下去，這一次換成從新營公學校來的張崇智君，我在心底捏了一把冷汗，果然「Chou Suuchi」惹來比我還大的嘲笑聲：「喂，Chou Chunchi嗎？」他漲紅了臉，連小跑步都變成同手同腳的奇形怪狀，如此一來，大家更是捧腹大笑。

快接近結束時，輪到葉盛吉，我心想他會遇到什麼狀況呢？

一聽，可不是「You Morikichi」？台灣名原來的唸法應該是「You Seikichi」，但唸起來不順口，他耍了小聰明，擅自改用日本名讀法，省事又沒有麻煩。然而，那些壞蛋們還是一點都不放過。

「順便一下，把姓的叫法也改用葉子（happa）的話，怎麼樣呢？」

皇民化浪潮

不論向哪位學長問起，聽說台南一中長期以來幾乎沒有發生過日本人和台灣人對立的情況。而在我們的時期之所以會突然出現對立局面，或許是受到時局的影響。

進入台南一中那一年的二月（一九三六年），日本發生了二二六事件（陸軍皇道派年輕軍官率領大約一千五百名士兵，發動政變襲擊首相官邸等。此後軍方的政治支配力更加強化），這一事件給予內地人很大的震驚。

在我家店面兩旁開業的株屋（經營股票買賣）與日本麵店的兩名內地人房客，跑到家裡來報消息，一邊擔心地說，不知道日本會變成什麼樣子。

另一方面，中國大陸的排日運動越來越激烈，再這樣下去的話，中日兩國關係將不太容易控制，這時的台灣瀰漫著一股不安與緊張，內部氣氛也變得詭異，這就是身為殖民地的悲哀。

聞名全台、也是台南市最重要的活動之一——「迎媽祖」（ngiâ má-chó），在昭和十一年（一九三六年）後遭到禁止。「迎媽祖」是由市役所當局主辦，通常市長會站在行列最前頭繞市區遊行。兩天的祭典期間，末廣也將課程排在上午，允許學生參加或參觀。

「迎媽祖」的語言、服裝、裝飾等等，完全都是台灣式的，內地人也接受這一點，並一起樂在其中。這對雙方的融合有很大效果。

然而以局勢緊張為由，此後大力推行的皇民化運動以禁止「迎媽祖」活動為開頭，多數寺廟遭到整頓（寺廟整理），又宣揚本島人改姓名；另一方面，則高喊發揚日本精神，普及國語，終至演變到強制奉祀「大麻」（伊勢神宮等神社賜與的神符）。

如此一來，整個內地人和本島人之間的關係也變得不圓融，不論對內地人還是對本島人都是不幸，而且再也無法恢復了。

大人們還能隱藏自己的感情，小孩子們就做不到了。進入台南一中就讀的內地人幾乎都是州廳、市役所、庄役場的官僚們或國策會社（台糖等）社員的子弟，他們嬌生慣養，不懂得區別在官舍中可以說而在外頭不可以說的事。

等到育森兄他們這一屆的本島人老大們畢業那一年起，台南一中內地人對本島人的態度產生了明顯變化。這一年剛好發生「支那事變」（一九三七年七月爆發的「七七事變／蘆溝橋事變」，中日戰爭），日本皇軍連戰連勝的氣勢或許自然而然地感染了他們。

我們同期的十五名本島人中，可能是我被欺負得最慘。原因據說是我傲慢狂妄。我到底哪一點狂妄，如果明說的話，我也能改過來。然而他們說，用這種口氣提問本身就是傲慢狂妄。

所謂「生意氣」（自大傲慢）這一日語，是語感——而非語義——作用的語彙。「那傢伙很 namaiki（狂妄）喔」，一聽到 namaiki 這一語詞，就忍不住會產生修理對方的情緒。

試著查閱《廣辭苑》（日本最權威的國語字典）中的「namaiki」語義，上頭寫著：「沒必要的裝腔作勢。故意裝出什麼都懂，愛多管閑事，一副裝模作樣的態度。沒規矩。」

反省當時的我，無論在家中或在學校都失去自信，沒有理由「故意裝出什麼都懂，……」，事實上也沒有這種心情。不過，有關「沒有必要裝腔作勢」這一點，似乎有些被說中了。台南一中只不過是進入台北高校的墊腳石——這樣的意識，我或許還是以某些形態表現在外吧。

內地人子弟起初不過是像小孩子的惡作劇一般，上課時在我的背後貼上價錢標籤，或在椅子上放圖釘。體操課或軍訓課時，我排在前排，便從後面掃我幾腿。打劍道時，則專挑我沒有戴防具的地方攻擊。

惡作劇的人都是那幾個。仁德庄庄長的兒子——坐巴士上學的中山；父親是州廳課長的仲都川。兩人是主謀，其他還有金田、大田等，這幾人組成了小圈圈。他們體格都不高大，所以在教室的座位或二排橫隊時，位置大都在我前後。他們藉此討好班上的頭頭，並得到他們的暗中支持。

剛開始的兩三次，我也以爲是單純的惡作劇。既是惡作劇，我便故意誇大慘叫或發牢騷。但接著他們又千方百計地施展各種招數，我才瞭解到那是充滿惡意，而且是有計劃性的。察覺到這樣的事態時，我不慘叫，也不發牢騷了。

稍後發生了下面一件事，我才明白，在他們的惡作劇背後帶有民族偏見。

在我家附近的旅館，有一個內地人子弟叫高橋良平（Takahashi Ryouhei），因爲住得很近，我們經常一起上下學。他個子嬌小可愛，大家都暱稱爲「良平君」（Ryoppei-kun。日本人一般以姓互稱，比如稱「高橋君」）。

有一次我學著大家的叫法，小聲叫出「良平君」。結果，聽到我這麼稱呼的中山與仲都川兩人飛奔而來。

「喂，你這小子，身為本島人，你叫什麼叫，良平君這樣親暱的叫法，以後可別再說出口。」

我非常震驚，首次深深感受到內地人和本島人之間的隔閡。但這一隔閡有多大，當時我並未能認識清楚，我也相信兩者之間還是存有某些共同的事物，例如學校的規則之類的。

與日本人學生正面衝突

三年級暑假的某一天，我和好友楊坤霖到喜樹的海水浴場遊玩。喜樹和安平是台南地方最有名的海水浴場。安平必須從運河乘船才能到，喜樹則可以坐巴士直達，很方便。

西海岸的海水浴場到處都是淺灘，但由於面向台灣海峽，波浪洶湧。日本人自認為「海洋之子」，或者經營海水浴場，或者到海邊玩。

台灣人卻非常怕水。不要說海水了，連在運河游泳都非常忌諱。唯一的市營游泳池也很少見到台灣人蹤影。傳聞中，水鬼隨時都在找替死鬼。我們的祖先艱辛橫渡台灣海峽堅強的冒險精神不知什麼時候已被糟蹋轉換掉了。我們兩人去海水浴場，當然也是瞞著家人的。

我和楊兩人與高采烈玩得正愉快時，發現後到的海水浴場遊客中有兩名台南一中學生，因而等著他們來向我們敬禮，哪知他們故意避開視線。

低年級對高年級敬禮是非常囉嗦的，沒有行禮的話，不是要被說教就是要遭制裁，這是常有的事。爲了不要遇到這種情況，大家都非常小心、守分地熬過一年級、二年級，一旦升爲高年級，樂趣之一就是等著低年級來敬禮。可是現在我們卻遭到公然漠視，這一來不能不開口說話。

不過，我們仍嘗試著往好的方向解釋，比如，或許因爲我們是光裸著身子，所以他們不知道我們是高年級。但眼前的籠裡分明好好地放著褪色的制服制帽——這正是代表著高年級的威嚴，而且游畢準備踏上歸途時，制服制帽也穿戴得好好的，儘管如此，他們這時仍然裝作不知情。

「那些傢伙，知道我們是本島人，瞧不起我們吧。」自然而然的，我們做出了這樣的解釋。

「哪能讓低年級這麼不把我們放在眼裡？」

「衝著本島人面子，可得好好說一頓。」

「是啊。」我們兩人意見完全一致。

剛好這時，那兩人也準備回去，可說雙方運氣都不好。

「喂，你們兩個，過來一下！」楊開口了。

那兩人變了臉色，不正乖乖地走過來了嗎？說實在，當時如果對方拒絕，不甩我們，在那種場合下，除了讓他們走之外，我們也沒有其他辦法，因爲回程巴士的遊客幾乎都是內地人，我們總不能在這些內地人面前動手將他們拉回來吧。

我們還是有些顧慮，因此把他們帶到廁所旁邊不引人注目的地方。

「你們是台南一中的吧？」

「…………」

「幾年級？」

「二年級。」

「對學長怎麼不行禮？」

「是、那個、不知不覺、……」

「是怎樣，是因爲本島人呀？」

「不是，不是這樣子的，一點也沒有這個意思。」

我們心想，少騙人。但即使對方撒謊也好，他們說出這樣的話，我們也好辦多了。

「可是眞的？就算是本島人，高年級畢竟是高年級，以後當心一點！好，今天就此放你們一馬。」

兩人脫下帽子，行了最敬禮，我們也很乾脆地放了他們。心情非常愉快，心想這可是爲本島人做了一件好事。然而，事情並沒有這麼簡單了事，往下的發展糟糕無比。

那兩人知道我們是三年級，向四年級告了狀。

九月新學期剛開始沒多久，楊和我被一群四年級學生傳喚道：「下課後，到講堂後面來。」講堂後面是個冷清的地方，很少有學生去，也是有名的「制裁所」。

我覺悟到這下凶多吉少了。但事到如今，與其難看地四處逃避，不如光明正大較量一場。

我提心吊膽地去到一看，已有體格壯碩、看起來腕力很強的十來人聚集在那裡。他們馬上把我們包圍起來，我看看周遭，中山、仲都川不也夾雜其中嗎？

「喂，王、楊，聽說你們兩個暑假時在海水浴場揍了低年級生。」

「哪有揍，胡說！」我做了辯解，心中懊悔不已，如果知道事情會演變成這樣，當時眞的應該好好揍他們一頓。

「囉嗦！」從後頭，腰部突然被砰地踹了一腳，我往前摔倒在地。

「本島人對內地人，用那副了不起的樣子說話就是傲慢不遜。」臉頰又被賞了一巴掌。

「低、低、低年級生沒有對高年級生敬禮，才對他說教。哪裡不對了？」我極憤慨地辯護。但心裡想著，眞是做了無聊事，感到懊悔不已。

楊看到我被修理，看不下去，也開口了：

「本島人與內地人之間應該沒有區別的。我們只不過認爲，這是學校的規矩，按規矩行事罷了。」

「什麼，連你也這麼出言不遜！」

根本就是雞同鴨講。揍、戳、踢，就隨他們高興。我馬上用兩手抱頭蹲下來，傷了頭部的話，就不得了了。

不知過了多久，四周靜了下來，我戰戰兢兢抬起頭，看看四周，就在三公尺遠的道路上，楊正朝上躺臥，哼哼哎哎地呻吟著。再看他的臉，又嚇了一跳，他的臉腫了兩倍，腫脹的鼻子與裂開的嘴唇正流著血。

「你沒關係吧？」我搖了搖他。

他半張開眼，仰視著我。

「眞是倒了大楣！」

「什麼跟什麼，才這個程度而已。啊，眞是遺憾。這些畜生，給我記住。這仇一定要報。」他的精神出乎意料地好，我也安心了。但他嘴唇沒辦法動，發音不太清楚。我沾濕手帕，幫他擦了血。

我很清楚楊的性格，他是不輕易示弱的，就算被打倒了，也會馬上站起來，因此，肯定被徹底修理了一頓，幸好沒有內傷，若爲了這點事情變成殘廢，可眞是划不來。

楊想出的報仇方法是向五年級本島人告狀，讓他們制裁四年級內地人。兩三天以後，聽說制裁我們的那些四年生遭到五年生的本島人傳喚說教。聽說是只說教，沒動手，我們心裡眞有些失望。

然而，之後的發展也糟糕。五年級的本島人受到同樣五年級內地人的報復，據說不只是說教而已，而是狠狠地挨了揍。

這一來，根本沒有應對辦法，不僅如此，結果將全校本島人全部捲入事件中，致使本島人高年級生在內地人低年級生面前完全喪失尊嚴。

自然而然地，我們兩人遭到全校本島人的怨恨。當我們遭白眼時，也有人故意賣弄著來奉承內地人。

在這樣的情況下，由於一種責任感與死心，我甘受中山、仲都川他們這群的制裁。他們就像是突然想起一般，經常把我叫到講堂後面或運動場邊隔著兵營的樹叢裡，把我修理一頓。稍微一挨揍，我馬上發出呻吟，蹲了下來。

「什麼嘛，這個窩囊物，還有膽量對低年級生說教！」中山嘮嘮叨叨，試圖挑釁引我反彈。

「喂，只剩一拳而已，站起來，像個男子漢。」被勸誘來當打手之一的菊田說。菊田從安平騎自行車通學，是班上的老大之一。

接下來，大夥踢踹我的屁股呀、腳呀。如果和安田老師的踢踹相較，這個程度沒什麼大不了的。

「這、這傢伙，身、身、身體弱，搞、搞、搞、搞不好一拳，就，就、就倒、倒了，也、說、說不定。」有口吃的金子說道，我都想笑出來了。

「像他這樣的，也有小鳥，能自己自慰嗎？」也眞是只有仲都川才會說出這樣的話。仲都川一年到頭臉色蒼白，露出金牙，發出女性化的嘻嘻笑聲。

我很想不屑地對他們說：說起自慰，在你們什麼都還不懂的時候，我就已經開始了。

「我們走吧。他太可憐了。」高橋良平替我求饒。

「既然良平君這麼說，今天就到這裡放了他吧。」單純的大田說道。

「喂，王，可得感謝良平。但明天必須拿三十錢來，如果沒拿來，你就慘了。」

我點了點頭。他們不僅對我動武而已，甚至還向我恐嚇錢財。在這種情況下，我通常都從父親帳房的抽屜中偷拿。

也許有人覺得疑問，遇到這樣的事，爲什麼不向老師說明呢？那是因爲如果被知道我告了狀，其後的報復更加可怕，加上老師也是內地人，我覺得反正他也不會和我站在同一邊幫我說話。我之所以這樣說，是有根據的。

支那事變開始後，我們必須撰寫所謂的「支那事變日誌」，每星期交給學年主任檢閱。這對我是非常大的精神負擔。一提及南京陷落，就得稱譽皇軍勇猛；一談到蔣介石逃到重慶，就得嘲笑支那軟弱；一知道已開始徵用台籍軍夫，就不得不寫道：這正是台灣人的神聖義務。

有時我試著寫出眞正的心情，有時稍微撒撒謊。我已非常拚命努力了，還是被用紅筆寫下：一再重複、不夠深入等評語，我也越來越隨便而感到厭煩。

我並不認爲老師本身喜歡做這樣的事，無論如何，整體社會似乎都呈現發熱症狀，何況又是內台對立的問題，哪能隨便說出口呢？

在校內是我受到制裁，校外則是台南一中和台南二中學生的衝突日漸嚴重。先是火車通學生之間的小爭吵，逐漸地，人數增多，由原本的突襲發展爲下決鬥書的集體決鬥。

主要的武器是竹刀、護手或自行車車鏈，幸虧沒有發展到使用刀子的程度。他們一見到警察蹤影就作鳥獸散，這也是好笑之處。

學校之間的對抗專由那些個子高大的頭頭們擔下來，還輪不到中山、仲都川這群出場。我不動聲色地聽他們述說情況，似乎是台南一中佔了優勢；台南二中爲了挽回劣勢，請了長老教會中學支援。

不可思議的是，儘管我被欺負得那麼慘，聽到台南一中勝利，還是非常高興。

楊坤霖則與我相反，悄悄地聲援台南二中和長老中學的聯合戰線。而且，豈只是聲援而已，實際上得到聯合戰線的支援後，將校內的仇在校外報的也大有人在。這就更刺激台南一中的內地人了，他們幹勁十足，揚言乾脆將全校本島人毫無遺漏地修理一頓。我從中山、仲都川那裡聽到這樣的計劃時，嚇得直發抖。

好友楊坤霖

我想在此詳述，我就讀台南一中時僅有的一位好友楊坤霖。楊已經去世，因此更令人感到懷念。

楊是寶公學校中唯一考上台南一中的。據說家裡是營造承包商，但生活並不富裕。父親很早就過世，和母親、哥哥夫婦一起生活，由於他家中似乎也處得不怎麼愉快，在這一點上，我們可謂同病相憐。

他有我所沒有的野性，因此，行動方面通常都是他主導。比如，到運河遊泳這一類的事，如果是我一個人的話，打死我也不會去冒險。但由於他一再慫恿，我又不想被嘲笑爲膽小鬼，才勉強答應。

唸書方面則是我佔上風，他不怎麼買參考書，也沒有房間能夠好好定下心來讀書，因此，常到我這裡一起準備考試。和他一起唸書非常愉快，不過，效率並不怎麼好。

我和他共同犯下的失敗傑作中，除了先前提到的對低年級生的說教之外，還有看電影被老師逮個正著，以及共乘一輛自行車被警察抓到。

當時台南有三間電影院：「宮古座」（kiong-kó͘-chō）、「世界館」、「戎館」。我們認爲「世界館」和「戎館」比較小，容易被抓到，主要都光顧寬敞的「宮古座」。

從「宮古座」一名看來，據說是沖繩（琉球）宮古島的人所經營的。造型有些與眾不同，後來才知道那是模仿東京歌舞伎座的設計。一樓二樓都是包廂，每一包廂可以坐四個人。由於本島人對日式坐法非常不在行，因此，都把「宮古座」揶揄爲「艱苦坐」（kan-khó͘ chē）。

我們喜歡武打類的片子，那時由於想看片岡千惠藏主演的「水戶黃門漫遊記」，恰好又碰上期中考，中午前就放學了，乃趁機去看中午場。中午時間老師們大概也都忙著改考卷吧。但我們還是特地挑了二樓最旁邊的位子，以防萬一時容易逃跑。

就在螢幕上的阿助和阿格一左一右保護白鬍飄飄的水戶黃門，把壞蛋代官（幕府直轄地的地方官）的手下修理得落花流水之際，突然傳來啪啦啪啦的聲音，影帶斷掉了。觀眾馬上喝倒彩。

「喂，怎麼回事呀！」

「趕快繼續下去！」

首先是內地人的聲音。接著，本島人傳出「消毒（siau-tók）！消毒！」一語，意味著

「好好洗把臉，重新出發再來」或「非常失禮」的意思，是喝倒彩時常用的有趣的一句話。楊也流里流氣地把手指放到嘴裡頻頻吹口哨。這一類的行動也只有楊才做得出來，我是一點也學不來的。

觀眾的督促似乎反而促使放映師搞錯，影像久等不出，燈光卻大亮了。哎！眞討厭！我心裡一邊這樣想，順便藉機活動一下筋骨，哪知手一伸，卻撞到後面的人。我們看電影看得出神，根本沒注意到有人進來。

我回頭一看，豈不是畫圖的老師「河童」嗎？我慌忙地戳了一下楊的肚子，楊一轉頭，「啊！」地叫了出來。

和其綽號一樣，「河童」名副其實，在嚴厲中有些愛作弄的習性。他留著小撮山羊鬍，上課時經常邊抽鼻烟，邊噴著長長的連環烟圈，在學生中走來走去，然後用鼻烟敲搗蛋學生的頭。

老師似乎早就發現我們，臉上笑嘻嘻的。

我們穿著制服制帽前來，那是因爲學校規定外出時必需穿著制服制帽，因此我們想，雖然看電影違反校規，但起碼在服裝上沒有違反校規。

台南一中制服極具特色，卡其布料，上衣翻領，腰部繫粗皮帶；再加上下緣擺有三條白線的黑色制帽。我們覺悟到絕對逃不了這一關。楊頻頻拉我的手。但事到如今，逃跑也於事無補。我大著膽子想，不管是看到一半還是看到最後，反正都是同罪，溜掉的話，反而白白損失了沒看到的部分。

電影又開始了。終於來到水戶黃門於湊川建造「嗚呼忠臣楠氏之墓」的高潮戲。「綠葉繁茂的櫻井……」的音樂響起，令人深感悲愴。

此時，我故意誇張發出抽鼻的啜泣聲，也示意楊一起做，目的在於讓河童認爲這兩個本島人學生因感受到日本精神精髓而感動哭泣，希望挑起河童的同情心，放我們一馬。

小聰明終歸是小聰明，考試後又開始上課的這一天，我被級任的落合老師叫去叱責了一頓。其後，楊也被叫去，但很快就被放回來，他被叱責的程度沒有我嚴重。我之所以被罵得比較慘，似乎在於我給老師的衝擊很大，甚至還因此在教員會議上引起討論。

到那時爲止的一年中，我的操行都是乙上。操行通常沒有甲，因此，乙上在慣例上可說是最高的。一般大概都是乙，稍微不好的乙下，若是拿丙的話，大概就準備退學了。拿乙上的我做出違反校規的事，落合老師生氣也不是沒有道理的。老師訓了我很久，其中，「你是雙重人格」這一句話給我印象最深。那時，我首次聽到雙重人格這一詞，換句話說，就是指我是表裡不一的人。當我瞭解到這個意涵時，憤然地辯駁：

「老師，我一點也沒有在學校裝老實、離開學校後就顯露本性的想法。再說操行成績也是老師您自己所給的，並不是我拜託來的。我想做的是表裡一致的人，若要說表和裡的哪方必須配合哪方的話，我想要的是表面配合裡面的性格。」

落合老師直瞪著我看，最後，我不得不寫悔過書。悔過書必須家長蓋章，我請父親蓋章時，又再次被狠狠地訓斥一頓，非常難受。學期末一看聯絡簿，原本心中早有覺悟操行會從乙上往下掉，不過，卻還是得了一個乙。楊則從乙掉到乙下。

楊騎自行車通學。那時並非每個人都可以騎自行車通學，如果不是住在一定距離以外的地方，是沒有辦法獲得許可的。獲得許可的人會發給許可證，自行車也必須按照編號停放在自行車停放處。我經常在校門口與楊會合，然後兩人互載，穿過公園中間，從花園町前端行道樹的那個斜坡，飛快騎下坡，再從車站前下到向西方延伸的明治町交叉點，然後與楊分手。楊則從那裡直往明治町方向而去，回到入船町的住家。

途中，遇見往相反方向回家的一女中學生時，就調侃一下。

台南一中學生追求的對象是一女中，二中學生追求的對象則是二女中，這是規矩。但一中的本島人學生就算追在一女中內地人女學生的屁股後面跑，也成不了氣候，我們不過怯懦地捉弄一下罷了。在學校裡遭到欺負，自然使我們對一女中學生抱持情結。

就在某一天，正當我們調侃得忘我時，沒注意到前面有警察走來。由於兩人合騎自行車是違反規定的，被抓到會被罰錢。我很早就發現，趕緊鬆開抓住楊的手臂，但還是來不及。

「喂，你們兩個，合乘一輛自行車吧？」是一位內地人警察。

「是，是，啊，沒有。」

我驚惶失措，很快在腦中想著有沒有甚麼辦法可以逃過這一劫。警察微微一笑說：「你們是一中的學生吧？」

「是，是的。」我們兩人慌張地一起回答。

「就算是一中的學生，違反規定就是違反。」

「但是……」

「但是甚麼！叫甚麼名字？向學校報告！」

他做勢從口袋中拿出黑色本子，語氣雖然尖銳強硬，但我感覺出他不過是裝個樣子罷了，只要在這個節骨眼一股勁地道歉，他應該會放我們一馬的。

「對不起，是我們不好，無論如何請原諒我們。」

我脫下帽子，一味地點頭哈腰，哪知楊這傢伙卻在這時冒出了令人意外的話。

「沒有！我們兩個人沒有合騎，那是您看錯了。」

我十分驚訝，警察也動怒了。

「你說甚麼？想撒謊啊？你的朋友不是才剛道過歉嗎？」

「啊，他……」我慌張地想挽回局面。

「你閉嘴。我啊，可是生氣了！喂，你這厚顏無恥的傢伙！本來還想看情況饒過你們，現在不能如此善罷甘休了。來，到派出所來，我可要好好地整治你一頓。你，可以先回去。」

事情往最壞的局面發展。我偷偷看了楊一眼，只見他臉色發青，冷汗直冒。警察抓住車柄，按住楊的手，想要把他帶走。

「如果這樣的話，那麼我也一起去。」事到如今，也不能丟下楊不管。

「是嗎，想來的話就來吧。」

「沒關係的，王君，你回去吧。」

楊雖然嘴巴這麼說，眼神分明就是非常不安。

我們被帶到明治町派出所，它就位在明治町市場的正對面。明治町市場可是我吃遍了的地盤之一，與鴨母寮別墅相距不到五分鐘。

這個警察回到同伴中，更是耀武揚威。先前的小記事本已換成厚厚的一本記錄簿。他先詢問楊的名字與住址、家人等等，一邊從鼻子發出哼哼的聲音，一副非常看不在眼裡的樣子，還故意顯露腰部的捕繩，不時地擺弄著，想必是要嚇唬我們，眞是令人不快。

其次輪到調查我的出身等。我一說出家裡的商號時，他嚇了一跳，停下筆來。

「你說你是金義興的兒子？可是眞的？一通電話馬上就明白了唷！」

「請便！」我心想正中下懷。

「那麼，王汝禎是你的父親吧？前陣子在鴨母寮過世的法官杜新春，該是你的姐夫？」

「是的。」

「嗯，嗯。」

其他警察也圍了過來，目不轉睛地把我從頭到腳一處不漏地打量一番。

「你可以回去了。剛才你也道過歉了。問題在於這傢伙。」

「不能這樣了事的，本來就是我拜託他載我的。如果要拘留的話，也請將我一起留下來。」警察默不作聲，看看我，又看看楊。

「好，我明白了。這一次就饒了你們，爲了你們的友情。喂，楊坤霖，你這傢伙，交到好朋友眞是幸福啊，可得好好感謝。」

楊撲簌簌地流下了眼淚。

「王君，謝謝。」他在警察面前向我低下頭。

「好了，好了，這是理所當然的。」

我們蹣跚地走出派出所，漫無目的地無言走了好一段路。

楊和我這種交情，卻也會只因一句話，有陣子陷入絕交狀態。那是因某事起了頭，楊撂下狠話，「像你這種人，台北高校哪考得上！」聽到這句話，我回道：「你也眞說得出口呢。好，就算拚了這條命，我也要做給你看。那時看你怎麼辦！」其後，我都沒有和他開口講過話。

現在想起來，楊可能是因害怕四年修了後，一旦我考上台北高校的話，就必須分開，想反對我參加考試，但又無法從正面直接說出口，因此，才改用那種方式說的。

然而，那樣的字眼非常傷害我的自尊心，同時也使我非常反彈。最後我讓他的希望落空了，成功地通過台北高校考試。第一個暑假返鄉的某一天，我看見他騎著腳踏車在我家門前繞來繞去，我把他叫進來，兩人的關係又復合了。

他率直地針對之前的失言向我道歉，並用熱情的語調說出對我的將來寄予厚望，以及他本身因爲家庭狀況，或許無法繼續升學，但無論如何，兩人的友情將永遠持續等等。

我與他最後的交往是在昭和二十一年（一九四六年）年底，大約是我結婚前一星期左右。他來向我拜託說，他打算從事砂糖走私日本，由於資金不足，希望我出資或借貸都行，能有多少算多少。當時，我心想反正他大概也是失敗，給了他一個月薪水當做餞別。其後，有很長一段時間都沒有消息，有一天在明治町市場碰到他母親，向她問起，才知道楊事業成功，已定居日本沒有回來了。

昭和二十四年（一九四九年）夏天，我脫離台灣逃亡到日本的一個慰藉，就是想親眼看看楊到底有多成功。

但來到日本後，一點也得不到楊的消息，到華僑總會一問，才知道他的確有一段時期住過東京，但似乎又回到台灣。其後，有一位從台南來的人據說知道楊的消息，告知不久前楊已因病過世。這使我非常失望沮喪。

錦碧姐結婚

我中學一年級的秋天，錦碧姐二十歲時結婚，遠渡到海的那一邊神戶去了。這一來，一直到最後都在一起的親兄姊都離開了，只剩下我一人留在充滿敵意的家中。對我而言，錦碧姐的結婚比起阿江的死，實質層面上給我的打擊更大。阿江過世的前後數年間，都是錦碧姐在照顧我的生活起居，她不僅取代阿江，幫我準備便當，還出席母姊會。

雖然又悲傷又寂寞，但不得不忍耐。因爲錦碧姐繼續待在這個家中也沒甚麼樂趣，站在女性立場來想，如果有好親事上門，接受它可能是獲得解脫最好最快的方法。

對象不是別人，正是炎叔仔的三男東興先生，這也是我最感到安慰的地方。

炎叔仔本名叫蔡炳煌，是父親少年時代以來的好友，兩家之間的關係比親戚還密切。

炎叔仔將店面設在神戶，眾多的家人分住此地與台南的本家。他本身大概一年返鄉一次。

炎叔仔蓄著凱撒鬍，拄著手杖，總是西裝筆挺，令人讚嘆不愧是深具內地素養的老紳士。父親對他的熱烈歡迎更是難以形容。

除了一起吸鴉片之外，他們幾乎天天享受美食，不是前往測候所後面的日本料理店「鶯」，就是到「招仙閣」、「寶美樓」之類的高級料理店，我們看在眼裡，可羨慕得不得了。父親之所以會這麼歡迎他，也是有其理由的。

炎叔仔在神戶的店號是怡利公司，與我們家一樣都經手海陸物產，但它是規模比我們家還要大的進出口業，王家也因此獲得許多方便。

據說炎叔仔在大正初期就抱著雄心壯志遠渡神戶，成爲神戶台灣人的先驅。蔡王兩家在許多方面都是好對照，當家的兩人當然不用說，炎嬸仔與阿母兩位主婦也都是互不遜色的賢夫人類型，小孩也都將近十人。不同的是，蔡家兄弟都是同一母親所生，炎叔仔是當時罕見沒有娶妾的，相對的，我們家可複雜多了。還有一點不同的是，蔡家前面幾位都是男生，我們家卻是女生。因此，這兩位封建家長很早以前就半開玩笑半當眞地約定：

「你的女兒，一個給我吧。」

「好啊，隨便你挑。」

剛開始被設想的一對是蔡家二男與錦香姐這一對。但錦香姐發揮她向來的搞怪本事，事情遂作罷。這一次換成蔡家三男與錦瑞姐或是錦碧姐。

男方年紀二十三歲，神戶一中畢業後進入神戶高商，目前幫忙家業。我家只看過照片，本人連一次也沒看過，但不論有沒有見過面，這都不成問題。爲了談這門婚事，炎嬸仔還特地回台南，只要她選上誰，事情就決定了。

錦碧姐的立場非常不利。阿江已經過世，沒有人幫她事先奔走說話，加上阿揚的小孩從小就是蔡家的「契子」（khè-kiá^{n}），關係非常親近。

所謂「契子」，是在神明前約誓成爲養子，藉此避邪的一種迷信習慣。我們也曾被某人家認作「契子」，但這戶人家並不是甚麼大戶人家，眼看著阿揚的小孩們故意開玩笑地把炎皤仔的「契母」（khè-bó）叫成「雞母」（ke-bó），隨時都可去玩耍、吃好吃的，看得我們非常羨慕。

結果炎皤仔看上的卻是錦碧姐。這一來，阿揚可是氣得直跳腳，育霖兄與我則暗中叫好。據說父親問起理由時，炎皤仔說道，兩位小姐不相上下，但比較起母親的話，阿江絕對比較好，因此，婦德好的阿江的小孩絕對不離譜。聽到這裡，我才恍然大悟地懷念起阿江的偉大。

我也替錦瑞姐感到可憐。阿揚的小孩中，錦瑞姐是個性最溫和、性格最好的，加上人長得漂亮，我很喜歡她。

被錦碧姐超越在前，她本人雖然不急，父親、阿揚、阿母可慌了起來。結婚也有所謂長幼有序。訂婚上雖然遲了，但結婚可不能晚；於是，錦珪姐不知道從哪裡帶來的消息，錦瑞姐的婚事也馬上說定了。對方是東港姓石的大地主的二兒子，日本大學畢業，人很老實。戰後國府實行土地改革時，石家很快就沒落了，使得錦瑞姐一直吃苦。

彷彿等不及錦瑞姐出嫁似的，錦碧姐也迎接神戶的新郎，循著習俗完成送訂結納等手續，安穩地達到結婚的目標。

「無敵海軍萬歲」

這是我中學一年級當時的家中狀況，熱鬧中帶著一點慌張氣氛。隔年暑假，我和育霖兄兼「舅仔探」（kū-á-thàm，結婚後兩三日，新娘的弟弟前往拜訪探問新娘情況的儀式），做了一趟內地旅行。

那次內地旅行是我首次渡航日本，雖然不過短短的一個月，所見所聞卻都非常稀奇，自始至終感受深刻。

我們從父親那裡每人各拿到三十元。對此，阿揚又大發牢騷了，但父親責備道，親生弟弟去拜訪親生姐姐，總不能予以阻止吧，阿揚才閉嘴不說話。

按照育霖兄所擬的計劃，我們來到位在台南銀座的「林百貨」公司的旅行觀光局，購買了台南神戶間的來回票。學生可享火車三成、船四成的優待，因此一人十九元。雖然已去掉了預算的三分之二，但起碼確保可以安全回到家。

當在準備中時，發生了「支那事變」（中日戰爭），心想沒有甚麼大不了的，乃按照預定計劃出發。

我們在基隆搭乘「朝日丸」，經三天兩夜的航海，抵達了門司港（現屬北九州市，和下關對望）。即使再怎麼恭維，三等船艙的設備也稱不上舒適，但我們帶了攜帶式象棋盤，或下棋，或到有限的甲板散步唱歌，過得非常愉快。中途，就如同公學校國語讀本中所寫的一般，我們的時鐘幾乎每天都往前撥快二十分鐘，感覺非常有趣。

船一入門司港，卸貨工人馬上一擁而上，開始幹活。中間夾雜著不少中年婦人身著縫縫補補的「燈籠褲」（戰前日本農村婦人的工作褲），當中也有拿著手帕裝成一副小姐模樣的，還有人突然進來男廁，讓我嚇一跳。

我心想這是甚麼嘛！如果是這樣的話，內地人也沒甚麼可以擺威風的。因爲來到台灣的內地人，都是衣著華麗，特別是太太們，舉止行爲高尚文雅。

在門司大約停留半天，想上岸的旅客，分別有前往下關與門司的大型汽艇來接駁。由於下關似乎比較遠，我們決定到門司。這是因爲我們擔心延誤回船的時間，恐怕被放鴿子。

碼頭附近盡是灰暗的建築物，看起來和基隆、高雄也沒甚麼兩樣。一來到車站附近，可看到市內電車行駛。

台灣沒有這樣的市內電車，覺得有些稀奇，乃邀了育霖兄坐看看。車掌前來剪票，「到哪裡？」

呀！到哪裡呢？我們連停靠站名都不知道，但又不想被認爲是鄉下人進城：

「到終點。」

「終點？終點可是折尾喔！」

「是，就是那個折尾！」

車掌面帶狐疑地看著我們。才不管它是折尾還是哪裡，這麼一個巴掌大的地方，就算是市內電車終點，也是一下子就到了。我們兩人一點都不放在心上。

瀏覽著外頭景色，穿過市街，周遭田園景觀在眼前敞開，隨即又進入另一市街，然後又是田園景色，一點都沒有抵達終點的感覺。乘客們上上下下的，令人眼花撩亂，我們有些不安了，遂向車掌問道：「請問，終點還沒有到嗎？」

「啊，還要一個小時啦！」

兩人趕緊慌張地下車，沿來路快步跑回到碼頭，直到確認「朝日丸」還停泊在港口，才一屁股坐了下來，全身已癱軟無力。

傍晚時出門司港。據說左手邊的下關一角就是春帆樓的所在。日清甲午戰爭的結果，伊藤博文與李鴻章就在這裡決定了割讓台灣的命運。對於台灣人來說，這是難忘的因緣之地。

通知晚飯的鈴聲響起，我們清醒過來，下來到船室，乘客已少了三分之一，顯得空空蕩蕩的。正高興今天晚上可以好好休息一頓了，就在這時，甲板上突然傳來呼喊聲。

發生甚麼事情呢？往上跑去一看，可不是軍艦一艘又一艘正通過旁邊嗎？我這還是頭一遭一次見到這麼多艘軍艦呢。

我馬上瞭解，這是出發前往中國大陸的艦隊。

「加油喔！」

「一切拜託了。」

「其他的請不用擔心。」

「無敵海軍萬歲！」

人們聲嘶力竭地喊叫著。軍艦那邊的水兵們也推擠著朝這邊不斷揚起帽子揮手。

面對這般令人感慨的光景，我也禁不住地被吸引了，一起高喊「萬歲，萬歲」，最後甚至遏抑不住熱淚盈眶。

我們站在甲板上，直到日落，瀨戶內海一片漆黑。少見的，兩個人都一言不發。

想必育霖兄也是沈浸在同樣的感慨中吧。來到內地的第一天，我們的新鮮體驗就已這麼多，受到的刺激也這麼強烈複雜，這豈不是我們預期的豐碩收穫的前奏？接下來，到底還會有甚麼樣的新經驗與刺激等待著我們呢？這一回的內地旅行，對於我們兩人的人格形成將會有著甚麼樣的影響呢？光是想像，心中就已經充滿激動。

神戶的光彩

當天晚上興奮得睡不著覺，隔天早上很早起來出到甲板上。

朝陽閃耀的海面宛如一面鏡子，船身劃過水面滑行前進；大大小小的島嶼，各自有著美麗的形狀，忽左忽右，忽遠忽近，時而近在眼前，隨即又從旁而過。在這當中，也有眾多的商船漁船，或與我們的船劃身而過，或從前駛去，形成一幅華麗又優美的難以形容的景致。此中，想到每一刻都正接近著錦碧姐在等待著的神戶，真是坐立難安。

服務生前來尋找我們，告知有水上警察的調查，要我們到二等食堂。連來到內地都被警察找上門，我心裡感到非常鬱悶。但也想著，剛好趁此機會上去看看二等甲板。

兩位水上警察並坐在角落的桌子。

「你們來內地做甚麼呢？」

育霖兄答：「利用暑假來參觀內地。」

「喔，這麼奢侈呀。那，是誰出的旅費啊？」

「當然是父親。」心想他們可眞是把我們當成傻子。

「你們家裡是做甚麼的啊？」

「在台南做海陸物產的批發。」

另外一位取而代之問道：「那麼，內地有甚麼親人嗎？雖然是旅行，也得先找個落腳處啊。」

「姐姐嫁到神戶，首先到她那裡。」

「姐姐的住址呢？」

「有一位叫蔡炳煌的……」

「甚麼，是怡利家的人啊！啊，眞是失禮！」

水上警察就像換成另外一個人似的，變得非常親切，也沒有再詢問其它了。我心想，最下層的警察畏懼權勢，到哪裡都是一樣的。

中午左右，「朝日丸」停靠在神戶港的中央防波堤，前來接船的人們在二樓平台擠成一團。我們要從中認出錦碧姐並不難，只要以高個子的姐夫爲目標就行了。然而，還是先從對面傳來：

「阿霖，阿德，你們可來了。」

「歡迎歡迎，等了很久了。」

走在船梯的兩腳也似乎急不可待，跑近前，令人激動的姐弟重逢的一刻，錦碧姐眼淚直掉，連話也講不出來。據說姐夫也爲我們擬好了各種計劃。

坐上計程車，抵達位於「北長狹通」的宅第。途中見到大樓林立，市民大多腳步輕快，活力充沛。畢竟和台灣不同啊，我的情緒高漲，雀躍萬分。

我們用了一星期左右遊覽神戶與其周邊。當然也去了「寶塚」，還走了一趟六甲、摩耶、須磨、舞子。和台灣縱貫鐵道多是單向區間相比，大阪神戶間的交通網有著複數路線，再加上阪急、阪神等私鐵路線，令人瞠目結舌。這且還不說，風景美麗的須磨、舞子的海岸，更有著台灣所沒有的風雅情趣。

日本國內旅行

接下來是我們原本擬定好的旅行計劃——周遊旅行，依照京都、奈良、法隆寺、吉野、伊勢、江之島、鎌倉、東京、大阪的順序。

扣除旅費，我們的預算只剩十一圓，當然沒能力這樣子去遊玩，這不用說，神戶、大阪與東京的旅行費用，都是兩位姐姐全數承擔下來。

不過，我們也的確竭盡所能地縮減旅費，因爲在這之外，我們不能再向父親伸手，而且這一次的旅行原本就是帶著濃厚的教育意義。

舉一個例子，第一天搭乘巴士做了京都觀光後，傍晚即來到奈良。車站前，旅館的拉客者群集，一看到我們，迅即圍攏過來，但一聽到我們開出的條件是「一宿兩餐一圓」，紛紛丟下侮蔑的字眼四散而去。

情況演變成這樣，我們更是要爭一口氣，拖著疲憊腳步，一間間地詢問旅館，最後成功找到合於我們條件的住宿。意外的，晚飯中還附有生魚片，我們高興極了，想不到這條件還算行得通。

雖然我們不得不割愛日光、箱根，感到有些遺憾，但我們得以前往台灣觀光客很少去的法隆寺、吉野一遊。交通不像現在這麼方便，我們走得筋疲力盡，疲憊不堪。育霖兄的目的似乎在於盡可能接近日本固有文化。當時才十二歲的我，也憑著自己的方式感受到它的好處。

其後，東大入學考試落榜，成為浪人（重考生）時，我一個人再度走一趟大和路（京都奈良一帶）之行，藉此療養心理重創。

我們在東京停留四個晚上，感謝的是能夠在蒲田的錦香姐家中落腳。這姐夫與東興先生不同，是一位上班族，由於是軍需工廠，那時非常忙碌。我們也識相，自己出去遊走。

抵達東京隔天，我們首先前去參觀東京帝大，從正門進入後，通過綠油油的並排銀杏樹下，出到安田講堂前面。

「可要好好看喔，這就是天下的東大，也沒有多少日本人能從這裡畢業的。台灣人的話，大概不過五六十人吧。我打算進到這裡，你也一定要來。我們兄弟能夠一起進到東大的話，想想看，該是多好的事呀！」

育霖兄充滿熱情地說出這樣的話，緊緊握住我的雙手。

這一次的旅行，到處都有育霖兄類似這一幕的激勵與打氣。當然，也有輕鬆的一面。

我去了一趟寶塚。這寶塚，我前後曾去了三四回，或是玩各種遊戲，或是划船，或在彎彎曲曲的步遊道散步，各自有趣，但最吸引我的還是少女歌劇。這時是女扮男裝的小夜福子的全盛時期。

我心中想著，若是能夠和當中任何一位舞孃結婚的話，該是多麼美好啊。那麼美麗又歌舞俱佳的少女，台灣可是一個也找不到。

我對少女歌劇非常憧憬，即使到了東京，也再三請求錦香姐帶我到淺草的國際劇場。這裡則是水之江瀧子的全盛時代，但比不上寶塚的氣氛，令我感到失望。

我和寶塚舞孃結婚的夢想，在回到台灣的瞬間就像肥皀泡沫般破滅了，取而代之的是，將自己女兒培育成寶塚舞孃的夢想。

雖然這個夢想似乎比較有現實性，而且有很長一段時間頗以此爲榮，但實際上等到生下自己的小孩養育之後，才明白無論在才能或性格上，若非頂尖，根本就不成氣候，同時也得以清算我對寶塚三十年來的「邪戀」。

回程的船，東興姐夫特地幫我們選了新造的「富士丸」，不但設備好，服務也好。這是爲了一旦開戰，可以立即改造爲戰艦之故，船速很快。但想到這反而會提早回到不愉快的家中，心裡鬱悶。

內外盡是敵境

家中的生活究竟是怎麼樣的狀況，以下稍微敘述。

錦碧姐出嫁後，我和女中或是店員一起睡。我到現在都還記得錦碧姐結婚當天早上對我說的話。

「今天晚上起，就沒有辦法一起睡了！」

「是啊。把你一個人留在這個家中，心中眞有說不出的難受啊。你要爭氣些。我已經拜託『不纏仔』（m̄-tîⁿ--á）好好照顧你了。『不纏仔』會陪你一起睡的，這樣就不寂寞了。」

「不纏」是長得不怎麼樣的老處女，到底幾歲，我也不知道。

她名字的意思就是「不要了」（m̄-tih），字只是取其音。之所以會取這樣的名字，無庸說，是一種風俗，藉著顯示負面祈求正面的想望。類似的名字還有「卻四」（khiap-sì，女子長得醜之意）、「罔市」（bóng-chhī，音同罔飼）等等。

不纏仔從小時候就來到我家，特別受到阿江照顧，因此對我們兄弟特具好意。

由於她一直都未出嫁，按照長幼排序，在女中當中出人頭地，我們也稱她爲「奧女中」。

錦碧姐離家後，將我拜託給不纏，從這也可以想像我在家中的立場。

然而，可能會有人笑道，都已經是中學生了，還沒有辦法一個人睡覺啊。會有這種想法，大概不明白我容易生病，以及家中屋子結構寬敞，在整個中樓與新厝樓，住在一樓的，只有我和父親，然而，父親的房間遠在正廳那一邊。

一到晚上，家中廳堂或通道的電燈全都關上，漆黑一片，各自的房間都將房門上鎖，一個個就像海中孤島般。在此情況下，萬一有個甚麼狀況，可眞是千呼不應，心中非常不安。

此時，我變得非常容易生病，連自己也覺得討厭。我想風水可能從育霖兄輪到我頭上，感冒、扁桃腺炎是家常便飯，腹痛、拉肚子、中耳炎、猩紅熱、腎臟炎，接二連三沒有停過，無論如何是沒有辦法一個人睡的。

一旦生病，父親就綳起臉請來醫生，而且也僅止於此。阿母偶爾會來看看我，但也看不出她是打從心裡擔心。阿揚則是裝作不知情。

實際上看護我的，晚上是不纏，白天則是桃仔。桃仔是比我大兩歲的女中，頭腦頗佳，才能也不錯，雖然專屬阿母，但聽從阿母吩咐，也負責打掃我的房間。

房間的打掃包括了鋪收棉被、掃地、準備茶水、清潔便器，此外，還要幫我縫補衣服，因爲阿母與阿揚是不會幫我做這些事的。

另外，桃仔成了我動肝火時的受氣包，而我一旦生病，她卻又必須看護我。

我罹患猩紅熱時，家人感到害怕，沒有人敢靠近我，只有桃仔一直看護我，最後還被我傳染。

猩紅熱治癒後，她還和我一起患了腎臟炎。腎臟炎不能吃帶鹹味的東西，但我沒看到醬油顏色，就吃不下飯，百般拜託阿母，終於讓她給我買了昂貴的「無鹽醬油」，我想分一點給桃仔，其他女中們卻抗議對桃仔太奢侈了。此時，一想到桃仔一個人躺在女中房間寂寞地呻吟著，只覺不忍。

物質方面雖然沒有任何不自由，但是精神上卻陷入絕境。即使在學校受到欺負，回到家中也沒有可以訴說的對象。如果家人知道我受到欺負的話，肯定反而招來他們拍手暗喜。我在學校家裡兩面受敵，一天到晚神經繃得緊緊的，雖然硬熬了過來，但骨瘦如柴，性格也變得乖僻。

育霖兄返鄉探親

我向育霖兄和錦碧姐百般發洩家中的種種不愉快，卻隱瞞了在學校受到欺負一事。因爲一旦追究原因，只能怪我沒能考上台北高校尋常科，因此，總覺得向育霖兄說出此事，是恥上加恥。

育霖兄的信再三要我自重自愛，等他回來後再好好商量。錦碧姐則除了寫信安慰我之外，還寄一些書給我，如《次郎物語》、《路旁石》、《母與子》等等。我如飢似渴地讀了這些書，爲那些不幸遭遇的主人公們掬了一把同情淚。

在這種精神狀態下，每年三次迎接育霖兄的返鄉，就像在沙漠中遇見綠洲一般。每當高等學校一進入假期，育霖兄往往就搭乘當晚的快車南下。除了台北名產「甘栗」之外，他還會隨手幫我帶來諸如《巖窟王》、《噫！無情》（Les Misérables，雨果作品）、《紅蘿蔔》等世界少年名著。

相反的，家人們卻厭惡育霖兄的返鄉。他們一副畏懼的樣子，彷彿阿江的小孩只一人已夠吵鬧了，何況還聚集兩人，眞不知道會產生甚麼狀況。

父親則是僅次於我，對育霖兄的返鄉由衷感到高興。杜新春死後，不管願不願意，父親的期待被迫放在育霖兄身上。

每當我去拜託他安排迎接的人力車時，他總是高興地一口答應了。

夜行列車大約在清晨七點左右抵達台南。我購票進到月台，列車即將進站的廣播聲響起後，就探出身子伸長脖子，焦急等待火車蹤影的出現，那時的興奮與緊張，雖然每次一再重複，還是無法克制。同樣的，假期結束時，送走育霖兄的悲傷落寞，每回也都令人難以忍受。

正由於深知我和育霖兄的感情，父親也非常羨慕。我們就像如影隨形，一起唸書，一起散步，也一起玩耍。

有關一起唸書一事，印象深刻的是，育霖兄高校三年、我中學四年的暑假，獲得父親允許，我們在高雄分店的二樓待了一個月，互相勉勵準備入學考試。

唸書時間從早上九點到十二點，下午從兩點到六點，晚上從八點到十點，我們各自制定自己的考勤表，打上○×，記錄自己的唸書狀況。

看在家人眼裡，我們兩人一起散步的行爲，似乎顯得非常怪異。若說一個人偷偷溜出去到哪裡的話，誰都會有這種情況，但是像我們，每天晚飯後爲了幫助消化的散步，或是定時每天早起到運河划船，沒有其他人會有諸如此類的行動。

我們利用散步時間商量家中的種種事情。這是因爲在家中總有所顧忌。此外，育霖兄也經常暢談他的人生觀與世界觀。不論他說甚麼，我都非常感動，也非常自豪能有這樣一位兄長，更加深了我對他的尊敬。

但育霖兄並不是死板不通融的，就算有甚麼悶悶不樂的事情，只要有誰邀約下棋，他馬上答應，並下得入迷。

主要都是下日本象棋。雖然我是受育霖兄的入門指導，但馬上就進步到和他不相上下。

家中會下台灣象棋的人很多，但只有我們會下日本象棋。台灣象棋隨著棋子被喫掉而棋數一味減少，相較起來，日本象棋可以將吃來的棋子轉用，比較有趣。

家中只要有台灣象棋的淘汰賽，大概都是育霖兄獲勝。看到我陷入苦戰時，他經常偷偷打暗號幫我：「桂馬」表示「馬」，「香車」指「車」。

有時我們也玩玩不擅長的撞球，有一次還被店員嘲笑，「沒有看過這麼笨拙的客人，到底怎麼練的！」一氣之下飛奔而出，不期然的兩人異口同聲說出，「燕雀焉知鴻鵠之志。」

雖然如此，我們兩人之間偶爾也發生衝突，起因經常都在我。這是由於我的乖僻性格作祟，或是故意說話挖苦，或是撒賴，就算是有耐性的育霖兄也常被惹得發脾氣。

在我心中的某個角落，總心存忌妒育霖兄能夠享受自由奔放的高等學校生活，在社會上也被當成獨立成人看待。我忌妒的原因肯定來自於阿江早死，我成了「撒不了嬌的老么」的舊恨，加上學校和家中灰色生活造成的積鬱。

我心中縈繞的不平不滿，若直截了當說了出來也還好，但自尊心卻又不允許，反而虛張聲勢，惹育霖兄發火。我不是說些挖苦話，就是故意講東講西，其實只是想撒嬌。一開始時，育霖兄也總是邊笑邊企圖回復我的心情。

但往往在我還未能找到下台階時，育霖兄已經不耐煩地發火。儘管如此，道歉的也都是他，使我常常爲此流下懊悔的眼淚。

育霖兄曾經製作孔廟模型參加高校展示會，我則是充當助手，帶著捲尺與簡單機械幫忙測量。

某天早上，爲了一些事情發生口角，到了下午，育霖兄帶著和解的意味，邀我到孔廟，但我還在鬧彆扭，說今天不想去。育霖兄感到困擾，找來文鎮以便壓住捲尺的一邊，他將文鎮放入袋子中，我趁他小便時將文鎮偷了出來，一點都不知情的育霖兄提著袋子出門，但不到一小時就折返了，一看到我就臭罵：「你這傢伙。」

「都是託你的福，白跑一趟了，如果不幫忙的話，就不要幫，爲甚麼還要搗蛋。」

「可恨吧？把我惹火了，可是沒有好下場。」

我雖然提心吊膽，口頭上卻把話說得很硬。育霖兄噗嗤一聲笑了出來：

「好，好，眞不愧是我的弟弟，腦筋還眞不算壞。」

就這一句話，我們馬上又和好了。接著兩個人一塊兒出門，這一天的工作效率比平常好上一倍。

這一類的插曲，說也說不完。其中，我們與父親衝突的一次，問題的深刻性，我到現在仍忘不了。

那是在我中學三年的暑假，有一天，在鴨母寮靜養的父親把我們叫去。一去到那裡，父親坐在床上，冷不防地就劈頭一句：「聽說你們因爲阿江的死，記恨阿母，有這一回事嗎？」

我們嚇了一跳，仰頭一看，父親神色嚴峻，一直瞪著我們看。

我們感到懷疑，這事大家心裡有數，爲甚麼現在這個時候才又重新提起呢？阿母表面上和藹可親，背後卻是四處散佈壞話，我們也同樣的，表面上裝出尊敬阿母，私底下卻痛恨她。雙方都是同樣態度，到目前爲止也和平共存了好幾年，到底爲了甚麼，有必要無事起風浪呢？

「阿母雖然沒有自己的親生骨肉，但是這無關緊要，阿母對你們一視同仁的疼愛，沒錯吧？」

「……」

「你們的回報卻是這樣嗎？那麼老天也太不長眼睛了。尤其育森與育德在戶籍上算是阿母的小孩，阿母非常怨嘆，育森那副德性像張飛一樣粗野，育德陰險，也不知道肚子裡想些甚麼東西。」

聽到這裡，我才明白今天說教的對象是我，育霖兄只是被抓來當見證人或陪審員。對父親而言，想必認爲在育霖兄回來的這段期間，給我灸上幾針，會比較見效。這是我沒有料到的，不愧是父親的權威。

阿江死後，阿母權勢式微，反而阿揚變得跋扈。但這原本已經很明白了，奇怪的是爲甚麼現在才突然慌了起來。

若說是阿母著急甚麼的話，想必是擔心父親有了萬一時該怎麼生活下去。那時父親血壓極高，醫生也發出嚴重警告，家人們提心吊膽地度日，而阿母想必是最爲憂心與不安的了。父親心中也非常清楚，因此才會說出下面這些話。

「我擔心得要命。只要我還有一口氣在，絕對不會讓你們做出不像話的事情，但如果我比阿母早死的話，那就不知道阿母會受到你們怎麼樣的對待了。」

遺憾地被父親說中了。想要阿揚的小孩孝順阿母，畢竟是不可能的事，如此一來，只能要求阿江的小孩了。然而，育霖兄原本就與阿母沒甚麼緣分，再怎麼樣都要輪到戶籍上歸於阿母的我頭上。

可是，無論如何我就是沒有辦法和阿母打成一片，舊怨新恨不那麼容易忘記的。舉一個例子來說，我常任意驅使阿母喜愛的桃仔，而桃仔也甘於承受，但阿母對我們兩邊都看不過去，不僅向家中來客訴苦，還到外頭四處抱怨，這些話又再傳回來我耳邊。就是這樣的情況，我們兩人之間愈來愈彆扭。

父親要我們發誓對阿母盡孝。最後，口氣緩和下來，變成懇求的語調。我有些吃驚，告訴他我要好好想一想，然後轉身離開。

父親似乎認為我們應該會立即有所表示，我們卻不當一回事，惹得他大怒。幾天後，以往的舊店員、相當於我們叔父輩的王麒麟說有些事情要和我們商量，把我們約到上帝廟。他說：「這是你們父親的吩咐，才對你們這樣說話。」接著開始說教。

他首先談及人倫中的孝道是多麼重要的美德，父親年紀也大了，甚麼時候會有甚麼事情都說不定，而讓長輩擔心，後輩也應該於心不忍才對，何況如果不聽從父親所說的，最壞的下場，可能會被斷絕父子關係也說不定。

一開頭就說了一大堆人情義理當攻勢，使我差點就要掉落這陷阱了，但聽到最後的威脅性字眼，反而使我心生反彈。

「這本來不是第三者應該出面的。你不要再來了。」

我粗暴地把他趕回去。這回只剩下我和育霖兄，一時之間，兩人都沈默不語，我們再一次認識到事情的嚴重性了。

「我們輸了！」育霖兄突然吐出這句話。

「爲甚麼？爲甚麼？」我哽咽著聲音。

「一旦祭出斷絕關係這一招，我們就沒有辦法了。學費當然遭到斷絕，生活也成問題。」

我有些意外育霖兄的怯懦，使性搖晃育霖兄的膝蓋，一口氣說了一大堆。

「哪裡會斷絕關係呢？父親那麼重視外人看法，和阿揚吵架時，阿揚鬧著要離婚，結果還不是沒有離。何況阿兄是父親最大的期望，如果斷絕我們的關係，那這個家就完蛋了。」

「或許是這樣也說不定，但和父親這麼嚴重對立，到底是好是壞呢？好好想想看。」

「……」

「我人在台北，一年也沒回來幾次，若是處得不愉快，反正不要回來就是了，可憐的是你，每天必須和父親、阿母、阿揚他們面對面，一年到頭必須在這麼不愉快的家中過日子。」

「如果這樣的話，難道我不能轉學到台北一中就讀嗎？」

「嗯，之前也曾經考慮過，錦碧姐還曾經和我商量，是否要把阿德叫到神戶，但東興先生認爲，這彷彿對父親含沙射影一般，反而不好，阻止這件事。」

我是第一次聽到這事，難過得想哭。

「就算是耍花招也罷，得不到阿母信任也沒甚麼關係，總之，只要父親息怒，代價不是便宜嗎？」

我雖然有些失望，也鬆了口氣，聽從育霖兄的意見。

隔天，我們算準父親午睡醒來的時刻，進入父親房間，跪在父親面前，向他賠罪我們不孝，讓他擔心了，同時發誓孝順阿母。父親眼眶濕潤，一再點頭，和藹地把我們扶了起來。

第五章

台北高等學校

日本最南端的舊制高校

台南一中四年修了，通過台北高校文科甲組考試，這是我生命中的最大轉機。到台北過起寄宿生活，也使我得以從灰暗的大家族制度中解放出來，呼吸自由天地的空氣。

四年修了通過考試一事，還使我恢復了自信，對育霖兄的自卑情緒也都煙消雲散。更痛快的是，我可以對著愚劣的台南一中內地人二世說出：「怎麼樣啊，有辦法就來啊！」

我不僅得以踏上久盼的大人的世界，社會上的身份也爲之一變，被百般奉承「最終不是博士就是大臣」。

我還盡情地徹底質疑有關人生的意義，從老師、學長、朋友或書本裡找出令自己信服的解答。在我的前前後後，已有數百位台灣人夾雜在眾多日本人之間，度過兩條白線、蔽衣破帽的三年舊制高校生活，但很少有人像我一般，在這段期間學到許多事物，並在往後的人生中發揮極大的作用。

通過台北高校考試，被認爲是全台灣升學的最大難關。這裡有文甲、文乙、理甲、理乙四班，一班名額四十人，全部不過一百六十人，當中的四十人從尋常科直升上來，因此實際只錄取一百二十名。

以這裡爲目標，對自己頭腦有自信的傢伙從全島十所學校湧至。還有來自內地的。根據應考手冊，競爭率爲七、八人對一人。

在這一點上，內地人與本島人之間的差別待遇非常嚴重。根據昭和十四年（一九三九年）四月末的統計，報考者的入學率爲一五%，其中內地人爲三二%，本島人爲三%。（井出季和太《台灣治績志》九四二頁）

本島人合格者中，以理乙最多，其次爲理甲，文甲與文乙都少。從我們這屆的「同窗會名簿」上來數的話，理乙十七人，理甲八人，文甲七人，文乙五人。

進入理乙的目的是爲了進入台北帝大醫學部。想當醫生的話，也有中學校畢業直接就讀台北醫專這條門路，但那頂多是當個普通的開業醫生，對想做更專門研究的人有所不足。為此，我的友人們可是自尊心很強，說甚麼有沒有度過三年高校生活，其為人品格可是完全不同。

理甲則多往理工科系發展。對本島人而言，成為一流的工程師是僅次於醫生可獲生活保障的捷徑。

我們文甲這班有七名本島人，據說這是奇例。邱炳南也是文甲，因此在這裡和我同班。其他五人，分別是嘉義中學一人，花蓮港中學二人，台北二中二人。我們七人很快就變得要好。

可是畢業後，有五人當了醫生（文乙的五人也同樣），結果，貫徹初衷往文科發展的，只有我和邱炳南。

這恐怕是因為到了昭和十七年（一九四二年）夏天時，戰局的惡化已經清楚可見，日本的將來也令人不安，加上渡航內地變得危險，所以乾脆毅然決然改變方向吧。

對本島人而言，志願文科原本就像是追求未知數的一種冒險。相較之下，醫學可是在甚麼時代都可以確實回收的投資。

我在台灣無法待下去，只能在日本過起筆耕生活就是好的例證。而我的朋友們在台灣醫學界建立起堅固地盤，就連殘暴的國府政權也不敢輕易染指他們。

不過，其中還是有兩三起令人不得不感嘆造化弄人的事。吳坤源獨自一人進入新潟醫大就讀，誰知竟在新潟得了傷寒喪命。文乙的好漢羅時達特地選了長崎醫大就讀，卻遇上長崎被投下原子彈而喪生。如果他們按照原先計劃進入文科，或進入台北帝大醫學部就讀的話，或許還可以保住一命，令人不禁爲他們感到無限惋惜。

話題扯遠了。我能在四年修了時考上台北高校，畢竟還得歸功於進入台南一中就讀。這一年一起考上的，還有五年級的川崎寬治（文乙，現任眾議院議員）、芝沼信（文乙，千葉勞動基準局）、鷹尾勇彥（理乙，東北農政局）三人，四年級考上的，除了我之外，還有高尾一孝（文乙，律師），成績相當輝煌。

身爲誇耀南部的第一名校，台南一中聚集了精挑細選的好老師。其中令我印象最深的，是教歷史的前嶋老師和教地理的內田老師。

前嶋老師也就是阿拉伯史泰斗的前嶋信次，他性格上雖然有點難以伺候，但上課內容卻非常有趣。

內田老師綽號蠟燭。這是由於他膚色白皙、身體瘦長的緣故。可是實際上剛好相反，他身體強壯健步如飛。我還記得他曾經自豪地說過他幾乎走遍了內地，才來到台灣的，感覺確有其理。

他的上課方式極爲實證，甚至還設置百葉箱，訓練我們進行氣象觀測。

另外，我還記得曾經有過時事問題的小考，在「下列人物中，就所知加以敘述」一項中有「毛澤東」一詞。這是我第一次見到毛澤東這三個字。那個時候，我把它唸成「kezawaazuma」（毛澤東，此爲日人姓氏的發音方式，一般外國人的漢字發音都是音讀，適用唸法爲Mou Taku-tou），認定他應該是犯下甚麼滔天大罪的犯人，但因爲不太清楚，遂空了下來，沒有作答。現在想起來，眞是天大笑話。

這次入學考試，我在國語科上幸好沒有再嘗苦頭，卻在英文一科上差點栽跟斗。翻譯項目中有一個關鍵單字，我無論如何都無法理解；而這個單字不懂的話，那一題幾乎完全無法作答。而這一題如果答不出來，肯定落榜，而一旦落榜，將會有甚麼後果呢？我腦中接二連三地浮現雜念胡思亂想。我爲了要甩開那些雜念，猛力地搖搖頭，就在這當時，突然靈感疾躍。我心想是阿江的保佑吧，在半哭泣的狀態下一口氣譯完。走出試場後，一翻字典，雖不中亦不遠，當然文章全體的意思也完全說得通。這一來，我自認應是可以考上了。

客家的前輩

我的高校合格，是在這種狀況下好不容易才考上的，與那些閉著眼睛都可以輕鬆考上的人不同，因此格外高興，也比一般人以更認眞的態度經營高校生活。

在此，育霖兄又與我擦身而過。這一年三月畢業後，他渡海到內地參加東京帝大法學部考試，但是卻落榜。在東京帝大，法學部被認爲是最大的難關。不過，錄取率是二比一，加上育霖兄又以文甲第一名畢業，因此他本人相當有自信，我也認爲他絕對會考上。但不容置否地，這使得我們被迫再一次認識東京帝大，也體會到日本秀才與台灣秀才之間的差別。但家人並不清楚東京帝國大學與京都帝國大學的差異，故意嘲諷說姐夫杜新春不是一考就上嗎？育霖兄怎麼卻落榜了呢？這使得父親對我的高校合格榮耀，沒有期待中的高興。

育霖兄在高校前面的錦町一個叫還田的人家寄宿，他幫我保留下房間，桌椅、書架等也都原封不動留給我。如果我沒有考上，這些東西原本都可以處置掉，也可以退還部分房租費用。

打開壁櫥一看，棉被已被帶到東京去了，但竹架行李中尙留有幾套冬夏制服、磨損的黑色披風、幾條紀念祭的毛巾，還有大草帽等等。聽說高校生活非常尊重傳統，育霖兄的溫暖與關懷，令我有說不出的高興。只有制帽，他說要當做自己的紀念，因此帶到東京去了，我也重新買了一頂。

隔壁房間有一位自稱「天線」（antena）的高個兒，是文甲三年本島人學長。

「我受到你阿兄照顧，這次換成我被拜託照顧你，如果有不懂的事情，儘管問，往後我們要好好的相處下去哦。」

他看起來很靠得住，我心中的不安也一掃而空。

當我整頓好入學準備再度北上的當晚，「天線」邀了另外一位學長郭德焜前來，說今晚要幫我洗塵，把我帶到西門町的壽司店小巷。

在那裡，我第一次被灌酒。味道強烈刺激，火辣辣地直衝喉嚨，而且心臟馬上咚咚咚咚地跳個不停，雙臂腋下也發癢，心想這麼美味的東西到底是甚麼啊？

喝著喝著，我漸漸興奮起來。台北已經成了我的生活根據地了，走在台北街頭，不用再像以往，像個鄉下人一樣提心吊膽。最好的證據就是我現在正窩在以往所不知道的壽司店裡；而且正接受兩位學長溫暖的祝福，被當成是一位獨立的成人了。想起前不久在家裡、學校受到那樣淒慘的對待，我一點都無法相信眼前的一切。

天線點了 toro（鮪魚中帶脂肪的特別美味的部分）壽司，我也是第一次吃到，眞好吃！心中充滿了激動。

「好，就當是和兩位學長們初見面的一點小意思，今晚由我請客。不要客氣，盡量用。」

天線睜大眼睛，「眞的嗎？可是很貴的哦！不過，老實說，我也沒有甚麼錢。」當時我正從家裡帶來這個月的生活費，非常大方。

「若是這樣，就由我來吧。」

「天線花起錢來，揮霍如土啦。」

郭德焜辯解似的在旁幫腔。三人馬上就打成一片。

天線本名叫葉世眞，畢業於台中一中，據說叔父是本島人第一位法學博士，想必是相當有名望的世家吧。當他坦白說出自己出身客家時，我感到非常驚訝。因爲他說的台語完全沒有兩樣，臉也沒有長得特別不同。與我到東港錦瑞姐家去玩時，路經溪州、潮州一帶所看到的客家人印象完全不同；那裡的人穿著不同服裝，說的話也不同。

但天線可是非常好漢，甚至有著一種氣派，讓我完全改變了對客家人的印象。天線察覺到我心生懷疑，他嘰哩呱啦地說出客家話，我才信服，眞的一點都聽不懂。然而，他的台灣話說得可比我流利，我心中非常羨慕他能使用兩種語言，也感到無論福建系或客家系，同樣的都背負著身爲本島人的命運。這時候，甚至加深了我對天線的尊敬感，一點都沒有產生想與他劃清界線的念頭。

郭德焜是在高雄中學四年修了後考進來的。他是台灣屈指可數的貿易商「永豐」的同族。在唸書方面，他比天線還行，言談中有時會炫耀自己的才能。但可能是斜視的關係吧，有點令人心生畏懼。

從剛才，天線就拿了我的新制帽擺弄著，臉上浮著笑容，突然說出：「喂，沒什麼大礙吧！若把你弄哭了，那可麻煩！」

「噯？到底要做甚麼？」

「開封！開封！哈哈哈！」

郭德焜在旁邊幫腔。所謂「開封」，就是處女失去童貞的意思。我臉更紅了。

「頂上部分開封呀！如果不經過這一關的話，可稱不上獨立自主的高校生。」

我雖然有點不太願意，但也不得不點頭。天線把帽子放到胸前，雙手使勁，不過，只稍微掉了一些絨毛而已。

「可還是純毛哩！」他有些不好意思地笑了笑，又再做一次。這次可就嘶地一聲，裂開了數公分長。

「成了！成了！也讓我做個紀念吧！」郭德焜拿了過去，從裂開的地方往橫向撕開。

「這樣的話，我自己也來！」我乾脆豁了出去，從相反方向撕開，一張眼，只見老板往這邊看，哈哈大笑。

戴上那頂慘不忍睹的帽子回到寄宿處，天線可能有些介意，拿來了針線。

「用白線縫的話，很好唷！」

「這是第一次，可能縫得不好。」

「就這裡。」

下駄放歌高吟

就這樣，我開始了和天線爲鄰的生活。

他是熬夜晚起的夜貓子。一起床，就在房間練起空手道，擺出獨特架勢，發出低銳的吆喝聲，用手刀四處砍劈，腳尖懸空而踢。做完這些後，再進行手指的鍛鍊，以指尖刺扎裝小石子的袋子。

問他爲甚麼練空手道，他解釋道：「本島人需要徒手戰鬥的訓練。」

的確，能夠「文武雙全」是最理想的，但我所知道的本島人知識份子全都線條細長。尤其一提起「空手道」一詞，馬上就令人聯想到從大陸來的「拳頭師父」（kûn-thâu sai-hū）賣膏藥的情形，因此對我而言，「練空手道的天線」是一大發現。

有趣的是，育霖兄考上東大後也進入空手道部，還拿到初段的合格證書。「紅黑知識份子」成爲育霖兄的口頭禪。但不知道爲甚麼，育霖兄的空手道令人有運動競技的明朗感，相較之下，天線的空手道卻有著密教的淒愴感。大概是天線練空手道的背後，帶有客家人背負苦難歷史的蹤影吧。

天線經常缺課。有時窩在寄宿處唸書唸一整天，有時外出一整天，連晚飯都不回來吃。碰到考試時，則向郭德焜借筆記，臨時抱佛腳。但他經常自豪，他的成績可比郭還要好，甚至會加上一句，「那小子不懂要領！」

不過，就如郭德焜取笑的一般，天線眞的用錢揮霍，經常向我借錢。不知道是不是借成癮了，就連他在京都大學經濟學部就讀，我前去找他時，他口頭上說著：「京都可是我的地盤，由我請客。」等到稍後，又說不好意思啦，借給我十圓吧。感覺上，這時候他之所以開銷大，似乎花在喝酒與女人方面。在京都，他過著非常不上軌道的生活，令人幾乎無法相信他在台北品性端正的生活。

但他沒有誘惑我，且認眞地對我進行生活指導。他說：「一年級讀文學書，二年級讀哲學書，三年級讀英文。」還口授各種應讀的書名。我也遵照他的指示，文學書從杜斯妥也夫斯基的《罪與罰》開始，哲學書從西田幾多郎的《善的研究》開始。精讀、速讀、亂讀等等，都嘗試過。當中有不少雖然看不懂，也都裝成懂的樣子。

天線還教給我許多紀念歌與寮歌。我之所以沒有進到學校宿舍，是因爲擔心宿舍生活不規則、不潔淨。但又感覺到，寮歌可以說是高校生活的貴重文化財產，宿舍生則是許多優秀寮歌的傳承者，因而覺得極爲羨慕。

天線多少滿足了我這個羨慕。星期六晚上，我常和天線、郭德焜到圓環去喝兩杯，回程經常都是用走的。有一段距離，大概要花上一個小時。我們故意使披風高揚，一邊用木屐鏮啷鏮啷地發出聲音，一邊放聲高歌。再沒有比這個時候更感到做爲高校生的光榮了。

我最喜歡的是「新七星寮寮歌」。

一　南方文化を背負ひつつ
　　集いし百（もも）のはらからの

自治殿堂に感激の
　三年の春は逝かむとす

二　五月(さつき)の風は檳榔樹(びんろじゅ)の
　諸葉(もろは)ゆるがしさんさんと
降る陽の下にいざ歌へ
　健児の歌を朗らかに

三　台風去れ古亭原(こていげん)
　吹き溢れたる仏桑華(ぶっそうげ)は
ああ青春のシンボルと
　若き心に意気と燃ゆ

四　秋も深めば大屯(だいとん)田に
　落ちる夕陽を眺めつつ
紅毛城に佇めば
　空しき破壊(はえ)の偲ばるる

五　冬も去りなばやがて来む

のどけき春を待ちわびる
自由の国に黄金の
朱欒(ざぼん)のかほりかぐはしき

六

旧(ふ)りし伝説(つたえ)に東の
蓬萊島は永遠(とことは)に
希望(のぞみ)に満ちし蒼緑(きみどり)の
理想の郷(きと)となつかしや

一、集結了背負南方文化的各路英雄，在這自治殿堂，將渡過感動的三年青春歲月。
二、五月的風吹動著檳榔樹葉，燦爛陽光下，健兒歌聲高朗。
三、颱風一過，古亭原開滿朱槿花，青春的象徵啊，在年輕的心靈上點燃鬥志。
四、一到秋深，眺望著落下大屯的夕陽，佇立在紅毛城。
五、冬天一過，久盼的春天終於來臨。自由國度裡，瀰漫著金黃柚子的香味。
六、古早以來傳說中的東方蓬萊島，是一塊永遠充滿著希望的綠色理想故鄉，啊！令人懷想。

這首曲子融入台灣的歷史與風土，充滿人文主義與自由主義。歌曲旋律也容易唱，強勁中帶有優雅。我率直地認為，這當中帶有內台合作的理想。

每月七十圓的租屋生活

整個高校時代，父親每個月寄給我七十圓生活費。台南一中時代，我每個月不過三十錢的零用錢，相較之下，待遇已有改善。不過，這當中必須扣除寄宿費用四十圓。房間為六疊寬，含兩餐，並有洗澡間，還附帶洗衣服。儘管如此，天線還是不滿地抱怨太貴了。

還田先生在西門町某個小學校當事務員，家族成員包括還田太太與兩男兩女。可能因為薪水不夠用吧，除了我和天線的房間之外，還另外出租兩個房間。

在這裡，我第一次有幸得以一窺中流階級的內地人生活。早飯是在他們的起居間吃的，晚飯則在各自房間；菜色有南瓜、茄子、牛蒡等，相較之下，魚、肉則很少，有的話，都是燉煮的。我才明白原來內地人所吃的，竟是這樣的東西啊。

剛開始時，我非常難以忍受，連眼淚都掉了出來。但又不能不吃，漸漸地也就習慣了。

不可思議的是，身體狀況非常好，連生病這回事都忘了一般。

還田夫婦都已經年近六十歲了，卻還是一起入浴，哇哇地喧嚷，一副非常愉快的樣子。從澡間出來時，還田太太下頭還圍著一片裙，還田先生卻是一絲不掛地走來走去。這在封建大家族制度下，根本是無法想見的景象，我感到驚訝，也讚嘆。

還田家的長男安仁君與我同班，從台北一中五年考進來。我們的感情普通，曾經一起參加辯論部的南部遠征。但從第二年起，他變成納粹主義者，我們差點反目成仇，有一次還出到校庭決鬥。

我每天過得非常規律，認真地上學，回來就讀書。星期天的話，早上睡到飽才起床，然後悠悠哉哉地外出。先在報紙確認喜歡的電影在哪裡上映，然後決定行程。

如果電影院在西門町一帶的話，就搭巴士在榮町的菊元百貨前下車，走到公會堂，然後在那裡的大餐廳吃一頓五〇錢的便餐。

公會堂實際上是一棟非常宏偉的建築物，劇場、大小宴會場、住宿設備、餐廳、賣店等，應有盡有。戰後被國府接收，改稱中山堂，二二八事件時，在這裡成立了處理委員會。現在仍然被用做國民大會堂，或是被種種政府機關所利用。

看完電影後，就到西門町市場吃完關東煮或壽司才回去。星期天的兩餐，完全給了寄宿主便宜。

如果電影院是在大稻埕附近的話，就在菊元百貨前面換車，在太平町三丁目下車，一嚐有名的山水亭三十錢的割包（koah-pau）。看完電影後，在江山樓樓下或圓環吃晚飯。或是在台北城內新公園閑逛，或是到新高堂買書，這都蠻有趣的。不過，漫步在大稻埕喧囂雜亂的台灣人街道中，別有一番樂趣。

有時，我獨自一人到草山遊玩。草山是台北北郊有名的溫泉地，以前是簡大獅等抗日義勇軍的根據地；殺害芝山巖六氏先生的「土匪」也是從這裡下山的。現在自稱王陽明學徒的蔣介石，則把它改稱爲陽明山。由於有蔣的別墅，因此，有相當區域是禁止進入的。然而，當時完全是個自由的清遊之地，一到休假日就很擁擠，因此，我特意找平常時間前往；從台北車站前面搭乘急行巴士，從御成町的廣大道路北上，渡過明治橋，可看到右手邊的台灣神社，進入士林街道。

士林是文人輩出的出名地方，另外，稱爲「士林刀」（Sū-lîm-to）的小刀也非常有名。現在（一九六五年）則由於蔣介石的官邸在這裡，更加出名。

出士林一陣子後，就靠近山路。隨著山路愈爬愈高，清爽的冷空氣從車窗無聲無息地飄進來，汗水一下子就無影無蹤。溪流水呈現混濁的白色時，硫黃的強烈味道衝鼻而來，終於來到溫泉鄉。

我都是避開公共浴場而到教育會館。會館位在稍離溫泉街的幽靜地方，設備好又便宜。我一個人在寬敞的大浴槽浸泡，泡完後，在借來的小房間裡或睡午覺或讀書，深深感覺：這眞是「心靈的洗滌」。

「首篇小說」的風波

寄宿處的隔壁兩間住著一位漂亮的姑娘，我爬上曬衣台時，經常可看到她打掃庭院的蹤影，飯後出去散步時，也會遇見她帶著小狗散步。每回遇見她，我的心總是雀躍不已。後來我還以她爲主角，寫了一篇短小說。大概的故事情節是：

與她親近後，一起到草山野餐。在樹蔭下享用著簡餐，互訴衷情。她那白皙手指正靈巧地用小刀削著蘋果皮，向我扔了過來，我用帽子接住。

這時，她瞧見帽子裡貼著的白布寫有我的姓名——三個字的。她第一次知道我是本島人，驚訝極了。我心想，啊，畢竟還是……，但我還是拚命解釋。

「就算我是本島人，你還是會嫁給我吧。」

「……」

「愛，應該是沒有民族隔閡的吧。」

「爲甚麼你一直都瞞著我呢？」

「這、這是因爲我害怕、害怕你是不是也會和其他內地人同樣蔑視我呀！」

她只是扭著身子，抽抽搭搭地哭泣。

我把這篇小說投稿到文藝部雜誌《翔風》。我並不知道文藝部內部爲了要不要刊載這篇文章而產生激烈的意見對立，結果在文藝部無法解決，又提到教授會上討論。

某一天，學生課長加藤平左衛門老師把我叫去。加藤老師是教數學的老師。

他將原稿拿到我面前，開口的第一句話是：「你有必要在這種時期寫那樣的小說嗎？」

對於這突如其來的質問，我有些不知所措。

「若是批判小說寫得好不好，我甘於接受。至於有無必要，應不干他人之事。」

「我們不願重提舊傷，但今天高喊內台融合、內台合一的情況下，你寫出這樣的文章只有百害無一利，何況本校也沒有任何內台歧視存在。」

我一點都沒有料想到，我的自慰性的文學遊戲竟然發展成嚴重的政治問題。如果是小說本身好壞成爲問題，則正中我心願；不過，以其他方式成爲問題，也感覺不壞。

其實這原本只要不採用就可以了事，想不到卻橫生枝節，這大概也只有在高等學校才會發生吧，因此，即使遭到加藤責備，我一點也沒有怨恨的心情。

「我無意點出本校校內問題，但在當前的台灣社會，這樣的問題到處都有吧。」我心中甚至還想乾脆把台南一中的經驗講給他聽。「而且，最後呈現了圓滿的結局啊！」實際上，最後結局哪一邊都說得通，那是因爲我自己也沒自信能夠寫出更積極的好結局。

「是不是圓滿的結局，我不清楚，但當中的對話有問題就是了。總之，你把稿子撤回去吧。」

我沒有再繼續爭論下去。

我到塩見老師家中去玩時，把小說的事情當做話題，向老師談起。老師這樣安慰我：

「還眞想不到，你眞有一點文學天份。那篇小說雖然短，不過寫得蠻有條理。我堅決主張應該刊載，但反對勢力眾多啊。」

邱永漢（炳南）二三事

當時，邱炳南和我交情很好，他對不瞭解學校狀況的我，在種種方面都給予照顧。

出身尋常科的，就像是一種精英的存在，他們通常和許多老師們非常熟悉，在各班都有許多朋友。我們可是從入學起就非常吃力，但他們卻是輕輕鬆鬆，甚至有些人明顯的超越分寸，近於旁若無人。

對於這些人，天線的批判非常激烈：「從尋常科直升上來的，根本無趣。在同一學校待個七年，哪裡能體會高校生活的感動。」

邱也是寄宿生，大概距離我寄宿的地方千公尺左右。我經常接受他的邀約，去他那裡。四疊半的房間內放置有床鋪，感覺非常狹窄。但無論甚麼時候去，他的房間總像女學生的房間一樣，整頓得有條有理，有時甚至看過他在織毛線，我雖然感到佩服，不過也會起雞皮疙瘩。

我進到高校後才讀到的書，他似乎早就在尋常科時就已經看過了。一成爲話題時，總是說出尖銳的一番見解。他的書架上盡是我不熟悉的書。從他那裡，我受到刺激，非常加油；但讀書量根本無法相較。

他的服裝打扮都非常整齊，帽子也沒有破痕，從未腰纏長布巾走路，也就是所謂的軟派。很明顯的，他對蠻力的風潮採取批判態度。他看起來清高超脫，使人感覺到有些難以接近。

戰後，他渡海到日本，並開始從事文學活動，他的處女作是《偷渡入境者手記》，是以我爲主角所寫的。其次出版的是《濁水溪》，當中育霖兄以蘇法官登場。我覺得他沒有經過同意，擅自以他人爲主角寫作，非常過份。哪知他這時又寫出《檢察官王雨新》，已不再單純以育霖兄爲主角而已，而是將整個王家當成對象，這樣的做法，再怎麼樣都說不過去了。若以小說中的情節來推想，原來他竟是以那樣的眼光在看待王家，讓人覺得眞不舒服。

「秘境」之旅

我曾經利用假期繞行東台灣一周，此外還跟隨國風劇團一起參加地方巡迴演出。這兩件事情應該可以算是我高校生活中値得紀念的一幕了。

嘗試東台灣旅行，是在升上二年級的假期。心想提早返家也沒趣，繞一次密境東台灣應也蠻有趣的。

爲甚麼將東台灣稱爲密境呢?當然因爲交通不便又惡劣，開發又晚，以前被稱做「山後」（soa^{n}-āu）。所謂「山後」，就是指沒有開拓的那一邊「後山」（āu-soá^{n}）——也就是中央山脈的那一邊。

不怕死的商人的探險早就開始了；但積極著手開發，則要在同治十三年（一八七四年）以後，至今還不到一個世紀。不過，從花蓮港中學也培育出像好友吳源坤這樣的秀才，想必在西部人不知不覺中，東部已產生巨大變貌。總之我心中認爲，不懂得台灣的東半部，那也不像話。

我沒有帶甚麼行李，只是準備了十五圓的旅費。服裝打扮是腳穿木屐，身披斗篷。首先搭乘宜蘭線到蘇澳。宜蘭線從基隆到蘇澳間，長約一百四十公里，是台灣的重要幹線之一。沿著台灣東北部地形，呈現て字形彎曲的途徑。沿線地區，從古老時代就有很好的開發，文化水準也高。當晚停留在蘇澳，從隔天開始，將一窺「密境」。最吸引人的，就屬蘇澳花蓮港間一百二十公里左右的臨海巴士路線的冒險了。

有關這個巴士行程，很早以前就聽聞過種種傳說。據說一下雨刮風，馬上停止運行。我心想如果被困在這種地方，可就無法如願以償，心中祈求著天氣良好。

巴士絕對不會單獨上路，一定兩輛以上組隊。這是爲了一旦發生事故時能夠通報。如果這樣的話，乘客稀少時怎麼辦呢？我向巴士公司的人提出這樣的問題時，他們只笑著說，不用擔心。司機於前一晚在旅館閉關，聽說這是爲了進行嚴格的健康管理。果眞如此嗎？我心中產生一種衝動，想一窺眞相。就這樣的，從乘車之前就已經充滿緊張興奮，類似的旅程可說空前也絕後。

那麼實際的狀況如何呢？當時幸好遇上好天氣。巴士按照時間出發，眞的是三輛組隊。乘客們不多也不少，其中混雜不少提著大行李、梳著特殊髮型的客家婦女，以及臉上刺青的原住民。我選擇了自認最安全的第二輛。

早上八點半出發，大概在下午四點左右抵達花蓮港。一百二十公里的距離，需要花上七小時半，是有其理由的。中間的八十公里路段是只有一線道的碎石子路，距離怒濤洶湧的太平洋海面數百公尺處，斷崖絕壁垂直屹立，路面從其側面打通。眺望絕佳的景觀遊覽道路，卻是驚險萬分，不知道誰曾經說過，這是東洋第一的臨海道路，眞是當之不愧。

但對司機們而言，沒有比這更危險的工作了。除了落石不斷之外，或許還會碰到路肩塌陷，若稍微大意，可能一瞬間就會掉落太平洋，不要說車身，可能連屍體都浮不上來。

在部落發達的山谷台地，或在小海灣，巴士會停下來小歇。這時，乘客上上下下。像我這樣從頭坐到尾的乘客似乎不怎麼多。每當小歇時，我就下車眺望周圍景色，緩和緊張心情。這小歇，除了休息之外，還有讓反方向車輛先過去以及互相確認等等用意。

途中，在相當大的部落做了大休息，停留大約一小時，我們被告知要在這裡吃中餐；聽到這句話，感覺眞是充滿地方情趣，引人會心一笑。

花蓮港人口大約三萬，是東部第一大都市。這裡市街的發展有賴內地開拓民的努力（附近有內地人的集團開拓地吉野村）。在台灣的都市中，內地人與本島人人口各佔一半的，大概只有這裡吧。我原本打算拜訪吳坤源家，但他似乎還沒有回來，我也改變了主意。

接著搭乘夜車往台東。不到二百公里的距離，卻必須花上一個晚上，覺得眞是無奈。二呎六吋的超狹軌，車廂像火柴盒般，狹窄且骯髒。從早上累積的疲倦，雖然非常愛睏，卻很難入眠。中間小站一一停靠，雖然已經半夜了，每次靠站，乘客仍熙熙攘攘地上下，令人感嘆。

拂曉時刻終於抵達台東。往枋寮的巴士據說十點出發，由於還有一點時間，我就在車站前面的旅館借了房間假寐片刻。

台東比花蓮開發較遲，市街規模大概只有一半大。風非常強，塵土漫天飛舞。花蓮港與高雄之間雖然也有航路，但沒有靠岸的地方，聽說乘客與貨物必須搭乘舢板到海中央的本船，因爲風力強，非常危險。

接著是從台東前往枋寮的巴士，這又得花上一整天。全長大概一百五十公里，沒有蘇澳花蓮間那麼冒險，可是道路惡劣，搖晃得厲害。

在車城下車，當晚住宿在四重溪溫泉。四重溪溫泉是台灣有名的溫泉之一。環境非常幽邃，而且頗富四季景趣。溯河而上，可到達明治七年（一八七四年）「征台之役」時的古戰場石門，往南行，則可達台灣最南端的鵝鑾鼻。

晚飯中所吃的此地名產豆腐極爲美味。女中一直跟隨到浴室，幫忙擦洗後背，這是有生以來的首次經驗，留下了深刻印象。

隔天，搭乘巴士離開四重溪溫泉，三個小時左右抵達東港。對於我意外的拜訪，錦瑞姐非常高興地歡迎我。當她聽到我是從台北繞道東台灣而來，眼睛睜得大大的。

「放假了，怎麼不早點回家？」

「回去也無聊啊。」

錦瑞姐呼地嘆了口氣，沒有再追問下去。

我問她，「在東港，還看電影嗎？」

「一點也提不起興趣，一個人去看也無聊！」

錦瑞姐的回答帶著一絲寂寞。看起來似乎不怎麼幸福。石家也是不下於王家的封建大家族，在封建大家族制度下的媳婦，都很辛苦。

錦瑞姐有著文學少女的氣質，每次回家時，經常邀我一起看電影。

從台灣歌仔戲到改良劇

我從小就喜歡看電影和戲劇。若是看電影，就像姐姐們的跟班似的；若是看戲劇，則是跟著祖母和母親她們前往。相較起來，我還是喜歡電影。武打片中，中國式的「吐劍光」、「掌心雷」固然不錯，有「三味線」（三弦琴）伴奏的日本式也有趣。中國電影或台灣電影都是無聲電影，由「辯士」在旁說明。在螢幕旁邊的黑暗角落設有木柵，辯士的臉上只有大約五燭光左右的電燈照亮，雖然看不到他翻閱劇本，可是可以看見他端起茶碗喝茶的樣子。

日本電影則是經常光顧片岡千惠藏的片子。但電影院的氣氛遠遠比不上「大舞台」。這裡有著胡琴、鑼、大小鼓等的伴奏，極其嘈雜而熱鬧，光是聽見這個，就感覺整個心靈雀躍不已。在燦爛奪目的電燈照射之下，整個劇場充滿了熱鬧歡盛的氣氛。

「大舞台」是當時台灣四個劇場當中規模最大的，是歌仔戲的常駐上演館。然而「宮古座」是台南市格調最上流的，文化協會的政治宣傳劇常借這裡上演。「世界館」是往運河途中的劇院，主要上演日本電影，而且是時代劇。

最小的是「戎館」，位在「世界館」對面的轉角處，經常上演中國電影，胡蝶主演的

《火燒紅蓮寺》、烏麗珠主演的《荒江女俠》，風靡我們全家大小。台灣電影《雨夜花》也上演過。

再怎麼說，最熱鬧的都要數「大舞台」了。跟隨祖母前往的話，周遭人們竊竊私語說道：「今天金義興的頭家媽也來囉！」一邊往這邊看。祖母也經常都是笑嘻嘻地打招呼。對我們而言，最高興的是向祖母要來包子與餃子，沒有吃包子餃子的時候，則啃瓜子。到底是來看戲的，還是來吃東西的，都搞不清楚了。

「大舞台」是丹桂社的根據地，丹桂社是聞名全島的大劇團。據說鄉下人來台南看丹桂社的歌仔戲是最大的喜悅。上演的戲目有「三伯英台」、「孟姜女哭倒萬里長城」、「陳靖姑」、「陳三五娘」等。丹桂社到地方巡迴公演時，站台的是從福建來的「舊塞樂」劇團，我們稱之為「正音」。所謂正音，眞正意思原本是「北京話戲劇」，但是，只要和台灣不同的東西，似全都這樣稱呼。實際上從福建一帶來的劇團，我也不認為他們能使用多純粹的北京話。

「舊塞樂」上演的戲目是「三國志」、「鐵公雞」、「包公案」、「七俠五義」等硬派，每場一定都有厲害的武打場面，宣傳中總說「眞刀眞槍」、「活動機關」，可眞是令人心生畏懼的武打戲。

「舊塞樂」中有一位叫做蕭劍山的武生，錦瑞姐和錦碧姐對他非常著迷。大概在兩人就讀台南一女二、三年級的時候吧，還曾經把蕭從住宿處叫出來會面；他在高雄巡迴公演時，她倆還瞞著家人偷偷溜到高雄去看他。

在台灣，把非常熱情的戲迷稱爲「戲箱」（hì-siu^{n}），意思是就像演員的行李箱一樣，無論何時何地都跟到底。兩位姐姐可說是完完全全的「戲箱」，原本有女佣「不纏仔」跟著，是沒有出錯的道理的，但因爲是看戲這類的事，姐姐們在不纏仔面前抬不起頭來，因此盡是討好不纏仔，以防止她告狀。不纏仔也藉此耍威風，連我們也遭殃，一塊挨罵。

皇民化運動開始推行之時，歌仔戲受到當局壓迫，禁止在大都市上演。類似丹桂社的都會劇團，或遭解散，或被改組。執行監督指導的是台灣劇場協會，但潛藏在其背後的則是總督府情報局。

此後，「大舞台」改稱爲「國風劇場」，組織了「國風劇團」，以此爲根據地。上演戲目多爲日本式內容，演員也穿著日本和服，舞台或出現日本式鋪蓆，或營造出日本式氣氛，也就是所謂的「改良戲」。

如此一來，受觀眾歡迎的程度直落而下。「國風劇場」的股票也暴跌，經營甚至產生赤字。高校時代，由於我研究演劇，曾經跟著「國風劇團」一起巡迴演出。因爲父親是「國風劇場」大股東，團長邵禹明又是父親的好朋友，我拜託父親交涉，讓我同行。

我雖然喜愛歌仔戲的傳統性與庶民性，但對其封建性與一成不變也持批判眼光。然而，內地人將其做爲皇民化運動的一環，予以動手改造，身爲本島人，無論如何都要心生反彈的。因此，我想從國風劇團學習，看看所謂改良劇如何從歌仔戲脫胎換骨。

劇團在中部的斗南、斗六巡迴演出時，我也參加了。對於團員生活的所有部分，我都非常感興趣。他們很多是夫婦，當中還有帶小孩的。以帷幕、道具箱爲隔間，將兩疊左右的空間當做居住區，在那裡起居、化妝、穿衣，夫婦生活相當公開。

這個劇團是以手槍互相猛擊爲號召，在戲幕後頭有擅長打柏青哥的人，用汽水罐的彈珠向舞台發射，只要順利又恰巧地發出砰的一聲，就萬事OK。

不過，改良劇最後還是沒能深入民眾，因爲大家了解這畢竟是耍花招。在台灣，到底甚麼是眞正的戲劇，對此，我常陷於苦思。當時的改良劇以及劇團的情況，在呂訴上所寫的《台灣電影戲劇史》一書中已有非常詳細的描述。

辯論社遠征

進入高等學校後，我參加了辯論部與文藝部。這並非有誰勸我參加，只因爲育霖兄也曾參加這兩個社團活動，我有樣學樣罷了。育霖兄很早以前就說過，往後的時代，必須要有能力與勇氣在眾人面前大方、清楚地講述自己的意見。他曾經參與辯論部在台北市公會堂發表一次街頭演說，也曾經遠征中南部，來到台南時，我也前往聆聽。還記得當時非常興奮感動，因此，我也想讓自己體會那樣的感動。至於文藝部，則是爲了鍛鍊文筆。育霖兄曾擔任文藝部委員，我也想擔任看看。

二年級時，辯論部進行中南部遠征。我的題目是「青年與宗教」。成員當中有一位文乙的本島人羅時達，他的主題是「敲響亞細亞的鐘聲」。我們一行八人，以台北公會堂爲起點，南下新竹、台中、嘉義、台南、高雄、屏東。負責人來到某地路頭，突然就交涉起場地，然後咚咚敲響鼓聲，繞行市區宣傳。不可思議的是，大都能按照預定行程借到場地。去到市役所，說是台北高校的辯論部，從幾點左右想要免費借用公會堂，另外請順便準備講壇與觀眾椅子等等，這樣極爲強迫性的交涉，對方都能同意。這可說由於台北高校在當時台灣社會是極精英的存在，所以才能夠如此做吧。我們所到之處，都由學長們包辦了住宿、三餐。

如果聽眾來得少，還有成員會責罵：「這個市眞是懶散。光看前來聽講人數的多寡，就可以知道該市的文化水準了。雖然各位前來聆聽，在各位面前說出這樣的話，有些失禮。」

台南市方面則由我負責奔走，父親還爲遠征隊設宴款待。

爲甚麼我選擇「青年與宗教」這樣艱澀無味的題目呢？現在想想，也不清楚。我還記得結尾的幾句話，「人生短暫，藝術久遠；藝術久遠，宗教更爲悠久」，或許當時我心中深處似乎正追求著某種類似永恆的東西吧。

三年級時我擔任文藝部委員。對於文藝部而言，最大的工作是編輯《翔風》。爲此，我寫了八十頁的〈過渡期〉一文。另外，在部長犬養老師家裡召開短歌會，我也在責任上絞盡腦汁吟作和歌。

另外，我還擔任文甲雜誌《シルエット》（人影）的編輯。我還是此雜誌成立發起人之一，並在黑板上寫下發檄文（告示文）。在《シルエット》，我發表了與改良劇「國風劇團」一起生活十天的見聞記。

有個性的諸位先生

高校老師與中學老師不同，他們胸襟豁達，知識廣博，具有文化氣息。升上二年級時，谷本清心校長被換下，下川履信校長就任。

我們只與谷本校長相處一年，對他所知不多。但蓄留長髮與自由主義式的言行舉止都是被容許的。我們經常從學長輩那裡聽來各種傳聞，包括站著小便，和巡警大吵，讓警察反過來道歉；巴士不按預定時間前來時，起哄抗議巴士應該準時，接著一、二三地拔起站牌，扔到校門的噴水池裡。我心中極想嘗嘗這樣的經驗。

一年級時，教德文的「學生課長」西田老師報告道，市役所抗議說，有本校生趁黑矇騙使用過的車票。他的訓話充滿幽默，他說，矇騙了五錢的巴士車票，卻喝了十錢的咖啡，那咖啡肯定很苦吧，請大家行動舉止像個紳士一點，好不好呢？當時聽到這裡，覺得身爲這個學校的學生，有這樣的老師眞是一件快事。

說到巴士，除了調侃女車掌之外，還有學生票優惠。

高校時有不少名老師。西田老師的德文課幾乎每週都舉行測驗，剛開始總是叫苦連天，後來回想起來，反而覺得是很好的訓練方法。我在大學教授中文時，曾經嘗試使用這個方法，但現在的學生沒甚麼耐性，似乎不怎麼有效果。

小山捨月老師教英語，他也是育霖兄班上的級任老師。由於育霖兄的關係，他對我特別關照，但我的英文程度沒有育霖兄那麼好。小山老師的註冊商標是光溜溜的禿頭，頂頭一根未生，露出圓溜溜的頭皮，但底邊部分卻黑黝黝的，還燙了起來。

五十分鐘的課程裡，大概有四十分是漫談，剩下十分鐘才趕緊回到教科書，漫談內容大概都是歐洲旅行的所見所聞，橫跨西洋文化史，使人興致勃勃。

塩見老師教授本國史與東洋史，我喜歡上他的課，常著迷於他充滿熱情、新鮮的內容。他自己分發講義當教材，測驗時通常都是「試論人種與民族」、「試論元朝衰亡理由」之類的大題目，我經常拿到「優」。

塩見老師對郭德焜有很高評價，聽說打算等女兒長大後嫁給郭。據說郭向老師說過，「王比他阿兄還有趣。」這是我有生以來首次獲得比育霖兄還要高的評價，對我而言，也是值得紀念的一句話。

原本「天線」也曾經向我說過，你阿兄眞是死腦筋。和育霖兄相比之下，我比較有彈性，但這也意味著我的意志薄弱，缺乏鬥志與毅力，具妥協性。育霖兄對法律有興趣，並將此做爲一生的工作，我則不擅長法律，而有志於文學。我們兩人的人生，以在高校時代的人格形成期爲分界，逐漸分道揚鑣。

塩見老師是一個非常有個性的老師。他討厭納粹主義者，爲此，教德語的瀧澤老師班上的納粹主義學生痛恨他。班上的某位也是納粹份子之一，曾經批評塩見老師上課無聊，偷偷在底下讀自己的書，有一次被抓到，被扭著手臂拉到外頭去。

塩見老師還曾經批判總督府推行皇民化運動的愚笨，同情本島人。

有一次我前往老師家拜訪，他卻說今天很忙，吃了閉門羹。我心中忿恨不平，兩三天後，老師前來我寄宿的地方，說：「王，很抱歉，能不能向你借歷史筆記？」老師自己的課卻向學生借筆記，令人覺得很有意思。

島田謹二老師赴任台北帝大前，曾在台北高校教書。老師的英語課與其說是教英語，不如說是藝術鑑賞。老師在講課時，總是自我陶醉似地樂在其中。考試的時候，有學生詢問試題的意思，讓他動火，他粗暴地回答那是常識，大家只好互相看來看去，在底下竊笑。

我對教德文的瀧澤老師非常吃不消。他使用希特勒的演說集當教科書，動不動就稱讚德國世界。由於受到他的影響，納粹主義者輩出。這些納粹主義者攻擊自由主義的老師。瀧澤老師似乎把我當成眼中釘，上課時故意找我麻煩。

有一次在其他科目考試時，瀧澤老師正好監考，也不知道他想到甚麼，突然在大家面前說道：「王，你的德文可是不合格！」雖然我是死讀書，但自信可以合格，乍聽到那樣的話，腦中一片空白，考試科目也考得亂七八糟。

我心中非常不滿，追著他到教員室。

「老師，我本身可是抱著德語合格的決心，請您重新閱卷！」

「是嗎？如果眞是這樣，那麼讓你看看考卷吧。」

那份不合格的考卷並不是我的。

「啊，眞是失禮。」

「只是一句失禮不能了事。請您在大家面前更正！」

當時的我與老師們的關係就是這種調調。

育霖兄結婚

高校二年時，育霖兄回台相親。儘管知道那是無理的要求，我對於育霖兄結婚一事，還是打從心底反對。爲甚麼反對育霖兄結婚呢？那是因爲到目前爲止，育霖兄最愛的人是我，如果他一旦結了婚，嫂子將奪走他對我的愛，我再也無法占據育霖兄的心。

媒人提了幾件親事，從這當中挑選了條件比較好的。一旦正式相親後又予以拒絕的話，也不太好，因此在事前有所謂的非公式鑑定，由媒人將對方小姐帶出來。

地點在「林百貨店」對面的大雜貨店，對方小姐正在買東西時，我們也裝作碰巧前往；我也跟著育霖兄一起去。

「阿德，可不許做出古怪的行動！」出門前，育霖兄對我提醒。

「我很清楚啦！我也幫你好好鑑定一下，這樣阿兄也比較放心吧。」

就這樣出門了。對方小姐打扮得非常漂亮，在店裡頭這個那個的假裝挑選東西。媒人則在店頭頻頻用手指點。我們從「林百貨店」橫越馬路。育霖兄沒有勇氣踏進店面，在店前來來回回。我則以第三者的立場，莽莽撞撞的就進到店裡，來到對方小姐的身旁，從前面打量一番，又從後面打量一番。育霖兄則從外面頻頻揮手，暗示我不可以做出那樣無禮的舉動。

哪知我拿起了陳列的金屬盆，打算看一下時，一失手，盆子掉落在地上，發出卡鏘卡鏘的大聲響。就在這樣慌慌張張的鑑定下，育霖兄決定了婚事。他之所以急著下決定，或許因為焦急著必須早日返回內地，但是我卻覺得結婚應該是更羅曼蒂克的，因此，我無法接受這樣的方式。

兄嫂叫陳仙槎，住在台南州的官田，是人稱「官田陳」的世家的小姐。

大東亞戰爭爆發

我二年級時，大東亞戰爭開戰了。這給台灣帶來了劃時代的變化。

從十一月左右開始，整個市內充滿緊張氣氛。卡車從市內通過，上面滿載著頭戴帽子、背負背包全副武裝的士兵。戰車一輛又一輛轟隆隆地開過。空中則有組隊的飛機飛行著。

十二月十八日，我們在御成町集合，出發前往台灣神社，祈求戰勝。夏威夷的突襲、馬來半島的登陸作戰都成功，另外也從南部的飛機場進行對菲律賓的空襲，但身在台北，一點都不清楚這些事情。

當時我只是直覺感到，不管好壞，台灣的命運正處在轉捩點。

升上三年級後的某一天，我悄悄集合本島人，這不像以往光明正大的野餐式的本島人集會，而是透過私底下口傳，在學校後一處本島人寄宿的類似宿舍的地方聚會。

我也邀約邱炳南君，但他說對這樣的事沒興趣，拒絕了。他似乎受到姐姐素娥的強烈影響，對內地有很深的憧憬。

這次本島人集會以三年級爲主，大約有二十人，多是理工科系的，對於他們頻頻吐露的反日言論，我感到非常吃驚。當時我還沒有反日思想。當然，在台南一中受到那麼淒慘的欺負，我不可能一點都沒有反日想法，但對於特定的日本人，我雖然曾經有過恨意，來到台北高校後，除了瀧澤老師之外，其他老師我都很喜歡；而內地人的朋友，在我所知範圍內，也沒有像台南一中那樣莫名其妙的。不過，對於總督府推行的皇民化運動，我當然非常反感。

所謂皇民化運動，就是把本島人宗教信仰的寺廟說成是迷信的巢窟，把神像全部毀壞，代之以奉祀天照大神的神符。總督府當局也強制改姓名。我家曾商量如果被強制的話，該怎麼辦才好，由於王姓本來來自太原，就商量不如改成太原。如果不改姓名的話，不僅難以就職，無法入學，在食糧等配給方面也處於不利狀態。

配給上，內地人與本島人之間有所差異。例如砂糖配給，內地人家庭爲白糖，本島人家庭是粗糖。本島人當中，若是「國語」家庭，則享受和內地人同樣的待遇。

「鄰組」（tonarigumi，戰時中日本爲統制國民而成立的組織，以數戶爲一單位，進行糧食配給與互助）制度也被強化，這是類似愛國婦人會的組織，動員在防空演習與防火訓練等方面。

我和其他本島人一樣，認爲這些做法在表面上雖然一視同仁，背後卻有著強烈的民族偏見，因而感到不平與不滿，儘管如此，也不懂得如何反抗。

甚至也有一種說法：「如果日本的力量仍然強大的話，反抗也是沒有用的，這時候，還不如乾脆努力當個眞正的日本人，這不也是台灣人生存的一條路嗎？」

這次本島人聚會當中，理工科系的那些人拚命批評日本人做法太過毒辣陰險，聽到這裡，我開口問道：「那麼，應該怎麼辦呢？」

「總之，我可不想和那些臭狗仔（chhàu-kaú-á，日本人）成爲一夥。至於應該怎麼做才好，老實說，我也不知道。」

結果，激烈的討論下也無法歸納意見，只有按照各自相信的方式走下去。

受邀到總督府

我高校三年級那年春天，有一件事情使我終生難忘。當時，台灣總督長谷川清大將邀請我們到其官邸講話，而且特別邀請我們台北高校三年文甲班的學生。

台灣總督權力極大，相當於日本的首相，因此邀請學生到官邸，可說是極爲愼重的事例。爲此，我們十分緊張。我平常不打綁腿，這次打上綁腿依時報到。

長谷川總督這樣說道：

「哪天你們可能上戰場打仗，但絕不可輕忽自己的性命，因爲你們將來都是爲社會做出貢獻的人才。」

那時我認爲，長谷川總督不只對內地人抱以殷切期待，對於我們台灣學生同樣有著很高的期待，因此我甚爲激動。參訪的同學們都是情緒高昂從官邸返回家裡的。

我從朋友那裡得知，自長谷川總督赴任以來，他取消內地人和（台灣）本島人的公務員的薪資差異，全部一律平等對待。我鼓勵自己和立下目標，將來成爲有用之人，爲建設台灣社會做出貢獻。

第六章

東京帝國大學

高校提前畢業

我們提早半年於昭和十七年（一九四二年）畢業。若是要到內地大學參加考試的，不必出席畢業典禮，八月時就搭船前往內地。這次我搭的是「伏見丸」，是歐洲航路的客貨船。因為基隆神戶間四天三夜內台航線的一萬噸定期船全都被徵調了，不得不搭乘像「伏見丸」這種不定期航線的船。不過，三等艙是床鋪式，待遇不算壞。參加考試的全都搭乘同一條船。邱君也同船。船中，我和另一位同屆的岡島一起。岡島是柔道三段，個子高大，如果有萬一時，看起來非常可靠。

船行一星期左右，進入名古屋港。途中曾經穿戴救生衣進行避難訓練，但幸虧一路平安無事。九月中旬的考試，岡島報考東大第一工學部，我則選擇東大經濟學部。我與他一起前往東大觀看考場，回程時，我在神田站早一步搭上電車，他則錯過電車。隔天碰面時，他笑笑說道：「總感覺你會考上，我會落榜。」但實際上卻正好相反。他考上了，我卻落榜。

然而，不得不感嘆造化弄人。昭和十八年（一九四三年）春天，他邀約我「回台灣看看吧」。當時我正是浪人身份（重考生），哪有甚麼臉回去見父母？當場就拒絕了。他再三企圖說服我，我仍然拒絕，他則與叔父夫婦一起搭上「高千穗丸」。

這條「高千穗丸」有不少台灣留學生搭乘，竟然在基隆外海受到美國潛水艇攻擊，眾人葬身海底，好漢岡島可惜地也在這裡送命。

昭和十七年（一九四二年）秋天，我報考東大經濟學部落榜，原因在於英語不合格。東大法學部、經濟學部的競爭率雖然是二分之一，被認爲沒甚麼大不了的，但有一高、三高這些對手，對地方性高校生很不利。所以，台北高校畢業生大都前往京都帝國大學，而且都能順利考取。

我們這一屆時，政府當局的方針是消除白線浪人（高校畢業重考生），只要想進的話，就算醫學部也可以進得去。文甲的五位同伴全都進了醫學部。我的目標只有東大，我總覺得不喜歡法律，所以選擇經濟學部，但我一點也沒有學經濟可以賺大錢的想法。如同往後的人生所明白顯示的，對於賺錢一途，我是沒有甚麼緣分、也沒有興趣的人吧。至於經濟學部畢業後打算進入哪一行，我也沒有打算，一切只因經濟學部容易得到父親理解，父親是將經濟學部與賺錢直接聯想在一起的。我的想法則是，經濟學部與法學部同樣都是實學，動機只是如此。

當時育霖兄已經東大法學部三年級，如果我合格的話，起碼也可以有一年時間共同穿越「赤門」（Akamon，東京大學的象徵）。我非常想和育霖兄共同過日子。

邱君也報考經濟學部，我落榜，他卻上榜了。郭德焜也是經濟學部的學長，他說：「王的腦筋不好啊。」

我開始了灰色的浪人生活。父親原本答應每月寄來一二〇圓生活費，但落榜一事讓父親非常失望，勉勉強強承諾只供一年浪人所需。

我到育霖兄曾經在學的參宮橋（地名）「古谷英語補習學校」學習。這時，我們住在蒲田女塚（地名）錦香姐家中。二樓有一間六疊，樓下則有八疊、四疊半、三疊的房間，錦香姐夫婦和三個小孩住在八疊房間，四疊半則是女佣金定的房間兼食堂，三疊是姐夫的書房。

同一年春天，育霖兄從台灣帶了嫂嫂過來，在二樓六疊房間開始了拘束的新婚生活。我則在三疊的「應接間」（客室）過著狹隘拘謹的生活。由於居住問題以及嫂嫂存在，我第一次感覺到我們兄弟之間有了隔閡。

嫂嫂和錦香姐之間產生像婆媳間的複雜關係，或是不幫忙樓下家事，或是伙食費用分擔不公等等的背後壞話，讓我們聽了既困擾又非常不愉快。

姐夫家裡雖然有浴室，但沒有燃料，所以都利用附近的澡堂。浴室則變成男生的小便場，挑肥的也變得很少來。去澡堂時，我經常和育霖兄一起。嫂嫂在女湯，我們則在男湯這邊。想到感情再怎麼好的夫婦，也是沒有辦法一起去澡堂，我心裡感覺有些痛快。

有一次，育霖兄一邊泡澡，一邊說道：

「眞舒服啊！」

我馬上挖苦回道：

「這只是舒服事情的其中一項。」

育霖兄不由得噗嗤笑了出來：

「你這傢伙，眞臭屁。」

我也不由得落寞地笑了。

浪人生活

我就在蒲田家裡的這種情況下參加入學考試。榜單公佈當天，我和育霖兄兩人去看榜單。來在正門外，我停了下來，害怕看榜單的結果。育霖兄自己去看，如果上榜了，他會向我招手，我再去到正門內的銀杏樹下告示欄。

沒多久，育霖兄眼淚盈眶回到我這裡。我心中明白了。兩人一時之間默默無言地走到御茶水。

「阿德，你實在沒有甚麼運氣啊！我們兩人眞沒有緣分！」

「……」

「除了公學校之外，沒一次能在同一所學校一起唸書的。」眞的總是錯身而過。

「考得好不好，有時全靠運氣，沒有辦法的！再唸一年也不錯啊。」育霖兄說出這樣的話，還說浪人生活這裡好那裡好的。不消他說，這些我都清楚，我也不害怕浪人生活，反而是有些好奇，想知道是怎樣的一個狀況。

「問題是我們兩人的關係啊。」

「我也認爲這是重要的問題。」

「我認爲夫婦愛與兄弟愛並不矛盾。那是另外一個次元的愛情。我再怎麼樣疼愛仙槎（嫂嫂），對你的愛是不變的。你結婚後，一定就會明白。」

雖然在道理上我能夠理解，但如果沒有嫂子在的話，我們可以一起睡一起外出，只因爲嫂子在，我們之間像有一道屛風似的，這無法否認的。

「再沒多久，我們將搬出去，可能搬到公寓。」

「眞的嗎？那我可寂寞了。」

育霖兄夫婦一星期後搬到大井線沿線的公寓。那是因爲考慮盡量靠近蒲田，如此一來，我也容易前往。

每當我前往他們住處時，總看到育霖兄倚著柱子讀書。這時育霖兄正著手準備高等文官考試，當時他又有些肋膜炎癥狀，一方面特別注意身體狀況，一方面非常拚命地準備考試。如果在學中就能一舉通過高等文官考試的話，那就不會輸給姐夫杜新春了，這是育霖兄的自尊。

育霖兄夫婦搬到公寓，我則搬進他們的六疊房間。這時，我感覺到有微燒與虛汗，經醫生診斷爲肺門淋巴腺炎，也就是肺結核的初期。我頓時眼前漆黑一片，眞是陷入最惡劣的狀態。回顧過去，我覺得這一時期是人生最爲絕望的時期，浪人生活、與育霖兄錯身而過、肺病初期、然後是糧食的困窘……

度過了兩三個月的靜養生活，我自己買了一副碗筷交給女中金定。錦香姐想盡辦法讓我多吃一些營養的東西，但奶油、牛奶之類都不那麼簡單可以買到，姐夫他們一家也是苦於糧食不足。我的治療則是頂多每隔兩天到醫生那裡注射治結核病的藥，打針的劇烈疼痛，使我連哭也哭不出來。

昭和十八年（一九四三年）春天，育彬弟也來內地參加考試。沒有辦法之下，兩人同睡在二樓的六疊房間。由於育彬弟有鼻竇炎，鼾聲很大。我則是在療養中，勵行早睡早起的生活。原本我就有些神經質，身旁呼嚕呼嚕的打呼聲令我非常吃不消。實在一點也無法入睡時，我就把他搖醒，讓他張眼醒來，再趁此時趕緊入睡。但他卻爲了讓我無法搖他，把床鋪挪遠了。我也想出一個辦法，放了一個長量尺侍候。現在回想起來，眞是做了孩子氣的事。

東京帝大入學

昭和十八年（一九四三年）九月，我抱定就這麼一次的心情，幹勁十足地參加東大經濟學部考試，結果又是敗在英文一科。即使專程上了古谷英語補習學校也沒有效果。事到如今，也沒有再過浪人生活的勇氣了，只好放棄，選擇進入第二志願的文學部支那哲文學科就讀。

從結果來看，進入文學部支那哲文學科就讀一事，決定了我往後的命運。現在想起來，這條路似乎比較適合我本身的才能。如果進入經濟學部就讀的話，我到底會從事甚麼職業，過著甚麼樣的人生，簡直無法想像。

像邱君那樣的人生，不論我或誰都沒有辦法模仿，他的情況是特例吧。另外，學長的郭德焜的狀況又怎樣呢？有一傳聞是他戰後在合作金庫研究室工作，二二八時遭到通緝，有一段時間四處逃亡。

「天線」在上海的銀行工作，戰後撤回台灣，有一陣子開起地下錢莊，赫赫有名，但沒有多久就被揭發了。

而通過高等文官考試，就任京都地檢處檢察官，戰後回到台灣的育霖兄，在二二八時遭到暗殺。結果，台灣人由於日本戰敗，自己所掌握的命運全都被攪亂了，不管是東大、京大或私立大學畢業，也不論是法學部、經濟學部或文學部，都是同樣。大家全都推翻過去，重新出發。只有進入醫生這一行的，人生沒有斷層。也因此實證了殖民地的知識份子還是走上醫生這一行最爲有利。

我馬上就習慣文學部支那哲文學科研究室，意外的，還感到非常有趣，可能是和小時候的漢文學習有著相通的地方吧。小時候學習漢文時，雖然年紀小，不太懂事，但對於老師的隨便解釋也有著不滿與疑問。東大則傳授了深奧的意義，而豐富的藏書也滿足了我對中國的興趣，例如關公、猴齊天、鐵公雞、陳三五娘等等。另外，蔣介石、日本爲甚麼與中國開戰、毛澤東等等，也都能在這裡有所瞭解。

對於我不得不進入文學部支那哲文學科就讀一事，在外人眼中看來，總覺得非常同情。

勤勞奉仕、學生食堂

我的大學生活短暫而有些嘈雜不安。昭和十八年十月有學徒出陣（學生上戰場打仗）。十一月三日的前後一星期，在御殿場舉行一年級法學部、文學部、經濟學部的聯合野外演習。我會記住這個日期，是因爲當時舉行慶祝「明治節」，我們盛裝遙拜宮城，那是一個非常寒冷的日子。

由於是法、文、經聯合演習，本島人也聚會了，除了我與邱君之外，還有從都立高校來的林君及其他三四位。

翌一九四四年春天，在千葉縣有十天的「勤勞奉仕」（義務勞動）。還記得是幫忙收割落花生。

五月時，也到靜岡縣燒津進行半個月的勤勞奉仕。我們從後山砍了竹子，縱向砍成兩半，然後挖通竹節部分，將其連接成水管，埋到田地底下。我們分宿在佛寺裡，有農家的姑娘們幫我們洗衣服、掃地、煮飯等，照顧我們的生活起居。姑娘們知道我們是東大的大學生，都對我們有著嚮往，並親切對待。

佛寺的和尚說，中國人一定寫得一手好字，因此要我揮毫，我慌張地拒絕。

在這裡與在千葉不同，受到了很好的待遇。一天有五頓飯。飯是白皙皙的米飯，任你吃到飽。另外這裡是橘子產地，橘子也是隨便我們吃，吃到令人感覺整個身體也都幾乎染成橙黃色了。

我們接受村人們的餞別後回到東京。臨行前，我給京都的育霖兄與蒲田的錦香姐分別寄了一箱柳橙。這是因爲運輸時間久，柳橙才能保新鮮。我們在各自的背包中塞了滿滿的橘子。火車快抵達東京站時，朋友中的一位開玩笑說道：

「抵達東京車站時，啪一聲扔出去吧，看看別人搶著撿的樣子，可不是挺有趣的嗎？」

當時的糧食問題的確非常緊迫。

這時期，父親寄來的生活費用仍是每月一百二十圓，生活非常艱苦。我換來外用券，在外頭吃飯，但一頓份量根本吃不飽。中餐主要利用第二食堂，這裡的話還有白米飯，菜色中有時還有鯨魚排，評價還不錯。

第二堂課的講課眞是讓人提心吊膽，即使老師準十二點鐘下課，下課後急忙趕到第一或第二食堂都來不及，因爲早已排了長長一列，即使專程排隊，也可能碰上掛起「賣完」的牌子。因此比較機靈的老師大約在十一點四十五分左右就下課。後來，我索性不去上第二堂的課，逕到食堂讀書待機。

這時候經常與邱君碰頭。排隊情景非常有趣，若太早就在點菜地方排隊，顯得貪得無饜，總有些不好意思。大家都在點菜入口附近的桌子，裝作若無其事地看書或讀報，但一到二十或十五分鐘前，氣氛就開始緊張了，有一個人出來，一瞬間就出現一條長龍。邱君總是把時間抓得恰好，只要盯住他的舉動，大概都不會有差錯。行列前頭的人吃完一人份後，重新排一次，再吃一人份。也有人拿著便當盒排隊，但總遭到眾人白眼。

若是使用兩份券，顯然的，月中就會無法度日。但因爲能夠買到外食券，就不用擔心。外食券的買賣通常都利用學生告示板。我家裡大概會寄來砂糖或糖球，便以此進行以物易物，換來米豆或外食券。但往往有信告知已經寄來東西，卻經常都收不到。

倉石老師的風骨

除了糧食困難的問題外，日本友人們的所謂學徒出陣情況越來越多，大學裡也顯得冷清多了。我這一年運氣很好，上一屆的朝鮮人、台灣人碰到志願兵制度實施，不論願意與否，都被迫送入軍隊。朝鮮學生中還有勇敢地頂嘴說出，既然是志願兵，就應當有志願、不志願的自由，但台灣人卻都非常聽話，沒聽說過有人反抗。

比我小一年的育彬弟，由於徵兵制實行，被送入軍隊。這尚且還是台灣人的情況，若是日本人，從一開始就決定了命運。一天一天地，朋友越來越少了。學校的銅像、暖氣設備、鐵柵等等，由於金屬供給，全遭到拆除，使得暖氣的供應受影響甚大，廣闊的教室冷得無法順利上課。

儘管如此，我還是盡可能去上課，也借書來讀。對於現代文學與國民黨的相關書籍，我感到有興趣。當時學科的主任教授是高田眞治，倉石武四郎老師兼職東大與京大。其他陣容有竹田優副教授、服部助教授、哲學助教小野寺、文學助教內田道夫。

中國語則有魚返善雄、曹欽源、吳造環三位老師。現在我教授中國語的基礎就是在東大修得的。曹欽源老師是台灣人，講課時通常只兩三人，有一天只有我和老師，剛開始三十分鐘，他可能考慮晚到的學生，仍然像往常一樣，在講台上大聲講課，但感到似乎沒有其他人會出席了，老師來到我桌子旁邊，夾雜台語，變成個人教學。由於日本人不太能夠分辨北京話韻尾的n與ng，因此他用以日本人爲對象的教法，對我而言有點沒有效率，而且重點也有些不同。這一天曹老師爲我講解台灣話與北京話的相異之處，我有了數個小時的進步。

倉石先生以《閱微草堂筆記》（清代小說）爲教科書。有一次他突然要我用北京話唸出，我大吃一驚。一方面因爲我才剛學習北京話，要用北京話讀出艱難的教科書，有些勉強，而且這堂課本來就是以高年級生爲主體的討論課，我是在情況不明之下混進來的。

我交到一位叫岡村的友人，他曾考入法學部，但又再考進文學部重讀，是一個怪人。他太太長得非常漂亮。他們住在代代木的大山豪宅，據說他是入贅。我曾經帶著砂糖拜訪過他們家兩三次。在這裡，我第一次看到上流日本人的純日本式生活。

受他所誘，有一回我到鶯谷旅館拜訪倉石老師。我在燈火管制下的黑暗道路邊走邊找，終於找到。老師在這個時候過著旅館生活。還記得稍微談了我的成長過程後，老師跟我說了魯迅的事。另外印象深刻的是，軍方拜託老師做對重慶的廣播，但他說他無法做出這種擔任戰爭前鋒的事，予以拒絕。當時我非常感動，覺得東大眞是有偉大的老師。被軍方拜託進行對重慶的廣播，絕對會被認爲是名譽之事，那需要有多大的勇氣才能予以拒絕啊。戰後，我亡命到日本，受到倉石老師各方面的照顧。

在蒲田時，育霖兄讀了《The Current of the World》，向我講述了俄軍在Stalingrad（史達林格勒）大敗德國軍隊的情形。日本報紙對於這些事情的報導向來都是吞吞吐吐，不乾不脆。

昭和十九年（一九四四年）二月，特魯克島（密克羅尼西亞群島，當時爲日本信託統治下）大空襲，我們深感到日本的危險已經迫在眉梢。這時父親的生活費郵寄也逐漸不順利，父親寄送時都是兩三個月份一起寄來，由於需要購買黑市物資的關係，根本無法撐那麼久。

「疏開」回台灣

在燒津的勤勞奉仕之後，我拜訪住在京都的育霖兄。

當時育霖兄在清水寺上坡地租了房子，育霖兄的健康雖然回復了，但這一次換成嫂嫂有些吃不消了，費工夫從台灣帶來了一位女中，但在這裡，糧食問題也非常迫切。

我白天到京都地檢處拜訪育霖兄時，育霖兄在京都地方裁判所的食堂請我吃有白米飯的便當，小聲笑著說：

「這其實也是違反法令的。」

隔天，他又邀約了兩位地檢處友人，去到琵琶湖吃鴨料理。無論甚麼時候，育霖兄對我的關愛總是讓我深深感動。我這時候已經不像之前那樣的鬧脾氣。

這一回的京都之行，我們商量了重大事情。當時我們的看法是，日本會輸掉這場戰爭，特魯克島是南洋群島中最重要的基地，既然這裡都已經遭受到嚴重空襲，那麼無異於日本東邊的防線已經崩潰，沒多久，美國空軍將會對日本內地展開全面襲擊，如此一來，內地將陷入大混亂。

這時最不安的是遠離故鄉、無親無友、依靠著生活費過日子的留學生。由於糧食狀況極度惡化，即使要買黑市也沒有門路，大部分生活費都花在三餐上，還是沒吃飽，這樣的話，也失去留學的意義。大學教授也逐漸失去教學熱忱，因爲他們也同樣在生活上受到威脅。

以我的情形來看，昭和十九年（一九四四年）秋天好不容易才完成一年留學生活，不得不懷疑剩下的一年半到兩年是否能夠順利完成。

此時，對於一年的浪人生活，我感到後悔。如果能在昭和十七年（一九四二年）十月就入學的話，十九年已經是二年級，再加油個半年或一年，要想畢業並不是不可能。

這一年的浪人生活，使我的命運朝向完全的不同方向發展。

我和育霖兄最擔心的是空襲的混亂中，是否會再發生像關東大地震時的朝鮮人虐殺事件。雖然我們知道同樣都是留學生，內地人對台灣人比對朝鮮人有好感，但在一旦萬一的情況下，失去理性的群眾還能分辨出台灣人和朝鮮人嗎？我們除了有死於空襲的危險之外，也有死於混亂的可能性。

結論是我們要將危險性一分為二，兩人當中，一人回台，一人留在內地，剛好父親催促回鄉的訊息抵達，我心中充滿了既然要死就死在故鄉的悲壯感，且由於育霖兄已經在京都地檢處工作，因此回台的，當然是我。

我是在抵達基隆時，才首次知道諾曼地登陸作戰。由此推算，我離開日本應該是在六月初。我向蒲田的錦香姐夫婦告別後，千辛萬苦買了到門司的車票。行李共三個，一個背包背在肩上，兩手提竹子行囊與皮箱。棉被、桌子之類留給育彬弟，能帶的，全都塞到裡頭。離開東京時，我給育霖兄打了電報，告知希望能在京都車站碰一面，另外還打一封給神戶的錦碧姐。

晚上離開東京車站，隔天早上在京都車站停留三分鐘。我在月台中伸出身子找尋育霖兄的蹤影，但沒有找到，感到非常失望。接下來只能寄望神戶的錦碧姐了。

神戶的停靠站一般指的是「三宮站」，但在這裡也沒有看到錦碧姐的蹤影，正覺得怎麼又是這樣時，抵達了神戶站，終於看到了錦碧姐與姐夫東興。

「你寫著神戶，到底是指三宮站還是神戶站，我們有點猶豫，不過幸好碰面了。」姐夫說道。錦碧姐流著淚說：「希望你平安無事。振作一點！」

姐夫給了我一包香蕉乾餞別。曾經氾濫內地的台灣香蕉，現在如果不是製乾的方式便無法進入內地，而香蕉乾也成貴重物資，我感動得哭泣。

「見到阿霖了嗎？」錦碧姐問道。

「不知道爲甚麼沒有來京都車站。」

「奇怪呀！」

就在這當時，出發的鈴聲響起。大約在火車通過廣島一帶時，車掌拿來電報，一看，是來自京都的。

「對不起！晚了五分。搭乘稍後的火車。在門司見。霖。」

育霖兄追到門司的愛，使我深深感動。到這時爲止，長期以來懷抱的不信感與鬱悶一掃而空。

然而，既不知道旅館，也不知道船的名稱，在門司怎麼碰面呢？當晚很晚才抵達門司，找在站前旅館度過不安與期待的一夜。門司是七年前第一次內地旅行時，與育霖兄搭乘電車有過失敗經驗的那個市街，非常懷念。但在燈火管制下，現在的市街充滿失去光明的寂寞。

隔天早上來到「台中丸」乘客集合地點的岩壁地方，正準備搭乘駁船時，見到育霖兄跑向前來，我不知道育霖兄是如何費盡苦心才找到了這個集合地點，我再回到岩壁，交談一陣子後，船員一再催促，不得不回到駁船。

「阿德，我還以爲這輩子大概都見不了面了。昨天早上很早就醒過來，想著還早，就又睡著了，結果趕到車站時，火車已經出發五分鐘。由於我的不小心，使我有不祥預感，認爲再也見不到你，心中非常難受，就追到這裡了。前往門司的火車中，途中也一直想著眞是對你不住。」

「甚麼一輩子也見不了面，這太誇張了，人哪有那麼容易就死呢？」

「或許眞是這樣吧，若死了，就枉費阿江爲我們早死。你要振作起來。無論甚麼時候，都有阿兄在。」

「嗯，那麼我去了。」

「這個柴魚乾你拿著，即使在海中也不會溶化，咬一口可以稍微充腹。」育霖兄給了我一條柴魚乾當做隨身糧食。

駁船離開岩壁。我們哭了出來，在我霧茫茫的鏡片後，育霖兄抖動肩膀哭泣的身影逐漸變遠、模糊。

跨越黃海「死線」

當時要購買前往台灣的船票已越來越困難，我的船票也是透過別人的門路好不容易才買到手的。幫我忙的人還故意打趣囑咐，如果碰到甚麼萬一，可別記恨在他頭上。

那眞是賭上生命的海航。想起七年前搭乘「朝日丸」來、「富士丸」回的舒適內台航路，眞令人懷念。兩年前搭乘「伏見丸」來時，就已經有某種程度的危險，且這還是「伏見丸」單獨一艘的悠悠航程。

這次的船叫「台中丸」，雖然取了一個和台灣有關的名稱，卻是不足兩千噸的小船，船齡據說三十年。當時沒有辦法一艘單獨航行，必須組船隊。船隊全部有十三艘，左右各有一艘驅逐艦護衛。船隊當中，「台中丸」算是小號，體型小，速度卻很快，因此據說還算頂好的。船尾有著發射爆雷（投到水中一定深度時就會爆炸的炸彈，攻擊潛水艇用）的簡單設備。爆雷像汽油罐的形狀，五個一列，因此有十名水兵一起搭船。我們在門司待機約兩天。如果這樣，我和育霖兄本還可以好好聚聚的，我不禁感到生氣，想到分手後育霖兄還要一個人頹喪地回到京都，心中無比難受。

包括我在內，「台中丸」有二十名左右的乘客，幾乎都是台灣留學生，還有兩三名生意人。當中混有一名琉球姑娘，她是萬綠叢中一點紅，吸引眾人注目。

等到萬事齊備，終於出航。一出發，馬上實施避難訓練，每人分配到各自的救生衣，提醒我們晚上睡覺時也不能離手。如果一聽到躲避的號令，要馬上跑到「上甲板」，在被分配的救生船旁邊整隊，救生船足夠乘客人數使用，要我們不用擔心。

傍晚時分，船隊沿著九州西岸南下。接下來要通過沖繩列島前往基隆，也就是南路路線。但當晚夜深時，船隊停留在海上，似乎已經發現美國潛水艇。

隔天早上沿著來程折回，放棄南路，改成沿朝鮮半島西岸北上，渡過黃海，沿著大陸沿岸南下，也就是西路路線。

到這時候，眾人心中充滿不安，當眞能平安抵達台灣嗎？我則在心中暗暗祈求亡母保佑，一想起母親，心中頓時湧起自信：我才不會這麼簡單就死呢！

第三天將橫渡黃海，據說這是本次航海中最危險的航段。晚上，船突然停止，附近傳來爆炸聲，警鈴喧囂地響起，然後，砰砰地在船尾投下爆雷，爆炸聲音持續響了有好幾發。似乎每艘船都有同樣舉動。我們被關閉在船艙裡，神色不安地聽著爆炸聲響。每當爆雷投下爆炸時，船身就大幅晃動，連燈光也消失了。這狀態不知持續了多久，終於又回到原先的寂靜。

正期待著應該前進了吧，但一點也沒有前進的樣子，在甲板上跑來跑去的腳步聲反而更吵雜，似乎還有人在大聲叫嚷。過了一會，發出了躲避命令，我們在一點都摸不著頭緒的狀況下，拎著行李爬上上甲板。

船員說明：「船隊剛才受到敵人潛水艇攻擊，大家應該都心裡有數吧。幸運的，我方在沒有任何損害下，擊退了敵方潛水艇。」

「太好了！」有人開口。

「但我們投下的一顆爆雷在附近爆炸，船舵受到波及。不用擔心，現在已經開始修理。但船隊沒有辦法等待本船修理，若在這裡手忙腳亂，反而會遭到敵人襲擊。因此船隊將先走一步，本船則等待修理完畢再趕上。這之間有些危險，因此請大家在甲板上待機，完畢。」

就算發牢騷也沒有用，大家一副死心的表情，在甲板上坐下來。幸好風沒有那麼冷，等待當中，天亮了，四周的海面上沒有一艘船隻蹤影；西邊遠方有薄煙。這種不安，無法形容，我有點半死心的，想著大概會遭受攻擊吧。

幸好，修理在中午結束，「台中丸」燃起黑煙開始前進，眾人終於鬆一口氣地發出嘆息聲。我們被告知可以下到船室，一個接一個下去，我也累得倒頭便睡。

隔天傍晚，我們趕上船隊。海水顏色逐漸產生變化，變成黃色混濁起來，我心想已是來到大陸沿岸。船隊更進一步向大陸靠近，可以更清楚看到大陸的山脈。我心中充滿著難以表達的感動，一直站在甲板看著景色。

最後一天是第二處危險地，就是從大陸沿岸向東橫渡台灣海峽到達基隆的路線。我們又被命令採取待機，幸而沒有甚麼大不了，船隊平安抵達基隆。

這是我有生以來第一次跨越了生死關頭。

第七章

終戰

任職嘉義市役所

在寬闊的台南家中，歡迎我回來的，僅有父親一人。但是對我近兩年的留學生活半途而廢，又沒有獲得任何頭銜，他似乎感到非常失望。可是我卻面臨必須馬上用錢，因為總不能一直穿著學生服吧，乃要求做了兩套國民服，另外也不得不向父親伸手要零用錢。

家裡也沒有做半件像樣的生意。隨著戰爭轉趨激烈，統制越來越強化，雖然有所謂的組合（工會），但重要職位幾乎都被內地人所佔。曾經極其熱鬧又充滿活力的寬敞店鋪，現在也只能租給甚麼洋服組合當事務所。

返鄉後不久，我做了兩趟旅行。一次是到台北，因爲台南市就像一個死城，爲了追求刺激，我到台北去走走。戰時的台北，大棟建築物都被加上迷彩，失去往昔的壯麗。去到高等學校看看，這裡也是同樣，原本象徵自由主義的三層建築的紅磚校舍被塗上了黑黝黝的油漆；學弟中沒有一位認識的，令我失望；塩見老師也被徵調到軍隊，不在學校。我在失望之下回到台南。

另外一次是到佳里這個鄉下地方過了一夜。我在「台中丸」上認識了一位生意人，要我一定抽空去找他，於是搭乘巴士前往看看。或許是一起闖過鬼門關的特殊情誼吧，我受到了極盛大的款待。當晚他招待我到妓院，由於是第一次經驗，我感到害羞，一直抖個不停，予以拒絕，可是他一再邀約，我想也不好壞了對方興頭，就答應同行。

他爲我叫了一名年約十七、八歲的女子，將我硬推入房間。女子手腳俐落，很快脫起洋裝，接著脫下短褲，在狹窄昏暗的房間中橫躺下來。堅硬的木板上僅鋪有一張草蓆，她將頭放在竹枕上，然後示意我，請吧。

但總沒有那種氣氛，我一點也沒有興致。不安與害羞使我情緒僵硬。她換以溫柔態度催促我，看我還是慢吞吞的，開口說道：

「不管你玩不玩，一旦你進到房間，可都是要付錢的。」

「嗯，錢的話，一定會給。你看！」我拿出五元塞在她手上，又吞了口水，說：「但是，我不玩的。」

「眞是奇怪的客人！你這種人，我還是第一次碰到。不中意我的甚麼地方啊？」

她坐了起來，想用手撫摸我的身體。我慌了起來：

「即使我說了，你能夠瞭解嗎？我還是處男！我希望結婚時娶個處女，但如果我自己先失去童貞的話，那不是過意不去嗎？因此，請妳諒解！」

這是眞正發生的事，一點兒都不是編造的，當時的我還保有這種純眞。但我爲了不傷她的自尊心，同時也爲了滿足自己的好奇心，我從衣服外頭對她愛撫，以此了事。

朋友大約也在同時走了出來：

「怎麼樣？服務還好嗎？」

「嗯，非常好。」我們出到外頭。

當天晚上，在他家住宿一夜，隔天踏上歸途。

若我一直如此賦閑在家的話，不知道甚麼時候會被徵調去當兵。父親爲此擔心，幫忙探問有沒有甚麼好的工作機會。就這樣每天過著心神不定的生活時，台南遭受了大空襲。大概就是「台灣沖航空戰」（Taiwan oki koukusen）一役，接下來的一連串空襲使市民們一下子之間完全喪失鎮靜，動搖起來。

現在看看當時的日誌：

十月十日　　台灣沖航空戰，美國攻擊沖繩。

十月二十日　　美軍主力開始登陸伊地島（菲律賓）激戰。

十月二十四日　　菲律賓沖海戰。

十月二十五日　　第一批神風特攻隊出擊，聯合艦隊事實上消滅。

市民們慌張地疏散避難。我家也避難到台南市北邊的善化。原先是要避難到南邊法華寺一帶，由於離台南機場近，寺院庭院裡也築起高射炮陣地，因而變更當初計劃。

家中交由任職台南州廳皇民奉公會的育森兄負責，父親往來於疏散地與家中之間，育森兄的家人則和娘家人一起疏散到西港地方。

錦珪姐的一位親戚陳金煌在嘉義市役所庶務課人事股工作，靠著這份關係，我到嘉義市役所庶務課任職。任職令始於一九四四年十一月三日，月薪六十七圓五十錢，工作屬於文書股，負責共濟組合（互助工會之類）的相關事務。

父親帶我到和他有生意往來的嘉義市賴姓老朋友家中，讓我在那裡寄宿，房間六疊大，附帶三餐，每月四十四圓。

《陳夫人》一家

我自六月上旬返鄉以來，到十一月在嘉義市任職爲止，大談了一場戀愛。事情開端如下。

我前往親戚黃家做返鄉拜訪，在向伯父母兩人問候後，其長男黃景春住所和主屋不同棟，我也前往問候。景春的長女惠美與我在東京即相識，在那裡得以和惠美重逢。我在東京時，惠美就讀於青山學院大學。她是一位嘴唇豐滿，也就是現在所謂體態豐盈嬌嬈型的可愛大姑娘。我喜歡上她。

黃景春在文化協會時代似乎相當活躍，爲了普及羅馬字，有兩三冊著書。他是出身慶應大學理財學部的知識份子，優雅而富幽默。夫人芳子即是庄司總一《陳夫人》中的主角，是典型的日本賢妻良母。

庄司總一是台南市西門町博愛醫院的後代。對於近鄰能產生一位受到日本文壇承認的作家，我覺得非常光榮。

東京的文學座將《陳夫人》搬上舞臺演出時，在東大留學中的育霖兄來信說他被委託做舞台考證，託此次的福，得以熟悉許多與新劇相關的人士；同時還附上紀念照片，讓我羨慕不已。《陳夫人》劇的戲劇指導是久保田萬太郎；演員有：杉村春子（飾陳夫人），森雅之（飾陳清夫）等等。

《陳夫人》的主人翁確有其人，但是有關戀慕丈夫的弟弟、或是婆媳磨擦等情節則是虛構的。我也認識景春的弟弟們，他們全都娶了賢慧的太太，各自有著圓滿的家庭，本人們也都非常紳士。

最歡迎我的是芳子夫人。

當時惠美任職於大正公園旁的測候所，每當路過測候所前，我總是心頭怦怦跳，期待著她剛好走出來。無論如何我總想再見惠美，費盡苦心地找藉口。我想出來的辦法是向景春氏借書來讀，如此，借書一趟，還書一趟，就有藉口常到她家了。也託這個福，我讀了相當多的書，如《宮本武藏》、《太閤記》、《列寧傳》、《大飯店》等等。

黃家充滿文化氣息，景春兄經常都是幽默感十足，我非常喜歡他這一點。芳子夫人更是理想中的日本女性，我覺得將這個人稱爲母親，再適合不過了。惠美也具有知識份子的氣息，長相可愛，體格又好。這麼理想的對象，我覺得再也找不到。

但是其中問題也不少。

其一，黃家信基督教，王家則信佛教。在台南雖然不像越南那般，但基督教徒與佛教徒之間也處得不怎麼好，何況王家還是法華寺的頭號施主。

其二，親戚之間的排行順序無法順利調整。惠美和我相當於叔父與姪女的關係，親戚間不同世代的通婚，對於封建殘渣仍多數殘留的台南市舊家族而言，不能不說相當於革命性的變動。

但這些事，我一點都不在意。

或許是惠美留在台南的關係，我在嘉義市役所的生活，是乏味而無趣的連續。我每天製作共濟組合的名簿，或開婚喪喜慶支出傳票之類的工作，都是單調至極又沒有太大意義的工作。月底的一週左右比較繁忙，剩下的只要整理整理申請書就可以了。一有空閑，我就攤開從圖書館借來的書閱讀。一個上班階級這麼做，似乎不太好。我的隔鄰就是股長的位子，他是年約五十的肥胖男子，只有小學畢業，如果市長、副市長沒有傳喚的話，他大概也都是看看報、喝喝茶，但我看書時，他總一直瞪著我看。陳桑很擅長討好上司，股長在時，他總是一副忙著寫東寫西的樣子。

文書股除了我們三位之外，還有市長、副市長的專屬司機兩人，各課長用的司機一名，另外還有傳送文書的男孩兩人，打字、刻鋼板的女孩三人，全都擠在這個小房間。

陳桑外號「冷笑陳」，他對上司百般點頭哈腰，可是對股員們與其他課的本島人則擺出一副臭架子。由於我是靠陳桑的關係進來的，股裡的人認定我和陳同派，但我的天性原就是直說主義型——好就說好、不好就說不好，加上我又去過東大，馬上就獲得人心。有兩名女職員對我頻頻示好，讓我困擾。其中一人甚至還請陳桑透過錦珪姐，讓媒人到家中來說親。

他們的想法是，既然在嘉義市役所工作，娶個娘家在嘉義的太太，總是比較方便。嘉義的寄宿生活也的確是夠受的。

昭和二十年（一九四五年）春天，嘉義市遭受猛烈空襲，從車站到市役所之間約一千五百公尺長的主要大道也燒毀，火勢來到我寄宿的南門町附近。

房東一家害怕極了，說他們將疏散到鄉下，並說房租費不用算了，若是我能留下來幫他們看家的話，那就非常感謝了。我答應了，但只待了一個晚上就怕得逃了出去。

因爲既斷電也斷水，廣大的占地空蕩蕩的，令人心中不安。我逃了出去，直奔市役所值夜室。值夜室變成每晚擠兩個人的狀態。分配值夜的是文書股，由於志願者很少，我習慣性地志願值夜。

值夜時經常被電話電報吵醒。一有空襲，市長副市長之類的大人物隨即趕來，接待他們時，經常滿頭大汗。

我大概過了一個月這種生活，心想再這樣下去，體力也支撐不了，因此轉到司機林桑家中借住。他的太太孩子避難去了，他一個人住。

我每個月去見避難中的惠美一次。惠美疏散到山區南化。為了到這裡，我先搭火車在新市下車，然後一路步行。我在背包中裝滿糖球，這是透過工作上的關係才買到的。從新市步行大約一個半小時抵達大潭。這裡是台南市的水源地，公學校時代曾經來過這裡遠足。從這裡到左鎮大約兩個小時。從左鎮直往東邊前進，就是玉井了。來到左鎮，在一間不乾淨的鄉下小店吃中飯，然後往南行。接下來的路段都是坡路。其中有一段名叫「摔死猴崎」（siak-sí-kâu-kīa），意思是這段坡路崎嶇險峻，連猴子都會摔跤。途中若遇驟雨，大概一個小時左右就會放晴。但我一心一意只想早點見到惠美，冒雨趕路。千辛萬苦終於抵達南化的時候，暮色已籠罩。

惠美面露訝異，接著沉下臉。她似乎不相信我能夠來到這裡，又似乎有些感到困擾。換句話說，她家疏散到南化避難，與在台南不同，大家過著不自由的生活。黃家的封建性和王家沒有太大差異。她是跟著祖母一起疏散來的，父母親則避難到新市地方的佃農家，因此她對祖母、叔父們與姐姐、孩子們總必須多所顧慮。

我被雨水淋溼，全身汗水污泥，一副悲慘可憐的落魄相，然而，我沒有顯露半點疲憊，傍晚時邀她外出散步，起先她一直都不答應，好不容易點頭說好時，卻還帶了叔父的小孩同行，讓我禁不住嘖嘖表示不滿。

南化是大正四年（一九一五年）西來庵事件的古戰場，余清芳、江定等反亂軍攻擊並消滅這裡的派出所。我們站在村庄角落的懸壁，東南邊聳立著一座小丘，聽說反亂軍就是從這裡進攻的。原本我們應當沈浸在懷古氣氛當中，可是惠美的態度令我感到失望、沮喪，也非常生氣。我打從老遠來會見戀人，對方卻只顧著周遭人的想法，不是過於見外了嗎？我專程前來的辛苦也變得沒有一點價值了。

激劇的空襲

昭和二十年（一九四五年），馬尼拉陷落，台灣全島籠罩著不安，擔心敵人接下來將會登陸台灣。空襲更加激烈，市內四處都遭殃。市區道路到處被挖成壕溝，有的地方深達三公尺左右。燈火管制的夜晚，一不注意，行人就會掉落下去。

我在星期日坐第一班火車從嘉義出發，在善化下車。從善化車站步行約二十分鐘，進入善化市街，父親和兩位母親疏散到這裡。附近非常髒亂。父親將紙幣整束捲在特製腰帶中，總是隨身攜帶。他看到我時，雖然顯得很高興，但也只是一霎時而已，父子兩人也沒有什麼特別可談的。阿母爲我包了土豆，我則照例給了一包糖球，然後帶上她爲我準備的便當，將行李分掛在兩肩，頭上戴著農夫的斗笠，腳上捲著腳布，於午前向著惠美所在的新市開始步行出發。

從善化到新市路程大約一個小時。路街兩側交錯地挖有防空壕，這些防空壕形狀類似捕捉章魚的陶罐。

我在嘉義的生活，唯一的活力來自惠美的情書。剛開始，她叫我讀有關「基督教的結婚觀」，並寄書來給我。她似乎有意要我改信基督教。正如前述，王家佛壇齊備，也是法華寺的頭號施主；但我什麼都不相信。爲了惠美，我也向她說過我對宗教有興趣，以往在辯論部曾經以「青年與宗教」爲題演說過，若說將來一定要有信仰的話，選擇基督教的可能性很高；不過，目前我只信仰女子的「媚教」與男子的「勇教」兩大宗教（日文原意爲：男要膽量，女要嬌），逗她大笑不停。

但是惠美的情書越來越少，終於再也沒有來信了。

在市役所，判任官以上的官僚都穿著「法被」（祭典中常見的日式短外衣，背後印有字號），夏天是白麻質地，冬天則是黑色「嗶嘰」（一種布料名稱）。「法被」在台灣等於是權勢與地位的象徵。

大家傳言從東大回來的我是「法被組」的第一候補。可是，我沒有在市役所服務終生的想法。

「我現在之所以在這裡，只因爲戰時沒有其他工作而已。」

這樣的心情使我在態度上顯得狂妄自大，股長看不太順眼。只有小學校畢業的股長，一有事情便對我大聲責罵，我則在心中對自己說：「燕雀焉知鴻鵠之志。」

八月十五的玉音放送

昭和二十年（一九四五年）八月十五日，是一個異常炎熱的日子，就連一向耐熱的本島人也有些吃不消。回覽板（傳閱板）上傳遞著罕見的消息。

「本日正午，謹承天皇陛下親自進行廣播，全體在講堂集合。」

本機關的職員當然不用說，市內各地的機關職員也須於三十分鐘前在指定場所集合。今天的主角是漂漂亮亮地裝飾在「御眞影」（天皇玉照的美稱）正前方的收音機。最前頭是嘉義市長，其後七位課長，其後股長，然後是職員，總共四百人排隊，一心等待著天皇陛下的「玉音」（天皇聲音的美稱）放送。

在平常時候，這是敵機B24、P38飛來的時間。

就在等待時，熱氣令人難以忍受，上衣簡直可以脫下來擰乾。股長以上，由於白色法被服容易成爲敵機的攻擊目標，即使夏天也穿著黑色法被，看都覺得熱。他們像水牛一般地喘著大氣，帶點酸甜味的體臭飄散在石棉瓦屋頂與水泥地板的狹隘空間裏。

終於，翹首盼望的廣播開始了，這是我有生以來第一次聽到天皇的聲音。

嘎、嘎……嗶、嗶……

庶務課長戰戰兢兢地調整頻道，依然什麼也聽不清楚。此地距離東京有兩千哩，想來也是理所當然。偶爾聽得到像聲音的響聲，感覺上有些無精打采而哀傷。

大約過了二十分鐘吧。嘰——，結束了。不過眾人仍然低著頭，依然戀戀不捨地側耳傾聽。

直到「最敬禮！」一聲，人們才像從夢中醒來一般，嘆了氣。

「市長大人的訓話等到稍後確認聖旨之後才進行。解散！」

終於解放了。廣播內容到底是什麼？如同一部分人傳說的，是對蘇開戰的宣告嗎？還是……。我心中有著無法對他人訴說的想法。

在房間待命一會兒，門打開，股長進來了，就像是失去魂魄的肉體，一步兩步踉踉蹌蹌的，咚的一聲捽坐在椅子上。他寬厚的肩膀抖動著，似乎正在哭泣。終於，股長以微小聲音嘟囔著：

「王君，戰爭結束了唷。剛才的天皇陛下廣播就是這件事……。」

對面的警察局與隔壁的憲兵隊能夠清楚聽到廣播內容，也被通知此事。

我整理了身邊物品，就這樣告辭了市役所。我只想早一點回到台南。爲了台灣，我想從事更適合自己的工作。只要沒有歧視待遇，憑著自己本事，我是可以好好發揮的。

我花了一個半小時搭乘火車回到台南老家。家中幸運沒有遭受空襲，但空蕩蕩的，沒有一個人在。

「回到心中的祖國」

過了十天左右，疏散到山間的家人們都回來了。市民們也帶著牛車相繼回來。市區又恢復活力，這種活力沒有秩序，令人不安。

日本人接受上級命令，依然從事著行政事務。但工作已失去熱忱，也沒有權威。台灣人瞧不起日本人，但台灣人本身也沒有從事政治的勇氣。這是因爲眾人明白，從中國將有官員要過來。中國人將以什麼形態治理台灣，誰也不清楚，如果笨拙地太過多管閑事，搞不好惹來中國人不高興。這時期產生一種政治上的眞空狀態。

不過，經濟方面仍順應供需原則，持續地自然活動。隨著物資的多寡，左右價錢的高低，但物質多寡是依循什麼機制，市民們則一點都不瞭解。

想必在上層是與政治直接關聯在一起吧。精明的人乃與日本人合謀，操縱管制物資，這是再清楚不過的事。膽子大的，或偷或騙，硬將物資弄到手。

我知道父親囤積了一些砂糖和鹽，利益增加時，父親就高興地賣掉了。大概每斤獲利三十錢或五十錢。我雖然不怎麼清楚經濟方面的事，不過從物價毫無秩序地上漲來看，對父親的微薄利潤感到危險。

「阿爹，等一陣子再賣的話怎麼樣？」

「不行，不能太過貪心。一斤都可以獲利五十錢了，這是到現在爲止都沒有的。不用一星期，就可以賺到兩三成，這也是從未有過的事。」

但沒多久，父親就知道這是通貨膨脹，慌了起來。也不知道是日本人還是中國人，政府當局發出嚴厲告示，要求不許囤積，以穩定物價。父親沒有違背告示的勇氣。而對於有生以來首次遇上的通貨膨脹現象，父親喪失了搏鬥的意志。戰爭已給了父親相當大的精神打擊。就這樣的，王家開始步入沒落。

在這過程中，育彬弟也從軍隊退伍回來了。

市內充滿了學習北京話的風潮。原本待過大陸、略通北京話的人開了許多私塾。每個私塾都超客滿，非常擁擠。在我們家附近的天公廟旁的私塾，有教唱「三民主義，我黨所宗，以建民國，以進大同……」的歌聲熱鬧地傳了出來。

與育彬弟同夥的四五人要求我教他們北京話，我在自己房間的會客間教他們，也收了他們學費，當做自己的零用。

我在東大只學過半年北京話，卻有勇氣嘗試教授，不能不說臉皮厚與膽子大。或許當時的風氣使得我產生這種膽量吧，不過，大部分都是和他們雜談比較多。

當時的氣氛實在讓人無法定下心來。他們來找悶居在家的我，多是談論市街的情況。在轟炸與疏散後的空地裡，日本人販賣起家當器具。前些時還擺架子大喊：「喂，這傢伙！」「汝啊！」「清國奴！」現在卻像換了另一個人似的，叫賣著：「歡迎光臨！」「先生，便宜唷！」「可以，兩束三文。啊，成交了！成交了！」眞是有趣又可笑的光景。

實際上，一邊嘲弄，一邊把日本人的恩賜銀杯、傳家寶刀之類的價錢壓低到兩把三文錢，可說是令人愉快的打發空閑的方法。有趣的武打劇隨處可見，號稱「打狗」（phah-káu），從軍隊退伍下來的年輕人狠狠地毆踢日本人，然後在適當地方站出來仲裁，這也令人嘗到了身爲戰勝者施予恩典的快感。

就如同中元、過年時的熱鬧氣氛，沒有比今天更能嘗到生爲台灣人的喜悅了。熬過千辛萬苦，人們的喜悅更加高漲，日夜召開宴會，爆竹聲響，街中飄滿給神明與祖先的燒香味，遭到嚴禁的胡琴、銅鑼、大鼓演奏的台灣音樂，正祝賀天下太平。——這或許是台灣有史以來最充滿幸福的時代了。

神差戲劇緣

我也馬上變得十分忙碌。

其中之一是龍瑛宗擔任《中華日報》日文版總主編，他來到台南，要求我幫忙。龍瑛宗的大名從《文藝台灣》上已經知道，對於台北文壇，我抱持著羨慕與反彈的複雜心情。他是有名的台灣人作家，以〈植有木瓜樹的小鎮〉在《改造》獲獎；他請我幫忙時，我感到非常得意。介紹他的，應該是育彬弟同好當中的一位文學青年葉石濤。

《中華日報》就在車站前面，原本稱做《興南新聞》，是台南最大的報紙。被接收後，成爲台灣省黨部的機關報，日文版在戰後一年左右被允許。四頁報紙中，三頁都是中文，只有最後第四頁是日文。由於台灣年輕一輩知識份子讀不懂中文，日文版非常受歡迎。直到日文版遭到裁撤，龍瑛宗回台北爲止，受他所託，我寫了幾篇隨筆：

〈孔教批判〉（上下）

〈老子與墨子的對話〉

〈比起相親結婚，毋寧戀愛結婚〉

這幾篇，我到現在都還記得。

〈孔教批判〉是我在東京留學時，讀了呂振羽的書，將深有同感之處摘要出來。〈老子與墨子的對話〉則是諷刺已漫無秩序的社會，寫出墨子有志改革的決心和老子的消極心態。〈比起相親結婚，毋寧戀愛結婚〉中有著辯護之意，我與惠美的戀愛雖然失敗，但我沒有輸也沒有做錯。無論哪一篇，都強烈表達我必欲除去封建制度殘渣，似乎獲得相當好評。

其次是參加演劇活動。九月末左右，台南高工的幾位學生來找我，拜託我寫劇本。

由於出其不意，我嚇了一跳。他們花了時間做了如下說明。他們自稱是台南學生聯盟的委員，該組織是網羅全台南中學以上的學生組織，爲了慶祝十月二十五日的「光復紀念日」，想要舉行文藝表演會。除了音樂、舞蹈之外，也將演出話劇。

「這非常好啊！」我當下就贊成。

然而戲劇與其他不同，必須有劇本，因此他們希望我能夠寫演出劇本。

「我又沒有寫作劇本的經驗，怎麼會拜託到我頭上呢？」我問道。

「王先生是台南市唯一到過東京帝大文學部的，我們認爲能夠寫作的，只有您一人。」

「但是比如說，文化協會應當也有曾經舉辦演劇的老先生們，和他們商量是不是比較好一些？」

「他們和我們的年齡有段差距，想法也不同，而且他們往往看不起年輕一輩。」

這就相當麻煩了，我能夠理解他們的苦心。

「我不知道寫得出來還是寫不出來，總之先試試看吧。你們想要什麼樣的主題？」

「林獻堂等人的致敬團不是去了南京嗎？他回來的談話中有一段是：台灣人到現在為止，就像被送出去當養女，被欺負，而終於又被帶回家的感覺。我們希望能以這段談話的內容為主題。」

「好，知道了。」

我當即問了時間長短，著手寫作。劇長大概一個小時，再長也大約一小時二十分左右，經過考慮後，決定分成兩幕，題為「新生之朝」。

雖然我沒聽過分成兩幕的劇作，但結構大致如下：

第一幕是台灣女兒在養父母家中遭到欺負，第二幕則是被帶回親生父母家中的情況。養父母家中有兩位同齡的女兒，欺負叫惠珠的這位姑娘。街中一位叫張媽的婦人找到被虐待的惠珠，告知其音訊全無的父親已經成功回到街裡。以此做為伏筆，在第一幕結束時，陳老爺出現，實現了感動的父女相見。他出手大方地付給養父母贖身錢，將女兒帶回去。

第二幕的大致情節是，回到親生父母家中，惠珠過起自由放縱、進而自甘墮落甚至害病的生活，這當然有著諷刺當時社會的意思。幫她治病的庸醫則爲丑角角色，引觀眾發笑。有一名叫志中的年輕人，對惠珠表示好意，讓惠珠嘗到愛情，並使她重生。

我依約定期限完成了劇本。

「我的責任完成了。」

他們非常高興地回去，但過兩三天後又來了。

「沒有可以演出的人！」他們哭喪著臉。

「這個嘛，只有拜託文化協會的那些先生們了。」

「他們非常冷淡地說，沒有辦法教學生演戲。」

「王先生，拜託您！」他們哀求著。

我最後是連演出都包辦下來了。

於是我讓他們招募有志從事戲劇演出者，並對這些志願者實施測驗。我摘錄代表性台詞，教他們台語發音。我的劇本是以歌仔冊式的漢字寫成，他們不知道怎麼發音。在測驗前，先讀一遍給他們聽，他們用日文的假名（kana）注音。

演技測驗時，他們由於害羞，無法順利演出，讓我大發脾氣。幸而主角陳惠珠一角找到了一位姓郭的天才女學生，我才放下心，心想如此一來，應該順利了。

不過，男主角陳老爺這角色對學生而言過於困難，沒有一個人通過測驗，學生委員們乾脆勸道，不如由我演出，我也答應下來。

育彬弟的同一夥中，有一位叫做黃昆彬的，原本由他扮演第二幕中的志中一角。除了「新生之朝」以外，另外還考慮了「偷走兵」獨幕劇。由於忙於「新生之朝」，我將「偷走兵」委託給他，但演技上不是那麼容易，沒有辦法之下，此一角色也由我擔任。

我在覺悟之下，從一字一句教發音開始。我以前討厭似是而非的基督教，因此沒有研究教會羅馬字，對此感到非常後悔。學生們將漢字一字一字用假名注音，原本台語就不是五十音能夠發出的音韻體系，被發成日本式發音，聽起來十分受不了。

「這個字是有氣音，這個字是無氣音，這個字是鼻音，必須用鼻子發音，這個字是陰平調，必須平著發音，如果發成其他聲調，意思就走樣了。」我以這樣的方式予以矯正。在這階段，也無法談論到演技的問題。開始的兩星期，可說是即席的台語講習所。

我對台語產生興趣是在進入高等學校那一年，因爲在東京的育霖兄拜託我寄去歌仔冊，這成爲動機。歌仔冊是台灣說書的藍本，薄薄的簡陋粗糙的書，大概一冊兩錢。育霖兄企圖從裡頭找出小說的材料與形容用的俚語。原本，台語就沒有令人滿意的標記法，因此，教會的羅馬字被當成珍寶。歌仔冊中發明很多稀奇古怪的俗字，目的是爲了通用。押韻的「七字仔」有助於解讀，我也在這次劇本中多處借來活用。我非常有自信，肯定能使台詞博得滿場讚賞。年輕一輩驚訝我一口流暢的台語，此乃源自我根據歌仔冊的獨學，以及從小父親所教的《四書》、《唐詩選》所奠下的素養。

在將近一個月的密集排練後，十月二十五日來臨。文藝演出全部時間爲三小時，當中兩齣戲劇佔了兩小時。舞台佈置、化妝等，由我向文化協會借來，非常獲得好評。白天的演出大概來了八成觀眾，晚上的演出由於口耳相傳，連入口都差點被擠爆。

我與惠美的戀愛，戰後幾乎傳遍市內。在這樣的漩渦中，我寫劇本，還親自擔綱主演。截至目前爲止，從事戲劇的，大都被看成下流人所做的下賤事，但「金義興」的兒子到過東大，指導學生們演出戲劇，這可是非比尋常，而且那齣戲非常生動又具現實性，呈現的內容也讓那些文化協會的老先生驚訝不已。

由於這次成功，我一躍成爲市內名士。不論散步或到鬧市吃點心，一定有人回頭多看一眼，耳邊總可以聽到有人嘟嚷著：「陳老爺！」「陳老爺！」

這年（一九四五年）的冬天和一九四六年的秋天，我獲得黃昆彬的合作，演出戲目如下：

「十年後」（一幕，史蒂芬生原作）

「鄉愁」（一幕，原作，演出，主演）

「幻影」（一幕，原作，演出）

「青年之路」（三幕，原作，演出，主演）

「鄉愁」與「幻影」是一九四六年，由我家以前的店員阿尚出資上演。日夜兩場都是超級客滿。由於有不少人靠面子優惠入場，結果收支成赤字，但表示我的戲劇有成爲買賣的價值。不過，在中間穿插舞蹈演出，有點學生文藝演出的味道。這舞蹈因起用了我認識的市內名士的大小姐四位，因此獲得另一種好評。

就這樣，文化協會的老先生們將我列入他們戲劇演出的夥伴，還成爲中國作家所寫的《屠戶》三幕戲中的主人翁。

「青年之路」是兩幕戲劇，一九四六年十月十日在台南一中與台南一女中聯合文藝會上演出，主要宗旨是針對「光復」感到幻滅而自暴自棄的青年們，要他們重新燃起希望。

在國民黨市黨部演出的「野玫瑰」是一齣間諜戲，有某位中國人參加演出，我則擔任主角。同一時期，我還爲台南一中遊藝會寫出「獎學金」一戲，其後由於我逃亡到日本，結果此戲沒有上演。

第八章

國民黨

中國兵來了

一九四五年十月十日，國府所謂的雙十節，是台灣人首次迎接的雙十節，全台南市爲之沸騰。這一天先在南門小學校校庭有祝賀慶典，我也外出參加。雖然站了兩小時左右，腳累壞了，但老一輩的人很多，我被這種熱情洋溢感動。

儀式中介紹了一位張上校，他從人群中走出，步上高高的講壇發表演說。這是我首次見到中國軍人。

光是聽到上校兩字，就令我覺得十分激動。到那時爲止，杉本上校、橋本上校等等的，都是兩字姓的軍人，這一單姓的張上校是第一次聽到，感覺這象徵著同樣是單姓的台灣人也有成爲了不起人物的資格。我看到他出到前面，身著整潔的軍服，但沒有日本軍人那麼華麗，相較之下相當寒酸。可是我心中認爲，這個程度的差異也是沒有辦法的。

國旗升上高掛著，大家齊唱國歌。眾人非常感動，我也落淚。

謠傳中國軍隊將於下午進駐，許多市民出來沿途等待。我來到從車站通往大正公園的主要大道，終於，數百人的軍隊從車站出來。這種場合，如果是日本軍的話，是會吹奏喇叭、撐起軍旗、堂堂正正行軍前進的。然而，他們似乎沒有這類行動的樣子。

總之，中國軍身上穿的是皺巴巴的軍服，有各式各樣的形狀、顏色。有老兵也有少年兵。日本軍到戰爭末期時，軍人的體格雖然變得瘦弱，但相較之下，這中國軍更是貧寒，有穿兵鞋的，也有穿草鞋的，更有赤腳的。背囊也不是皮製的，大多像網狀的東西，裡頭的行李看得一清二楚，或是塞著衣服，或是放入金屬盆、水筒、杯子等等。各人的行動隨便，槍枝或扛或提在手上。隊伍後頭更是寒酸，有的用扁擔擔著行李，或者兩人一起擔著。行李中有大鍋，也有黑色棉被，感覺上就像是從哪裡來的難民似的。

雖然如此，市民們還是頻頻搖旗，施放煙火。當中還有人給兵隊們東西，還有一部分人流下了眼淚。

我也情緒激動。

「想必是對日本兵這種對手進行了游擊戰！」

「若是打游擊戰的話，變成這幅樣子也是理所當然的。」

「日本軍都輸給了這樣的軍隊，光看其裝備好壞是不準的。」

我當時心中有這樣的想法。

軍隊似乎越來越增加，感覺上市內到處都是軍人。家裡的斜對面三十公尺處，原屬日本人的「大和旅館」被接收，一部分軍人進到這裡。他們在亭仔腳經常性設有兩人步哨，因此，市民每經過這裡，都不得不迂迴而行。哨兵或吃著東西，或用聽不懂的話取笑市民。學校裡曾教導不可以邊走邊吃東西，實際上，會有這種舉止的台灣人也幾乎很少見，但中國兵則非常不在乎地在大路上大口大口吃東西。

市內比較長的圍牆上，軍人們用黑炭寫著一些標語。例如：

「民族至上」

「國家至上」

「擁護領袖」等等。

大正公園的天主教會堂的白牆，總令人想起奈良古寺，我從很早以前就讚嘆，這眞是充滿情趣而雅致的一座牆。但這裡也同樣被以一公尺左右的大字寫上標語，我感到非常驚訝。這些人眞不懂得古雅風趣。我們無論走到哪裡，都會撞見標語，總覺得有些不太對勁。

爲什麼老要說些什麼民族至上或國家至上呢？如此特意強調，更令人聯想有比這更重要的，例如，「國民黨」「一族」等，「擁護領袖」更是奇怪，蔣介石難道不是唯一最大的領導者嗎？無論誰都應該擁護他的吧？不正是他帶領抗日戰爭勝利的嗎？這麼明白的事情都還要特別強調，肯定是有某些不擁護的人吧？

中國人官員做了什麼事，由於和我沒有關聯，我不太清楚。

此後，中國兵或搶或奪的這類謠言到處傳開。中國兵到街上買東西，五十日圓的物品強要寫成一百日圓的收據。這還算好的，聽說還有拿著收據與物品前來挑剔，要求退貨與退還金錢的，生意人如果有意見，還會遭毆打。

還有中國兵從日本人的攤子買來自來水水龍頭，回去後塞到牆壁，沒見水出來，就說一定是受騙了，毆打日本人。諸如此類，時有耳聞。

中國兵與日本人吵架時，台灣人多聲援日本人。這情景於島內似乎四處可見，我對中國人的疑慮，又擴大加深了。

十月五日，行政長官公署祕書葛敬恩抵達台北設置了「前進指揮所」。據聞，日本人很想盡快進行受降儀式，葛敬恩亦曾經明確指示過日本人辦理交接事宜。

葛敬恩說，「台灣是個沒有受到正統中國文化薰陶的『化外之地』，台灣人是二等國民。」像他這種說法，表現出中國人的偏見，並曲解了日本領有台灣的歷史事實。中國人自辛亥革命以來，即因爆發內戰和抗日戰爭疲於奔命，多數國民普遍未接受正規教育，文盲人口高達八十五%。然而，這樣的中國人卻要統治過著現代化生活、教育程度高出他們許多的台灣人民。依照當時情況來看，台灣於一九四三年的就學率高達八十五%，足堪與當時世界各國的教育水準相提並論。

接下來要發生的悲劇，日本人和美國人都沒有察覺出來，不，連我們台灣人也沒能發現異狀。

十月二十五日，爲了出席日本人的受降典禮，中國高官和軍人們陸續地來到了台北。他們搭乘美國的軍艦，一路受到美國的保衛。但在中國人看來，日本人表面說要投降，很可能陽奉陰違反將一軍，他們爲此感到憂慮。實際上，安藤利吉總督以下的官員未曾有這種想法。

受降典禮於這年十月二十五日在台北公會堂舉行。安藤利吉時任台灣總督兼任第十方面軍司令官，他向台灣行政長官陳儀遞交了降書，正式宣告日本放棄對台灣和澎湖島的統治。其實，日本政府認為，在處理日軍正式投降手續，或者基於國際法歸還台灣等相關事宜，都應當等候正式簽署和約。

然而，簽署儀式結束後，陳儀說道：「我們接受日本因戰敗而放棄台灣和澎湖群島的主權，並接收群島的領土、人民、統治權、軍事設施及其資產。」並命令道，「今後，關於行政、軍事及其相關事務，必須聽從我的命令。」日本受降典禮結束，陳儀立刻透過收音機廣播宣示，「今日起，台灣及澎湖群島的土地、人民和政治，全置於中華民國國民政府的主權之下。」

台南一中教師

有關就職之事，我再一次受到父親的照顧。憑藉一位姓楊的中國人的關係，父親請他把我介紹給被任命為台南一中校長的蘇惠鑑。他聽到我是東大中途輟學，說道：

「好，明天將接收台南一中，麻煩你就和我一起前往。」

他所說的廣東話或北京話，我幾乎都無法理解，但我心想，中國式的任用眞是簡單啊。楊先生說：

「這麼說雖然有點失禮，但在中國，會當老師的，可是非常沒有價値喲。」

「啊？」

「薪水又低，也沒有額外收入，大概都是一些沒有才能的人才會做。」

我聽到這裡，感覺非常不愉快，又滿腹疑問。重要的教育工作卻是沒有才能的人才會去幹，這到底是怎麼一回事？這樣的話，國家會進步嗎？我覺得這眞是對教育的侮辱。

台南第一中學即之前的台南州立第二中學校。中國式的中學原則上兼初級中學與高級中學。初級中學相當於日本的新制中學，高級中學相當於新制高校。因此，我成爲台南一中的老師，也就是兼任初中和高中的老師。

接收台南二中後才輪到台南一中，這是因爲我畢業的台南一中還有日本人子弟，因此暫緩接收工作。當時有芝原校長、山口副校長以下二十名日本老師、二名台灣人老師在校門口列隊迎接我們。我們於校長室休息一陣後，在校庭與全校學生進行首次見面的招呼。學生一看到我時，哇的喊道：「是陳老爺。」他們看到我站在校長隔壁，似乎認爲陳老爺意外的相當偉大。

從那天起開始接收事務。主要是我和山口副校長接觸交涉。由於有著完好記錄的帳簿，按照帳簿一一清點實物。帳簿上頭記載從教員室的桌椅到値夜室的棉被有幾條等等，清楚明瞭，沒有一項遺漏，我非常欽佩。

相傳在其他地方實際上有非常多和接收有關的笑話。例如，寫著有「金鎚」（日文鐵槌的漢字），中國人接收官就催促交出金子做成的鎚子；還有一些接收官員將被褥中的棉花賣掉，只留下被套。

聽說國民政府在中國大陸的戰爭中一戰勝日本，就從內地派遣大官要人與其同夥到各都市，「辛苦了八年，去把這八年的辛苦都要回來吧。」

我成了訓育主任，管理學生的風紀。

由於我只能說一點北京話，校長說的，不管聽懂或不懂，都只回答：「是的。」我就憑這樣受到信任，說來有趣。

校長對我的信任，原因在於我與日本人老師們馬上就熟悉起來，還有，是楊所介紹的。

當時上課幾乎都必須借用日本老師的力量，只有國語、公民、地理、歷史，完全不用日本老師。校長和我擔任公民、地理、歷史；國語的北京話，則由鄭老師與戴姓女老師擔任。因爲教育處的命令中，規定有關精神教育方面的科目不可以讓日本老師擔任。

公民課的主體「三民主義」、本國（中國）地理、本國歷史、外國地理、外國歷史，對我而言都是首次接觸的領域，我在日本人攤子上買來《萬能事典》、《物語東洋史》等，用來編製教材，意外地受到好評，這也非常有意思。

我對學生們相當嚴格，這使得有「陳老爺」印象的學生感到意外，有一部分還因此產生反感。

在戰後無秩序的社會，當時十來歲的年輕人非常不認眞，忘記長幼秩序，服裝紊亂，令人感到困擾，因此我嚴厲地糾正他們。

最棘手的是被調到軍隊又「復員」回到學校的中學四年級學生，這些傢伙精神粗暴，年齡上和我的差距不過三四歲，絲毫不把我放在眼裡。

戰後即景

那年年底我前往嘉義市役所致意。驚訝的是，我打算進入車站公廁時，在入口處有老太婆正將土紙（衛生紙）一人份一人份地折疊起來，還問我「要嗎」，我詫異甚麼時候有了這種生意？在日本時代，這根本是無法想像的。再看看廁所，極盡骯髒之至，這也是日本時代所看不到的現象。戰後台灣社會一下子變得如此貧窮脫序，我感到愕然。

昭和二十一年（一九四六年）正月左右，旅日台灣人陸續回台，我到台北迎接育霖兄。在台北市，日本人出售家財器具的情況和台南也沒甚麼兩樣。

接了育霖兄回台南的火車途中，也令人感到受不了。每抵達一個車站，小販即隨便進到車內，叫賣聲刺耳難當，喧嘩吵鬧極了。有些成人販仔更是過份，半威脅性地強迫推銷。這些都是半年前所無法想像的事。

回到家後，育霖兄知道我從事戲劇活動，一臉吃驚樣，「想不到你居然有這方面的才能！」我也非常得意能使育霖兄感到驚訝。

育霖兄擔任檢察官

育霖兄在家賦閑半個月。剛開始父親還表示歡迎，過沒多久就催促他尋職了。原本家人期待他能在台南附近就職，但最後還是不能如願以償。過一陣子，育霖兄當上新竹地方檢察處的檢察官，前往新竹市赴任。這一年，他二十七歲。

郭德焜、邱永漢、賴永祥等這些東大的前輩們也回台了。每與他們碰面，我就感到自卑，滿臉通紅。他們都是獲得某某學士頭銜回來的，而我只不過是一名台南的中學教員。雖然我從事演劇活動頗有一點名聲，但是大學沒畢業一事令我感到非常屈辱。加上沒多久惠美又和其中一人訂婚，更傷了我的自尊心。

其後，他們在台北創辦了私立延平學院，這想必是仿效福澤諭吉設立慶應義塾大學，想辦大學吧。延平學院請出了東大大前輩朱昭陽出任院長，而他們本身不是教授就是副教授。

二二八事件發生時，陳儀以學院中藏有槍械為由，予以封鎖，這些教授們被捕的被捕，逃亡的逃亡，崩潰瓦解。

台灣原本是農作物豐富的寶島，此時卻糧食嚴重不足。雖然政府當局禁止將糧食賣到島外，但是以高價運往中國大陸販賣的商人依然絡繹於途，連中國人官員也中飽私囊，或貪污或走私。

擔任新竹地方檢察官的育霖兄發揮了天生的正義感，毫不姑息地逮捕這些惡劣商人。民眾給予喝彩，全台的報紙也對育霖兄的鐵腕稱讚有加。

有的商人帶錢前往哭訴，請求放過一馬，有的發牢騷抱怨：「官員還不是裝運出口，為甚麼光抓我們這些小老百姓？」當然，不論對方是誰，育霖兄一視同仁。

最後育霖兄還著手偵辦新竹市長郭紹宗侵占聯合國的捐贈奶粉一事，由於對象是市長，他的上司張首席檢察官不太想偵辦，但是與市長對立的新竹縣長劉啓光似乎在背後推動。郭市長不僅不接受調查，甚至還想賄賂育霖兄。結果，育霖兄帶了司法警察包圍市公所強制搜查。但育霖兄一行反而遭市長及被包圍的中國人愚弄，不僅搜索票被沒收，還被反擊成「檢察官違法搜查」。結果不得不飮恨撤退。

由於操心此事的責任問題，張首席檢察官驟然去世，育霖兄也負起責任卸職了。

在這之後，育霖兄決定從事律師，但那必須在辭掉檢察官半年後。爲此，他前往台北，在建國中學教授公民與英語，其後又任延平學院教授（注：此時李登輝任副教授）。另外，他還擔任林茂生與王添灯主持的《民報》的法律顧問，撰寫了《提審法概要》。

黑名單人物

前面也曾提及，這一年秋天，爲了台南一中與台南女中的聯合文藝表演會，我寫了劇本〈青年之路〉並擔任演出。文藝表演會地點在延平戲院，也對一般市民開放。

如題所示，此劇本相當具有政治味。內容大要是：一名在冷漠家庭中成長的學生陷入歧途，甚至下手偷東西，當善良的兄長替罪代過時，他因而悔悟。

劇中插入如下場面：

在受到中國人狠狠虐待後，有身心俱疲從海南島復員回來的人一邊這麼說著：

「甚麼祖國？憑甚麼說那是我們的祖國？」

「說甚麼同胞！這難道是對待同胞的做法嗎？」

一邊從舞台右邊呼天喊地地登場。同時間，舞台左邊有一群小學生天真無邪地唱著「光復歌」登場：

台灣今日慶昇平　仰首青天白日清
六百萬民同快樂　壺漿簞食表歡迎
哈哈哈　到處歡聲　哈哈哈　到處歡迎
六百萬民同快樂　壺漿簞食表歡迎

實際上這兩事有著一年的間隔，我故意將其放在同一場面交錯。這一強烈對比，是對中國人的露骨諷刺。

滿場陷入興奮狀態，爆出大喝彩。我也感到滿足。

當我尚在興奮感中還未醒來，幾天後卻被叫到校長室，校長鐵青著臉，出示了教育處來的公文。內容寫著：

「根據報告，某日在延平戲院舉行的貴校文藝表演會上，其中一項戲劇表演中，據說有明顯嘲諷政府的場面。如果屬實，則非常值得檢討。為要調查，請立即交出一份劇本。」

在那滿場狂熱的觀眾中，居然也有混在裡頭冷靜觀察並做報告的爪牙，我首先對此感到驚訝。其次，我心生恐懼，擔心事情變得不可收拾。但接下來又馬上心生反彈，心想怎麼可以屈服於政治壓力。

就在猶豫中，校長開口了。

「我們必須想個辦法才行。」

出身中國的校長是個寬厚的人，他這樣說道，「我晚間看過那部短劇了，士兵們從海南島回來那幕情景，的確很令人震撼。不過，從整齣戲劇來看，倒很有教育意義，我覺得很好。我有個想法與你商量，你將那段他們認為不妥的橋段刪掉，重新修改或重寫都行，用這種方法瞞過教育處。」

「不行，戲劇作品不能任意刪改。」

「在這方面，你何不退讓一下……否則我們的立場很爲難。王老師，你還不了解中國人的社會，只要你稍爲修改一下，給足了教育處的面子，他們就不會往下追究了。」

於此，我不得不妥協了。所謂入境入俗，我接受校長的勸告，這個事件就此落幕了。

這件事情是我在二二八事件暫告一段落後才得知的，因爲我成了這鎭上被盯梢的人物，我的性命險些就遭到抹消了。我被列爲危險人物，最大原因在於我參與〈青年之路〉相關的戲劇表演。

結婚、短暫的平靜

一九四六年秋天，我在相親後訂婚了。對象是同住台南市內、比我小一歲的女性，名叫林雪梅。林家是富裕的大地主，雖然平凡，但家風穩健踏實。雪梅的兄弟姐妹很多，但都出自同一母親。

由於我自身的痛苦經驗，因此，一直想建立溫暖的家庭，林家的家庭環境我非常喜歡。

雖然如此，我之所以只憑一次相親就決定婚姻大事，是因爲雪梅的弟弟當時是我在台南一中的學生；雪梅也看過我在劇場的演出，對我多少有些認識。

我在東大留學期間，她也在東京的裁縫學校學習。

對我的婚事最感到高興的是育霖兄。雖然從戰時起各種儀式都已精簡化，但我的下聘與結婚都是依循舊有習俗舉行。

下聘當天，女方會分發大餅給親戚。大餅由男方準備，林家要求一百二十份，這讓父親嚇了一跳。

一九四七年一月五日，我們舉行婚禮。我滿二十二歲，雪梅二十一歲。王家準備了二十～三十桌的喜筵，這些桌椅平常都是折疊起來，收藏在二樓的天房（thian-pông）裡頭。宴席從中樓直通到前樓。

熱鬧的喜筵結束後，客人告辭了，育霖兄一直留在我們房間，笑嘻嘻地和我們聊著。我們的新房設在我原本住的後棟二樓兩間房。

「阿德結婚了，我眞的非常高興！」

「……」

「我從小時候起，經常都牽掛阿德的事。雖然想留在他身邊保護他，卻又差了四個學年，學校一直都錯過，無法同校，沒有辦法和他作伴。阿德能建立家庭，接下來有你在他身邊，我也覺得放下肩頭重擔了。」

婚禮兩天後，習俗上新娘須回娘家，由娘家招待女婿的父母親、兄弟、親戚。育霖兄也特別為此留了下來，其後才又再上台北。

過完回娘家的習俗後，接下來幾天裡，又由「舅仔」（新娘的兄弟）乘坐人力車送來新娘娘家剛做好的點心。這也是固有習俗，林家忠實地予以維持。

在這種家庭長大的大閨女雪梅，老實又不辭辛勞地勤奮做事，她縫紉拿手，和家裡的人似乎也相處得很好，我感到很放心。

排行第三的母親——阿揚，這時候由於最小的兒子育哲是我的學生，也稍微把我放在眼裏了。

如果日子就這樣持續下去，雪梅做中學教師的妻子，我邊教書邊從事戲劇，育霖兄擔任律師，或可度過安穩的人生也說不定。然而，將所有一切全盤打翻的日子沒多久就來臨了。

第九章

二二八事件

不為人知的「三月大屠殺」

終戰後僅一年半，一九四七年二月二十八日，以台北市民的蜂起為首，在數日之間擴及全島的台灣人大暴動，其中一大原因即是異常的通貨膨脹與隨之而來的台灣人生活的急遽窮困。

戰爭結束後，統制令沒有了，誰都認為台灣特產的米糖鹽木材等生活必需品應該綽綽有餘。但此時不僅物資少得令人無法相信，價錢也高得難以想像，而且每天不斷翻騰。理所當然的，眾人會打從心底憤慨。在台北市，有錢也買不到東西的日子持續著，甚至還發生掠奪事件。

另一方面，看都沒看過的化妝品、雜貨等奢侈品從上海不斷湧進，在櫥窗中嘲笑著台灣人的憨直與貧窮。不看這些櫥窗還好，中國人的大人物們乘坐轎車、自用三輪車，一家人講著聽也聽不懂的話，邊說邊走進去，過一會，手上抱著這些東西從店裡頭走出來。看到這樣的光景，不論誰都會禁不住脫口罵道：「畜生！」無不忿恨握拳。原本恬靜安穩的街頭也呈現山雨欲來的景象，彷彿整個世間都變了樣似的。

在台北開始的二二八事件，台灣人爆發了他們的積鬱，看到中國人就予以毆打，湧入平常就看不過去的貪官污吏家中，把家當器具或現金拿出來燒毀等等。

二二八事件的消息稍後也傳到台南。三月二日正午，報紙刊出號外報導台北情況。台南市民充滿緊張與興奮。入夜後，青年們襲擊各派出所，警察們丟下武器。三日召開市民大會，決議支持台北市民、省政全面改革、市長民選等。

與外省人有小衝突發生。弟弟們也帶著武器，說是要參加在鄉下的戰鬥就出門了。三月四日，我來到大正公園看看。在這一帶，原來的州廳、州參議會館、警察署、消防署、測候所等等建築物都被市民占領了。多數市民興奮地來到街頭，中國人的蹤影完全消失，街上只聽得到台語和日語混雜的聲音。

「自由平等！」

「打倒貪官污吏！」

是用台語喊出的振奮有力的口號。只聽得見日本軍歌，沒有台語歌。我再三在心中希望唱出台語歌。

有關台北、台中各地二二八事件的詳細情況，已經整理在《台灣青年》第六號（一九六一年二月）、第一五號（一九六二年二月）的「二二八事件」專輯中，這裡不多談。對中國人發洩怨恨的「吊打」（集體詢問、批鬥）或毆打之類的過激行動，只在剛開始的兩天；在台北，三月二日召開處理委員會，商量善後事宜與往後方針，並向全島各縣市通告組織「處理委員會縣市分會」及派遣代表到台北。

台灣人極力克制自身的暴力行爲，在心中描繪著建設嶄新未來的夢想。這將是台灣首次的縣市長選舉，從這裡也可以瞭解到台灣人是如何渴望實行地方自治。

但結果呢？陳儀從大陸叫來援軍，對台灣人進行嚴厲報復。三月八日登陸台灣的兩個師團的援軍，原本是預定開赴華北戰區的作戰部隊；但他們現在的對象不是中共軍隊，而是赤手空拳的台灣人。這些援軍肆無忌憚地四處殺人掠奪。

在台南，三月十一日國府軍隊從南部進駐後，馬上宣佈戒嚴令，開始進行逮捕與殺戮。

其粗暴行爲已遠遠超過一般理解範圍。

當天，學校仍照常上課。已隱藏起來的中國人教師的教課時間，或改爲合班上課，或讓學生自修，總算還能維持下去。將近中午時分，學生們突然吵嚷起來，我正想著是怎麼回事時，有的學生慌張地拿起書包就要回家，也有的在走廊上來回奔跑，陷入混亂狀態。我跑出教師室，朝學生所指的方向一看，後門通往東門町的路上，中國兵擺出散開的戰鬥隊形，正向著學校前進。甚麼！恐怖感瞬間一湧而來。學校是神聖的地方，何況學校也沒有參與任何和二二八有關的事，我原本認爲絕不會有這種事發生的。接下來我馬上在校內跑了起來，大聲地提醒學生：「大家進到教室裡！躲到柱子後面！不要把頭伸出來！」

幸好中國兵沒有闖入學校。根據後來的傳聞，他們的目標是後面的台南工學院，聽說他們把日本時代軍訓課程使用的舊式武器搜出來，說是有參加二二八事件的證據，故意刁難學校當局。這根本就是荒謬之談，若像那種沒有裝子彈的槍枝，全島的中學裡頭不知凡幾，況且一年半前接收的時候，這些應當都已加上封條了。

湯德章律師一肩扛下了台南市暴動的所有責任，絕口不說出台南處理委員會其他委員的名字，這使得其他人得救了。

十二日正午，湯德章被拉上卡車遊街示眾後，在大正公園遭到槍殺。他在日本時代原是警察，後來留學日本，苦學通過高等文官考試成爲律師，是一位有骨氣的人。

他正式取得律師資格返回台灣途中，偶然地與當時從裁縫學校結束學業返台的雪梅同船，並曾經親切地交談過。

頭部中彈的湯德章的屍體橫放在大正公園。他身著茶色西裝，雙手被綁在背後壓在底下，看了令人心痛。他的上半身全淌在黑色血堆中。市民們繞著屍體和兩名看守士兵，圍起了半徑五公尺左右的圈圈。蒼蠅成群在屍體臉上嗡嗡飛舞。再也沒有比這時候更令人厭惡的蒼蠅了。他看來是從背後被射殺，往前倒下後，再遭到腳踢而仰面向上，就這樣將屍體放置三天，稱爲「示眾」。

我有生以來第一次看到被射殺的屍體，猛感到一陣噁心，有好幾回差點吐了出來。我迅速步離現場，有人趕過我，可聽到他們小聲的對話：

「眞可憐！」

「阿山仔（中國人）眞殘忍！」

「我再也不經過大正公園了！」

大正公園被市民稱爲「石像」，是傍晚乘涼或室外電影放映會的場所，也是市民喜愛的休閑廣場，中國人卻偏偏將此地做爲刑場，並棄置屍體。在文明社會中，居然還有這麼野蠻的行爲！

育霖兄被捕及其死亡

過沒多久的有一天，憲兵隊闖入家中，用機關槍對準父親，要求「帶我們到房間去」。當時父親不知道到底要帶到誰的房間去，感到爲難。我們家可能遭到逮捕的，除了我之外，還有姐夫與弟弟；姐夫當時任台南工學院教授，擔任台南工學院處理委員會副主任委員，正四處活動；弟弟則手拿武器和學生們一塊到鄉下作戰。結果姐夫被帶走，幸好被釋放了。但我們還來不及高興，隨即傳來最親愛的育霖兄在台北遭到逮捕、下落不明的消息。

家中一陣吃驚，我給兄嫂寫信，卻一點回音都沒有。我坐立難安，雖想前往台北，卻也自身難保，不知甚麼時候會遭逮捕，加上又下了戒嚴令，根本不能自由行動。後來從嫂子那裡聽來的情況如下：

大約是三月十四日吧，正午左右，四五名便衣隊悄無聲息地進到育霖兄夫婦租住的房子，把所有人叫了出來，語氣尖銳地一個一個盤問：「你，是王育霖？」

他們沒帶逮捕令或通緝畫像之類的。育霖兄一瞬間臉色發青，但也無法逃出，他假裝自已不是王育霖。接著，一個一個搜查身體，結果育霖兄西服內側的名字被認出來，終於失去了逃走的機會。

「跟我們來一下。」

「不需要甚麼行李嗎？」

「帶一些暫時要用的。」

嫂子用顫抖的手幫育霖兄收拾了一箱替換衣物，育霖兄沈沈地提著，被硬押進停在門外的吉普車裏。嫂子從後追上前去，但被士兵擋了下來。她一邊擔心這一去可能相當久，但一方面又安慰自己：或許只坐個幾年牢吧。

其後，嫂子竭盡所能地在台北市內奔走，她首先前往新竹縣長劉啓光那裡哭訴此事。劉在口頭上說著：王太太，不要緊的，肯定幫妳忙。但他每次都重複同樣的話，也沒有眞心出力的樣子。

嫂子緊咬牙關，在沒有辦法之下，她前往住在附近的王白淵處哭訴（文化界泰斗，我曾在育霖兄介紹下見過面）。她四處哀求幫忙救育霖兄一命，次數多得我都幾乎記不住她求過誰和誰了。

之後，三月二十三日左右吧，某人帶來育霖兄所寫的紙條。一看，上頭託那人帶口信，說自己在西門的西本願寺（一說憲兵隊），那個人則是同房被釋放的。接下來幾天，嫂子一直在西本願寺附近兜繞，也透過一些人向政府當局打聽，但得到的回應卻是沒有逮捕王育霖這個人，反問是不是被惡棍抓走了？兄嫂聽了，只有仰天長嘯。

被逮捕之前兩三天，育霖兄去拜訪卡爾（George Kerr，台北高校的英語老師，戰後以美國副領事身份再度來台），請教往後的事態發展與處身之道。卡爾說：快逃吧。卡爾曾駕吉普車在台北街上遭到狙擊，槍彈射中駕駛盤，幸運逃過一劫。那時，就連卡爾本身都準備逃亡了，育霖兄是否聽了卡爾的話正準備逃亡，還是他向來一貫的習性，覺得自己沒有做錯甚麼而心情依舊從容。

當天是卡爾離開台北的日子，據說育霖兄出門去送他。他出了家門，途中發現忘記帶錢包，又慌忙返回家中，但回家不到五分鐘，便衣隊就闖進來了。

育霖兄到底甚麼時候死亡的呢？到現在仍然不清楚，因爲一直未見到屍體。沒有發現屍體一事反而好吧，家人剛開始還努力地相信他或許還在哪個地方活著，也許被流放到火燒島或甚麼地方，總覺得他很有可能突然之間又回來。

二二八事件當年晚春的某個夜晚，頭部從右後頸到左眼窩及右鬢角部分開了兩個洞的育霖兄臉帶微笑地進到我的寢室。他的白色襯衫被血染得髒兮兮的。我想起他被逮捕時不是帶了滿滿一箱替換衣物嗎？怎麼在這麼寒冷的夜晚只穿一件襯衫呢？我撐起身子正想責備他。

「阿德！一切拜託了！」

育霖兄說了這麼樣一句，就不見蹤影了。

那是一場夢。我夢到育霖兄，前後也就只有這麼一回。關於這個夢，我從未對睡在身旁的妻子，還有嫂子說出。我一個人暗自在心底絕望著，育霖兄已經遭到槍殺了。

如果是頭部挨兩槍的話，那應該是當場喪命，也就是沒有甚麼痛苦就離開人世吧，這一點倒堪是最起碼的安慰。

我還記得嫂子背著剛出生的嬰兒，憑著街上的傳聞，四處徘徊台北市郊的屍體棄置場。今天南港，明天大橋頭，嫂子一心一意只想找到育霖兄的屍體。她也不感到恐懼，屍體一具一具地找，又是施江南的、又是誰的……。據說某個著名人士的屍體在南港泥巴堆中被發現時，全身赤裸，睪丸還被踢得稀爛。（當時南港是基隆河的轉彎處，曾在這裡浮現出六七位有名人士的腐屍。）相較之下，槍殺毋寧是一種恩典了。

王家最終還是沒有爲育霖兄舉辦喪禮。因爲沒有屍體、遺骨，無法辦理喪葬，加上父母親和兄弟們擔心，如果大肆舉辦喪禮，說不定會被政府當局認爲是發洩不滿。最後僅在連忌日也不知道的情況下，在寺院舉辦簡單的法會了事。

爲甚麼育霖兄非得遭到逮捕、槍殺不可呢？到現在我仍然不知道確切的理由與罪狀。

恐怖政治的開始

二二八事件的結果，中國人的極度殘酷使台灣人嚇破膽，沈默了下來。管它甚麼通貨膨脹，若能保住朝不保夕的一條命，就必須感謝老天爺了，剩下的，就只能找些身旁的微小幸福，用以排遣俗世日子了。

國民政府再也沒有顧慮了，有台灣意識的人、共產主義者……，總之，只要是對政府當局抱持危險思想的人物，或逮捕或刑求或下獄或處死。

我的藏書一旦遭到調查的話，不知會被套上甚麼罪名，因此由妻子的兄長們幫忙運往林家鄉下的住宅，藏到天花板裡頭。我也無法自由寫作劇本了，只過著中學教師的生活。

育霖兄被帶走半年後，兄嫂放棄一切奔走，在落魄潦倒的可憐相下，她帶著兩名幼小男孩撤離台北，接下來在大家族的王家過日子。兄嫂當時才二十六歲，其母自小就管教，女人一旦出嫁，即使成了未亡人，也絕對不能再婚，必須一生守貞。其母也是年輕時就成了未亡人，茹苦含辛地養育四個小孩成人，以賢夫人廣爲人知。

後來，邱永漢寫的一篇小說中，以嫂子的母親爲摹寫對象的部分與事實相距甚遠，使得嫂子受到甚大傷害。

二二八事件之後，台灣人知識份子深切感受到中國俗話所說的「禍從口出」，或多或少地變得神經過敏。若是咎由自取，那也還能理解，但也有人因子虛烏有的事，卻無故地遭到槍殺威脅。

當時有著種種傳說，例如不能隨便將訪客請入家中，或偶爾假裝重綁鞋帶，以便看看有沒有特務尾隨等等。

如果想要陷害對方的話，也非常簡單。

「某某可能是共產黨員！」

「某某是獨立黨員……」

只要寄出這樣一張紙條，對方可能就從地球上消失了。

二二八事件後，恐怖統治變本加厲。我已經有了家庭，也想盡量溫順一點，但是反抗精神總在腦中冒出，在學校上課也諷刺政治，故意挖苦或冷嘲熱諷，與學生們分享小小的快感。

學校座落於市區東邊角落，用走的，頂多二十多分鐘。但是商店街的亭仔腳曾遭受轟炸，斷斷續續受損，利用價值已大大降低。有著仙檀行道樹並排的區間，小枝條被盜砍當薪柴，已不復有甚麼大綠蔭了。

中學教育改成中國式以後，午休有兩個小時；中國人的老師們迅速回到從日本人接收來的宿舍睡午覺。在大陸，據說宿舍大都在學校內，更為方便。剛開始時，有些台灣人老師覺得對學生們很過意不去，後來也仿效起來，回家的人多了起來。我由於來回需花上四五十分鐘，根本無法好好睡一頓午覺，便開始利用起腳踏車。

（對了，這輛腳踏車是我月薪八萬元時以七萬元買下的。相隔不到半年，我從腳踏車店那裡聽來，說現在價錢已提高到一二〇萬元。而我這個月的薪水不過才六〇萬元。幸好當時就買了下來。）

二二八之後，通貨膨脹的現象一點都沒有趨緩下來。

我家前的道路，取三民主義之一，改稱「民權路」。這原本是市內的主要大道之一，四年來的腐敗市政，加上牛車橫行，沈重鐵轍毫無限制（日本時代有一定的重量限制），柏油路面不僅剝落難看，凹凸不平也極其嚴重。

按照教育處的規定，中學專任教員除了午休兩小時之外，從早上八點到下午五點，一天勤務時間為七小時。

由於我首次擔任教職，又是很守法的台灣人，剛開始時，也非常認眞遵守規則。但是中國人（外省人）老師只在上課時才看得到蹤影，校長也沒有說話，台灣人老師於是馬上就「祖國化」了。

這星期的「升旗典禮」（朝會），我終於只去了一次。考績評定一定不會太好吧，但管他的，反正甲等乙等都一樣，只多拿了一張獎狀，也沒有甚麼大不了的。

我對唱國歌一點也提不起勁，光是看到國旗就覺得很不爽快。許多高中部的學生也都漠不關心，只是呆呆站立著。當訓育主任巡視時，才硬要他們張口唱。「三民主義，吾黨所宗……」的歌詞，有的故意含糊發音，唱成「專門取利，吾黨……」；也有的故意將「民」寫成「眠」，大聲嘲弄。

學校裡有特務混雜在老師和學生當中，若對外省人或政府發出任何惡言，可就要提心吊膽了。儘管如此，我仍然忍不住冷嘲熱諷；在歷史地理課說些鼓舞台灣人意識的事。上課也故意使用台語，不用北京話。因爲台語非常富於韻律感，細微表現豐富，很適合用來說歷史。

來自「共產黨支部」的祕函

二二八事件結束後不久，我收到了一封署名給我的祕函。我不知道這接二連三的祕函，是用什麼方式從我家店鋪的門縫塞進來的，但在偌大的家裡，它的確是指名給我的。

我打開信函一看，寄件人署名「共產黨支部」。我偷偷讀著這信函，既感到激動又不安，因爲不管是寄件者抑或閱讀此信的人，他們都可能因此丟了性命。我認爲寫信者很勇敢，感動不已。他們比起窩居不出的我勇敢百倍，他們現在所做的就是推翻國民黨政府。我爲他們如此看重我而感到自豪。

然而，隨著寄信的次數增多，我越發害怕了起來。這事情必然被揭露的。我比誰都清楚，若因爲此事暴露，我們很可能遭到逮捕槍斃。試想，若只因爲收到這種祕函而遭到槍斃，這豈不是太荒謬了。我甚至認爲，這很可能是國民黨所設的陷阱，應該就是出自國民黨政府之手。

後來，我對於祕函失去了耐性。首先，信中所寫的內容，幾乎千篇一律，什麼要拿出勇氣啦、國民黨政權即將垮台，加入我們的組織吧⋯⋯。我心想，即使我有意加入該組織，絲毫都沒有相關人物現身出來。

當我暗忖不想再收到此類的祕函，不知不覺間就沒寄來了，這使我如釋重負一樣，因爲遭到祕函鎖定，總覺得是個心理負擔。

我正尋思要向誰吐露這事情的經過而困惑不已，最後我選了最信靠的出身中國的蘇校長。一天，我鼓足了勇氣到校長室與他商量。

校長聽完事情的經緯說：

「王老師，我理解您的擔憂，可是我也愛莫能助。」

「您若知道他們幾時來抓人，事先通報一聲，我就很感激不盡了……」

「這我可不敢呢。您知道那位教英語的林傑老師吧。」

「知道，他一個月前辭職了。」

「他可不是辭職，是在宿舍被抓走的，聽說他是共產黨員。」

「咦！我完全一無所悉。他眞的是共產黨員嗎？」

「我不清楚。那您認識教外國地理的林祖平老師和黎清老師？」

「嗯，我認識他們，感情還不錯，他們兩個月前辭職了。」

「不，他們倆都在學校被抓走的，一個在教室，一個在教務處。」

我連連嘆息了幾聲，來到校園裡，仰望天空，感傷不已。

脫出台灣

將近休業式的六月底的一個星期六，原本是要交還學生週記本子的，但是我在教師桌上卻看不到應該有的高三學生的一二〇本週記。詢問了工友，他說：「今天早上校長說要看，我拿去了。」

糟了。週記原本是爲檢查、指導學生的思想動向，但是高中三年級，正是十九、二十歲感受性極強的這些年輕人，總是毫不客氣又直截了當地發洩他們的情緒。既然同是台灣人，我和學生之間就像交換日記一般地互相吐露心情，這些文字若被國民黨員的校長看見，萬事休矣，光憑這一點就足以判死刑了。我懷著沈重心情走向教室，對自己的不小心後悔萬分。

開始點名後，從昨天就缺席的陳文生還沒有來。他在二二八事件時遭到士兵們圍毆，而後走入歧途。

「又是擅自缺席啊？。」

此時，班長彷彿左思右想後站了起來：

「他被抓了！」

「甚麼……」

「前天被特務抓走了。」

「然後呢？」

「聽說被帶到台北警備總司令部。」

這是接著週記事件後的打擊。校長之所以會把週記簿拿去看，原因或許在此。

「爲甚麼不早點說出來？。」

「陳同學的爸爸擔心被學校知道的話，會被開除學籍。」

「但這可是分秒必爭的生死關頭呀！」

教室裡開始吵吵嚷嚷，當我把學生哄靜下來，準備上外國史課程時，工友前來傳話。

「緊急會面！」

上課中傳報會面是非常特異的，難道逮捕的魔手這麼快就來了嗎？

我步向走廊，手腳逐漸發起抖來。從中央樓梯戰戰兢兢往下看，等著的不是憲兵，而是育彬弟。

「是你呀，搞甚麼鬼？別嚇人！」

沒讓我有時間安心喘一口氣，育彬弟迫不及待靠過來。他滿身大汗，襯衫濕漉漉的，應是匆忙趕來的。等他確定周遭都沒人後，才小聲說道：「黃昆彬被抓了！」

「眞的？甚麼時候？」

「三天前，聽說是在藏身的新竹鄉下。剛才其他同夥來信通知。」

育彬弟的臉頰不停抽動痙攣，一副嚎淘欲哭的表情。

黃昆彬與育彬弟到大學爲止都是同學，他也是我的戲劇夥伴，因仰慕我，常來家中和我討論有關台灣的國際情勢及學生的活動。我的學生與黃昆彬接二連三遭到逮捕，這已清楚暗示接下來將會發生甚麼了。

「還是趕快逃比較好！」

不等育彬弟說出口，我心底已這麼想。但是學校的事怎麼辦？難道乾脆就這樣等著在講壇被帶走。這也許較富戲劇性，也較能使學生們發憤圖強，就算我死後，也能繼續培育出年輕一輩。

我回到教室後，吵鬧的學生們或許已從我蒼白的臉色感覺事情不妙，安靜了下來。

「就算老師不在了，你們也要自己好好學習。外國史課程進度大概都結束了，考試的話，憑一本筆記大概也能過關。我們彼此爲台灣七百萬島民的幸福而努力，知道吧！」

我在講壇上來來回回，做了告別辭。

鐘聲響起。下課的敬禮草草了事，我返回教務處，趕忙整理抽屜。教科書都在桌上，圖書館的借書全都還了，學校的合作社應該也沒甚麼欠款才是。我叫來工友，請他轉達說我頭疼，下節課自修，然後火急邁向腳踏車放置場。我心裡直想著：恐怕再也沒有機會回這所學校了。

我一時間又猶豫起來，學生們怪可憐的，是否等到畢業典禮完畢才走？但像是爲了拂拭這個想法，我用力地踩了踏板。回到家中，父親在帳房將筆挾在耳上，正忙著打算盤，按照向來的慣例，我向父親用日語說了聲「我回來了」，就回到自己房間。

我請女佣叫來在廚房的雪梅與女兒。雪梅似乎馬上就察覺到我的臉色不比尋常。

「黃昆彬被抓了！」

「眞的？」

之前我們就曾經談過，也許有這一天會來臨。

「按照預定計劃進行吧。我還不想死。沒有看到那些傢伙的最後結局，我不甘心。但除了逃之外，沒有其他辦法。爲了台灣，爲了我們和小孩。」

我抱起九個月大的大女兒，在臉頰上親了一下。

「鄉下？還是香港？」

「當然是香港了。」

「鄉下的話不行嗎？這樣我們可以一起走。」

「鄉下也不安全。黃昆彬在鄉下藏了兩個月，還是被抓了。」

邱（永漢）在去年移住香港，偶爾來信。他以前的來信中曾對我說：「你也趕緊離開台灣來香港吧！」

當時香港屬英國管轄，根據中英協定，只要有中華民國身份就可以自由出入。但是我的目的地並非香港，而是考慮經香港亡命日本，可是總不能申請前往日本的護照與簽證呀，那等於光明正大宣告有可能逃亡，若是香港的話，只要申請出入境許可證，二十四小時以內就會許可下來。

不過我心裡不平，我沒做甚麼事，卻不得不擱下心愛的妻子與女兒，離開出生的故鄉……。所謂「乞食趕廟公」（khit-chiáh koáⁿ biō-kong），就是這麼一回事吧。

「甚麼時候回來？」

「大概不會很久，一年左右吧？」

貪污、經濟崩潰、人心離散、天災，這是一個王朝分崩離析的徵兆。加上美國對蔣介石也不太理睬，似乎連援助也予以斷絕，國民黨政權即將崩潰，大概支撐不了一年吧。

總之，我必須準備一年的花費。接下來的一星期，雪梅出面向娘家親兄弟拜託，飛機票也是雪梅的哥哥幫忙弄到手的。我則以暑假期間的香港旅行提出申請，順利獲得許可。

學校開始放假的第一天，我搭上飛機直赴香港。我一點都不知道，竟再也沒機會踏上台灣的土地……。

那天是一九四九年七月四日。是一個晴空萬里無雲的寂靜夏日午後。

結語——其後的足跡（1949-1985）

追求台灣獨立

王育德二十五歲離開台灣以後，再也沒有返回故鄉，最後於東京結束六十一歲的生涯。一九四九年十二月，因國共內戰敗於共產黨的國民黨逃到台灣，成立了中華民國政府。從那以後，國民黨政權的獨裁統治持續很久，直到一九八七年戒嚴令解除，這三十八年來，台灣人被奪走了言論和行動的自由。

一九六〇年，即王育德政治逃亡的第十年，他矢志要打倒國民黨政權，創設了「台灣青年社」，推動台灣獨立運動。他決定奉獻畢生，爲台灣人建設屬於台灣人的國家而努力，儘管他置身海外，正因爲這樣，他反而更堅定意志，要爲台灣的前途奮鬥下去。

從香港到日本

一九四九年七月四日傍晚，王育德平安抵達了香港啓德機場。之後，他前往了朋友邱永漢寄居的廖文毅的住處。

廖文毅是台灣人，生於一九一〇年，二戰以前曾留學美國，後來受到自由主義啓蒙，於二戰之後，推動台灣人的自治運動。在廖文毅家裡，住著數名仰慕他的青年，育德暫時住在這裡。

香港是個自由和物質豐富之地。然而，育德原先就打算前往日本，因爲錦碧姊住在日本，他不想錯過這機會，還想在日本求學。問題是，他要透過什麼手段前往日本？他手中沒有護照和簽證，只能偷渡入境了。經由邱永漢介紹，他認識了S，這段期間S對他相助甚多。

育德在香港待了三個星期，S爲育德找到了一艘英國籍的貨船。那艘船從海南島搭載鐵礦運至北九州，做這種邊境貿易，獲利頗豐又可交換貨物，因此，貨船上有許多偷渡物品和這行業的商人，育德被安排混入其中。他置身在狹窄的船倉底層起居，感到十分苦悶，但一心只想奔向日本，只能忍耐以待。數日後，貨船來到下關的近海處，等待天色漸黑，育德交付出偷渡物品，終於進入了下關港。

登陸以後，英國籍船員們可短暫自由活動，育德佯裝船員的模樣，一上碼頭，立即奔往下關車站。許久沒聽到日語交談，使他倍感懷念，尤其從語言不通的香港來到日本，這時他才頓覺如釋重負。

順利抵達車站，育德買了夜行列車的車票。儘管他很久沒說日本話了，此時仍然說得自然流利。就這樣，育德終於偷渡成功，入境日本了。

從神戶到東京

住在神戶的姊姊及其家人，熱情歡迎育德的到來。育德的姊夫蔡東興與台灣有貿易往來，育德擔心給他帶來麻煩，蔡東興不但不介意，而且他們夫妻還不斷地向育德施於援助。

育德最大的問題在於，他居留日本的身份，解決這個難題的，正是其姊夫的胞弟——就讀於京都大學醫學部的蔡東隆。東隆和育德體型相似，都是清瘦高個子。他戴著圓框眼鏡來到左京區公所，以外國人「蔡仁德」名義登錄，然後再將登錄證給了育德。他如此冒名申請，是因爲警察從未向育德要求出示外國人登錄證，而且，乍看之下，不管言行舉止和氣質，育德與日本人沒什麼不同。

育德來到日本之後，最想來東京確認他在東京大學的學籍，因爲校方寄到台南家裡的通知，若不繳納學費，將會被註銷學籍。這是他事先沒能預料的，但只要學籍得以確保，他無論如何都想繼續完成大學的學業。育德的姊夫還有個胞弟叫蔡東華，他是育德於台南一中的同學。蔡東華在東京的中華民國大使館任職，他爲了育德的事情四處奔波，甚至代爲租房共同生活。

聽說，學費逾期只要補交就可以恢復學籍，幸好，那時因爲通貨膨脹的緣故，滞納金額並不高，昭和二十五（一九五〇）年四月起，育德回到了東京大學就讀。

在東京大學開學以前，育德在作家中川與一的門下學習小說創作。在國民黨政權的統治下，育德幾乎有三年左右禁止日本語，他鍾情的文學戲劇全被壓抑下來。中川與一是日本著名作家，其小說《天の夕顔》蜚聲文壇，曾野綾子和三浦朱門等作家都是他的門生。育德以筆名王莫愁寫了一部小說〈髫的〉，發表在同仁刊物上，這是他以末廣公學校的安田實老師爲主角而寫的，此外，他還寫了幾篇以個人體驗爲基礎的習作，想寫的題材非常多。

就學東大與家人團聚

育德原本預計在東京只待一年，就要返回台灣而留下妻子，但是一年之後，他覺得返鄉的希望愈渺茫了，於是，決定將妻子接到日本共同生活。他原以爲美國不會再支援蔣介石政權，但是美國卻繼續扶持，國民黨政府之所以得以存續，其帖延命丸就是一九五〇年代的朝鮮戰爭。美國爲了制衡中國和蘇聯，有必要將台灣做爲重要的反共據點。

育德的妻子雪梅以到神戶探訪表姊爲由，取得了出國簽證，於十二月抵達了日本。之前，她曾經在目黑（地名）的裁縫補習學校學習，有實際經驗，所以初來東京生活、講日語也不成問題。對育德而言，妻子是他堅強的後盾。

育德夫妻二人，在世田谷區奧澤租了一間小房子。鄰居們對於這對來自台灣的年輕夫妻很親切，有時候有浴室的鄰居也招呼他們到家裡借用。那時，曙薰剛滿二歲，鄰近的小孩叫她「かおるちゃん」，與孩童們玩在一起，曙薰自然學會了日語。此後，育德一家人遷居過幾個地方：品川區上大崎、豐島區的千川、千早等，不論搬到什麼地方，受到鄰居熱情照料，雪梅漸漸地體悟日本的風土人情，從來不曾因台灣人的身份遭到歧視。或許是由於受過日本教育，天生的性格稟賦使然，育德和雪梅與日本人交誼較深，他們似乎適合在日本生活。

一九五〇（昭和二十五）年四月，育德正式在東京大學文學部中國文學語學科就讀。剛開始，他打算從事台語研究，因爲他惦記著台灣的未來，在他看來，統治者禁止台灣人使用母語（台語），這可能導致台語的滅亡，當語言消滅的時候，就是民族敗亡之時。

要徹底解決台灣人的悲劇，台灣人必須建造有言論自由的國度，而且有外國的支援。然而，蔣介石和毛澤東說，台灣是「中國的一部分」，弄得外國都誤以爲眞，認爲這是中國的內政問題，不便置喙。在育德的思想中，要證明台灣人不是中國人，必須明確強化台語的認同。

因此，育德爲了研究台語，從大學、碩士課程到博士課程，將近十年的時間，都在這個領域奮鬥。他爲了完整掌握台語的體系，學習北京話、廣東話、蘇州話，甚至學習過：一般語言學、音聲學和言語年代學。對育德而言，他得益於諸位傑出教授們的傳授，銘感五內，亦熱衷學習。

育德是在一九六八年提出博士論文的。從一九六〇年開始，他因致力於台灣獨立運動，生活變得忙碌。他深知，把台語和中國其他方言、語彙、音韻和文法做比較研究，必定要付出畢生之力。儘管育德關注台灣的獨立運動，在學問研究上，他仍然很專注。

此外，育德還有一個夙願，即完成新的台語的表記法。

在育德的思想中，將來，台灣人建國成功，台語就是國語。那時候，台灣人不僅像現在一樣，說著台灣話，還可以用台語閱讀和寫作。因此，他必須盡快研究出一套台語的表記法。早期，西方宣教士來台灣宣教，使用教會羅馬拼音，用於閱讀聖經和讚美歌，但非基督教徒就看不懂了。這套羅馬拼音的表記，實際應用於日常生活中，有各種問題，因此育德研發出新式的羅馬拼音表記（王第一式）。一九五六年，他在概括博士論文中的「語彙」部分時，使用了這個表記法。他將此事告知妻子，打算自費出版這些研究成果，題為《台語常用語彙》。然而，沒有出版經費，育德和雪梅只好賣掉房子，將部分所得做為出書用途。這部《台語常用語彙》（永和語學社．一九五七年）即是首次由台灣人之手完成的台語辭典。

其後，育德以教會羅馬拼音稍加修訂，完成了「王第二式」，此外，在書寫台語教科書之時，使用了教會羅馬拼音。從長遠的角度來看，即使他認為自己的表記很合理，但考慮將來的普及化，由於部分台灣人已習慣教會羅馬拼音，所以沿用這種表記有其優點。確切地說，在台語的推廣上，育德為顧全大局，不在乎個人的得失，台語的讀寫得到普及推廣，才是他的衷心所望。

育德在東京大學得以專注學習，感到非常高興，這種毫無拘束、自由做學問的喜悅，是置身在沒有言論自由的台灣所無法體會的。在這裡，他結交了許多同學。他們的年紀比他小八歲左右，但是學養方面很豐富。他與在香港受其關照的S氏互有往來，他們經常一起打撞球、兜風。此外，育德喜歡下將棋和圍棋，這是哥哥和姊夫教他的，他喜歡與朋友用此互動。

他經常把伏案學習的事情視爲台灣人的使命。而且，他很欣慰自己的學習和研究環境，因爲這世上再也找不到如此理想的環境了。他每次授課必然做很多功課，此外，他總要把研究室的圖書通閱過一遍。在這文學部的研究室裡，有許多在台灣查禁的書籍，全是關於共產主義和中國共產黨的事情。

畢竟，育德念茲在茲的是，如果中國共產黨統治台灣的話，那麼台灣人的命運將又會如何？打敗過國民黨的中國共產黨值得信賴嗎？不，他們終究是中國人，他們與國民黨一樣，永遠看不起我們台灣人。

自首

在育德無法返回台灣期間，他的父母相繼過世，阿母於一九五〇年辭世、父親於一九五三年逝世，他爲此自責悔過。

就在他們來日本的第四年，新的轉機終於到來了。育德認爲，他應當到警局自首，承認自己偷渡入境，這樣方能取得正式居留資格。他採取這個做法，是因爲妻子雪梅已懷有身孕，如果他一直沒有取得正式身份，將來孩子出生，就無法申報出生戶口，無法受到正規教育，過正常的社會生活。但反過來說，自首也有風險，情況很糟的話，可能遭到逮捕而被強制遣送回台灣。一旦遭到遣返，毫無疑問就是死刑了。

幸好，他前往自首的時候，有台北高校的學長有馬元治鼎力相助。有馬先生與育霖也是同學。當時，有馬先生是內務省的內閣官房長參事，配屬在首相官邸。爲了與有馬先生商議，育德經常去首相官邸探訪他，有馬先生都很親切地接待。

「我了解了。您這是政治流亡，我會全力相助。像令兄育霖君喪命的憾事，絕不許再發生。」

結果，經由警視廳的訊問，只要有三個保證人，育德就可以取得特別居留許可。系主任倉石武四郎教授，以及刑法權威小野清一郎教授快然應允，願意當育德的保證人。其後，倉石教授三不五時前往警視廳和入國管理局報到，從來沒有不悅之色，他這樣說道：

「這次托您的福，我才有機會進入警視廳，否則我一輩子，恐怕都沒機會呢。」

據倉石教授說，有時候他被單獨喚到裡面問話，他這樣回答：

「您問我爲何東大裡有偷渡客，我才莫名其妙呢，他是不是偷渡客，要不要取締，是您們的差事吧。我的工作即教導學生，天底下哪有老師不歡迎勤學向上的學生？」

翌年，一九五四年十月，育德收到了特別居留許可和正式的外國人登錄證。日本政府是遵守法治精神的國家，一旦核發給予日本人的戶籍，外國人的生活居住權和人權同樣受到保障。取得正式的居留身份，育德一家人終於可以挺起胸膛過著平凡的生活。

其實，是年四月，留居許可尚未核發下來之前，育德的二女兒誕生了。他爲二女兒取名爲「明理」，這與他當時候的處境相關，而且考慮得很長遠，萬一明理無法留在日本生活，必須搬往外國的話，「メイリ（明理）」這個名字的發音，到任何國家都有親近感。

育德對於自己在日本東京的生活很滿意，朋友們無不熱情相待，但是在他的心目中，經常思考台灣的未來，甚至有些焦慮，他希望台灣面臨的惡劣的政治情勢早日結束。在師友當中，倉石教授看出了育德的心事，這樣鼓勵他：

「你既已恢復大學的學籍，就應當努力學習，在畢業之前，儘量不要介入政治運動。半桶水似的心態，是做不成學問的。」

育德聽從倉石的勸告，取得博士學位以前，傾力投注在研究上。

正如前述，育德爲了刊印《台語常用語彙》一書，於一九五六年賣掉房子，權充出版費用，搬到了豐島區的千川租屋。在千川這地方，沒有親朋舊識，房租卻相對便宜些。這租屋處共有兩個房間：四坪的和三坪的，但臨窗眺望的庭院有三百坪，可謂花木扶疏，綠樹青蔥。三年半後，育德推動台灣獨立運動而創立的「台灣青年社」，就是從這租屋處出發的。

「台灣青年社」成立

一九五九年正月，正是育德來到日本的第十年，有兩位奇特的訪客來到千川的租屋處。來訪者是育德在台南一中任教時的學生黃昭堂，以及他新婚的妻子。黃昭堂自台灣大學畢業，服完兵役後，這年春天要到東京大學留學。

自從王育德逃亡至香港後，台南一中的學生們即紛紛傳言「王老師遭到殺害了」、「王老師逃往中國加入共產黨了」。黃昭堂來到日本以後，一聽聞「王老師在東京」的消息，就火速趕了過來。對來到日本的育德而言，他很高興，因爲這是他的學生首次來訪。幾日內，大雪覆滿了千川家的庭院。黃氏夫妻興奮地看著庭院的雪景，育德和家人也來到庭院一起共遊。育德看到這英俊青年的出現，預感好兆頭在萌動。

這次相聚決定著這二人的人生。他們師生經常碰面深談，愈加志趣相投，他明確知道這青年與自己懷抱同樣的理想。

「打倒蔣介石政權，將台灣建設成自由民主的國家！」

進言之，他們希望把台灣打造成可讓自己安身立命的國家。戒嚴令沒有解除，多數的台灣人就不能自由思考行動，無法安然回國。國民黨政權只要繼續箝制台灣人的自由和人權，就必須加以推翻。他們二人下定決心，要推動台灣獨立運動。所謂的獨立，即脫離中華民國體制，建立獨立的國家。

一九六〇年春，育德取得碩士學位，他在一年前已謀得明治大學的中國語講師的教職。他們已經準備就緒，他與隨同黃昭堂而來的留學生們討論做出決定，於一九六〇年二月二十八日成立了「台灣青年社」，共計六名成員。

王育德、黃昭堂、廖春榮、黃永純、傅金泉、蔡光顯（住在香港，觀察員）。除了廖春榮以外，都是育德在台南一中的學生。

他們主要的活動，即發行《台灣青年》雜誌。這份雜誌創刊於一九六〇年四月十日，A5的開本，大約五十頁，小字體打印，分爲上下兩欄，內容十分充實，毫不遜色於一本書的內容。

創辦這份刊物的目的，在於分發給台僑（在日本的台灣人）或留學生，啓蒙他們的意識，爭取他們對於台灣獨立的共識，與此同時，這些聲音亦可傳達給日本的知識人或大眾媒體，引起他們對台灣問題的關注。順便指出，《台灣青年》自一九六〇年四月創刊到二〇〇二年停刊，長達四十二年之久，共計發行了五〇〇期，每個月（第九期爲止雙月刊）持續發行。這本雜誌不但提供諸多訊息，文章見解精闢，充滿豐富的智識。

按當時的情況來看，收到《台灣青年》的台灣留學生，各種反應都有，有些深受恐怖的國民黨政權政治思想教育的留學生認爲，這是一份反政府的雜誌，有的驚嚇得不敢閱讀而隨手扔棄，但後來終究有如金美齡這樣的有識之士加入行列。

關於《台灣青年》編輯會議和發行配送的作業，都是在育德的家裡進行的。編輯會議就在育德的書房和寢室兼用的三坪房間，寄發作業則在那間四坪的房間。這房間是育德妻子打理日常生活的空間，不盡快完成的話，孩子們就沒地方吃飯，也不能鋪被入睡。而且，如果留學生們來訪，若恰逢用餐時間，雪梅一定爲他們準備伙食，以此回報他們支持丈夫推動台灣獨立運動。

所有的捐款幾乎都透過募款而得。雖然募款不易，育德的妻子從未面露難色，育德努力四處到台僑經營的店家募款。多半的情況是，給添了麻煩，但是隨著每次面晤，他都能得到自我鼓舞，因爲他是在推動台灣的獨立運動。育德也催促其他成員們外出募款，但年輕留學生負荷太重，最後募款和資金調度全落在育德一個人的肩上。

此外，他還必須親自到書店洽談寄賣雜誌，而且原本就在大學裡任教，無異於兩頭忙碌。儘管如此，他並不因此叫苦，爲了台灣獨立，能夠與年輕人爲共同的理想奮鬥，生活更爲充實。一九六一年一月十五日，育德忙到深夜時分，妻子在其背後輕聲探問：「你蠻忙碌的」，育德答道：「是啊，這裡就是工廠。我們推動革命的工廠。」

他們正著手準備出版第六期《台灣青年》，推出「二二八事件特輯」。國民黨政府嚴格箝制新聞報導，以致於一般人並不知道「二二八事件」，這是在該事件爆發十多年後，首先有雜誌對此所做的調查和記述，與此同時，亦展現出「台灣青年社」反國民黨政府的鮮明立場。

到了一九六一年，育德擔心連累房東，與房東商議以後，向他買下了豐島區千早町這棟小房子。從那以後，《台灣青年》第七期開始，正式載明自己的住家即雜誌發行所。

接著，希望加入團體的人愈來愈多。對於這些事情，育德數次把它寫在日記裡，題爲「台灣青年的發展」，其後又有新的成員加入，例如：許世楷、周英明、王義郎、郭嘉熙、王天德、宗像隆幸、金美齡、林啓旭、侯榮邦、張國興、黃文雄。

這時期主要成員多半爲「台灣獨立聯盟」的盟員，他們發揮著意見領袖的重要力量。現在，黃昭堂爲「台灣獨立建國聯盟」本部主席。「台灣青年社」初期，有聚集著很多卓越認眞又勇於忍辱負重的人才。

後來，有許多台灣留學生希望加入，但爲了防堵國民黨的特務滲透，本部必須做愼重的審查。最初，出示本名的只有王育德一人，其餘的留學生都用假名活動。從事台灣獨立運動，必須有堅定的覺悟，絕不許半途而廢。結果，因此怯步的人，比留下的多得多。但正因爲留下來打拚，他們彼此更能團結在一起。

一九六一年六月十六日，李登輝私下來拜訪王育德，他是比王育德台北高校晚一屆的學弟。當時，李登輝是台灣大學的副教授，而且是受到國民黨高度評價的農業經濟學者。這一天，育德於日記裡這樣寫道：

「回到家裡，遇R氏來訪。與他碰面，眞令人舒心快意，這是我來到日本以後，首次遇到的傑出人才，看來這有助於將來（台灣）獨立。」

他們二人敘談甚歡，六月三十日，又見了一次。那天，他的日記如此寫道：

「我拜訪R氏。暢談到了晚間十一點。台灣的經濟交由他應可勝任。他提及了T氏，向農學部的學生演講、台灣的經濟發展、政治人物、一旦情況緊急，如何處理等等，可謂肝膽相照，他是個絕佳的人才。如果他明天還在東京，我很想立刻帶著《台灣青年》月刊贈他，台灣若有百個像這樣的英才，建立理想的國度，絕非空中樓閣。我衷心祝福他，希望再相聚。」

從那之後，他們二人沒有再碰面。正如育德預言那樣，李登輝成爲首任的台灣總統（在任期間一九八八—一九九九年），的確爲建設台灣開闢了新的道路。

台灣獨立運動

當時「台灣青年社」的處境相當困難。

那時候，許多同情「台灣青年社」的日本知識人和媒體記者，多半爲左派人士，但是他們接受中共的說法，「台灣是中國的固有領土」，後來甚至撰文批判台灣獨立派企圖要分裂「祖國」。相反地，自民黨和資本家們的立場，比較支持台灣（國民黨政府），但對於高舉「打倒蔣介石」的台灣獨立派不存好感，將之視爲中共的爪牙。在二戰後的混亂局面中，他們念及蔣介石所言「以德報怨」，支持台灣獨立的聲音就愈來愈少了。

因此，一有機會，育德就投稿日本各雜誌，藉此篇幅說明台灣獨立的眞正意義。例如，他撰文載於《世界》（一九六二年四月號）〈一個台灣獨立者的主張〉中，談及他建國的理想。當時，他已提出了（台日）集體防衛的構想。

> 我之所以將台灣人的意識做爲武器，不僅要把它建立成獨立的國家，待台灣獨立後，台灣將成爲非武裝的地區，這樣必能爲亞洲的和平做出貢獻。
>
> 只要中共「解放台灣」的威脅沒有解除，台灣就無法獨立防衛，因此不得不發展出集體防衛的戰略思維，這集體防衛將成爲世界各國的保障，絕不是妄言空論！

進言之，在「告熱愛自由的諸國民」（《新勢力》一九六二年四月號）這篇文章中，其實，育德已展現出要將包括二戰後來台灣的中國人在內，共同建立新的國家的理想藍圖了。

我們台灣人尋求的目標是，脫離暴力和虛僞的束縛，擁有自由的政治主張和自決。這亦是生活在台灣的過半數的、一百五十萬中國人的希望，因爲他們要反攻大陸已經不可能，所以更希望脫離（國民黨）的統治，順利回到故鄉。不可否認，有些中國人不想回到共產中國。就此來看，那些想留在台灣成爲台灣住民的中國人就是台灣人。

關於台灣問題和日本的中國政策，育德有所提及，他從戰後台灣人的悲慘經驗中得出結論，向日本提出明確的建言。

在「無可迴避的宿敵——日本終將與中共對決」（《評》一九六五年四月號）、「論日本・中國的對抗（《自由》一九六五年七月號）這兩篇文章中，育德指出，從亞洲的局勢來看，不管日本和中共的關係是否和睦，日本都必須有彼此爲對手的自覺，而且將來中國透過核子彈試爆成爲軍事強國，以日本和平的憲法不但無法對應，甚至會帶來危險；再則日本的青少年缺乏責任感，若不引導其正向的人生觀和世界觀，以後將會敗給中國……。

五十年前，育德提出的警訊已經應驗，現今，中國在軍事和經濟方面，已對日本造成嚴重的威脅。

當時，很少人像育德敢於提出這種見解。即使有人反對他的建言，他是寧折不屈的人，絲毫不妥協。收錄於《現代之眼》（一九六二年十一月號）的座談會記錄，除了育德之外，出席者都主張「台灣人同爲漢民族的中國人，應當與中國統一」，但是育德對此絕不妥協。

在育德看來，「台灣人與中國人是不同的民族，並非同民族分裂出來的。統一這種說法，簡直荒謬至極，毋寧說，台灣人即使藉助惡魔之手，也想成爲獨立的國家。」（第三〇九頁）

他始終抱持堅定的信念，「台灣屬於台灣人所有，台灣應該獨立出來！」從未改變這個立場。

育德畢生相信文筆的力量，語言可以使人付出行動。

《台灣青年》的貢獻在於，它使許多受制於恐怖政治教育的年輕世代，其禁閉的心靈給予解放和勇氣。它發揮著啓蒙作用——「台灣人應當爲自己建造自由民主的國家」，因此就必須更加團結。此外，《台灣青年》也給美國的台灣留學生很大的影響。

然而，「台灣青年社」推展獨立運動三、四年後，相信筆桿力量的王育德，以及血氣方剛的年輕世代意見相左，在他們看來，直接訴諸行動方能引起社會的關注。而且，他們曾經背著育德暗自展開行動，一時鬧得沸沸揚揚。育德始終認為，推動台灣獨立，不應該使用武力和暴力，但年輕世代們卻恐懼可能重演二二八事件的悲劇，為了防患於未然，必須先發制人。後來，他們脫離了「王老師與學生們」的關係，要求建制組織系統，讓祕密成員得以加入運作。

於是，一九六三年五月改稱為「台灣青年會」，以嶄新的組織重新出發。最高機關設置中央委員會，經由選舉結果，「黃昭堂」獲選為委員長。辦公處所不設在王育德家裡，成員們租屋在新宿區的獨棟房屋裡。

後來，「台灣青年會」更積極地展開行動，祕密成員比以前更熱衷參與。為使接受戰後教育的學生多加了解台灣獨立的理想，在一九六六年，出版了《台灣青年》中文版，海外的台灣留學生開始傳閱，這促成了海外台灣獨立運動興盛的契機。

這個時期，育德已然感到體力的極限，於一九六三年底，決定暫時放下「台灣青年會」業務，收拾近年來擱置的工作。

一九六四年一月，他出版了《台灣——苦悶的歷史》（東京・弘文堂）。這是他從事《台灣青年》編務之餘，費時兩年所寫的著作。在他看來，置身在軍事獨裁政權下，台灣的國民們要自由民主，必須得到國際社會輿論的支持。而要讓國際社會認識台灣並非中國的固有領土，應該撰寫基於客觀事實的歷史著作。現今，只要透過DNA的檢驗，即可證明出中國人與台灣人是不同的民族，可惜那時候沒有這種卓越的技術。在《台灣——苦悶的歷史》序言中，充分展現出育德的歷史見解。（精選摘要）

我是基於無可奈何的心情來撰寫這本書的。我的想法很簡單，這部書籍背負著一千萬人台灣同胞的過去，現在陷入這樣的境地，必須爲將來尋出一條活路來，這正是我撰寫此書的初衷。

台灣屬於台灣人所有，只有台灣人才是眞正的台灣主人。我相信，這個眞理終將取得最後的勝利。

這部著作出版後，報紙和雜誌的書評給予很大評價，兩個月銷售了一萬五千部。弘文堂的老闆這樣道：

「王先生，那種嚴肅的書籍銷售一萬本，可是意義重大呢。這表示許多日本的知識份子很關注這方面的事情，讀過這本書了。他們應該都能理解您的理想。」

毋庸置疑，在台灣，《台灣——苦悶的歷史》成爲禁書，只能偷帶入境私下傳閱。此書，首次於一九七九年譯成中文版，開始受到台灣人廣泛的閱讀。

在那以後，育德開始撰寫擱置已久的博士論文。他費時三年寫作論文，一九六八年以題爲〈閩音系研究〉論文，提交給東京大學文學部。這部論文用四百字稿紙寫成，共計一〇二七頁，資料三四一頁。此外，他寫作「中古音與台南方言聲母對照表」、「中古音與台南聲調對照表」、「台南方言同音字表」等論文，順利通過了東大服部四郎教授以及四名教授的審查，翌年一九六九年三月十八日，東京大學授予育德文學博士的學位。在東京大學裡，育德是首位被授予文學博士的台灣人，這有助於提高他的社會地位和聲譽。

例如，長期以來育德在明治大學擔任低薪的講師，自他取得博士學位，很快升爲副教授，數年後就晉升教授了。順便指出，育德的講師身份沒能扶正，很大原因在於，中華民國駐日大使館每年向校方施壓，擺明要「解雇王育德」！

育德在明治大學講授中國語，向來以嚴謹著稱。學生們的學習態度不佳，他立刻便毫不留情怒聲罵道。在大學裡，像育德這樣的教授極少，反而得到學生們的敬重。育德亦將學生們視爲自家小孩似的關照。因此，在育德的學生當中，他們特別喜歡育德的授課，因爲這是他們最輕鬆開朗的時刻。

王（育德）研究室聯誼會，出席者歷經五屆二十四人，發展得如此踴躍，我非常高興。能夠和年輕學生交流，大學老師這門行業眞是不錯。這是我的活力來源之一，在其他獨立運動者之外爲我補足能量。（摘自：一九六三年二月十五日日記）

碩士生畢業以後，有時來研究室聊坐，說羨慕我的工作。對我而言，這些畢業的學生如同寶貴的資產，他們結婚所生育的孩子，就像是我的孫子一樣。（摘自：一九八四年九月二十二日日記）

此外，王（育德）研究室的學生們，經常來老師家裡做客。到了新春正月，現在的碩士生自不待言，有的已經畢業的學生還帶著妻子同伴來訪。選修中國話的大學部學生，偶爾也來串門子。這時候，育德最大的樂趣之一，即烹煮道地的台灣料理招待，妻子雪梅和女兒站在狹窄的廚房裡替他傳料備菜，做出豐盛的台灣料理。元旦早晨，只有王家一家人，自製日式料理和年糕湯。因此，每年年底，他們爲準備台灣料理和日本料理忙得不可開交。

在家庭裡，育德是個溫和親切的人。首次來訪的學生，總要好奇地詢問育德的家人：「爲什麼王老師那麼平易近人？他在家裡眞是這樣嗎？」而育德的妻子回答，「嗯，這就是他的眞性情。」聽見學生如此描述育德，家人想像著他在大學裡，竟然是個不苟言笑的老師，使這師生團聚的氣氛變得歡快了許多。

經由東大時代的恩師和朋友介紹，他也到其他大學教學授課，共有五所大學：埼玉大學、東京大學、東京外國語大學、東京教育大學、東京都立大學，等等。事實上，育德平時忙碌得很，接下大學兼課的安排，很大原因在於，他身爲台灣人，獲邀在日本的大學裡授課，最是莫大的榮幸。尤其是，在東京外國語大學開設的「台灣語講座」，可說是世界先鋒。授課內容不只台語的會話，有時還探究音韻的歷史等專業領域。確切地說，這是日本國立大學專爲育德開設的講座。

後來，經由黃昭堂等青年學子們的敦促，育德於一九六九年，回到「台灣青年獨立聯盟」（一九六五年改稱），自一九七〇年一月起，擔任《台灣青年》發行人。

爲了將海外日漸興盛的獨立運動團結起來，一九七〇年一月一日，美國、日本、歐洲、加拿大，以及台灣的支部得到整合，經多數成員們決議，將「台灣獨立聯盟」總部設在美國。當年，「台灣青年社」正是從東京豐島區千川那間小房子出發的，那裡即是現今台灣獨立運動巨大發展的起點。

中華民國的孤立狀態

一九七一年十二月二十五日，第二十六屆聯合國大會就阿爾巴尼亞、阿爾及利亞等二十三國所提出的「恢復中華人民共和國在聯合國的合法權利」議案進行表決，最終以七十六票贊成、三十五票反對、十七票棄權的結果通過，中共政權成了「中國」合法代表，受到國際社會的認同。然而，以當初的情勢，中華民國若以「台灣的名義留在聯合國」，有很大的可能性，育德等台灣獨立運動者十分期待，以「台灣國」名義加入聯合國，這樣一來，等同於獨立運動向前邁進了一大步。只不過，中華民國礙於面子，放棄了在聯合國的席位。這個結果，導致一千四百萬台灣人的國際空間受到了嚴重的擠壓。

彼時，美國試圖與中共恢復外交關係，加上在越南戰爭陷入泥淖，藉由與中共聯手來牽制蘇聯。

蔣介石政權因而陷入了孤立無援的困境。育德認爲，此時正是發揮的佳機，外省人和台灣人可聯手建造「台灣共和國」，即台灣邁向獨立的捷徑。儘管育德有「國台合作論」的構想，卻沒有得到獨立聯盟其他成員的支持。

從那時起，即使現今國際社會仍然不承認中華民國是個國家，不能正式加入國際性的機構組織。

一九七二年，日本與中國恢復了邦交，與此同時，與中華民國斷交了。從那以後，「台灣」和「中華民國」的稱號，從報紙和電視裡消失了，彷彿台灣這個島嶼自行消失一樣。

其後，蔣介石死亡，繼任的蔣經國推動經濟政策奏效，台灣的景氣好轉起來，中華民國的政權才得以存活下來。

原台灣人日本兵的補償問題

必須指出，自一九七五年到育德辭世的十年期間，育德投注最多時間和熱情的，即「原台灣人日本兵的補償問題」。

這個契機在於，一九七四年（昭和四十九年）十二月二十六日，一名出身台灣的日本兵——中村輝夫（本名史尼勇・五十五歲），他在印尼的摩洛泰島上被發現（二戰期間，有二十一萬台灣人成為日本軍人及其軍屬，到戰爭前線）。

中村輝夫並不知道二戰已然結束，他隱身在叢林裡生活了三十年。據說，相關人員找到他之時，中村輝夫卻說，「我尚未接獲川島中隊長的命令，不得擅自投降。」此外，中村輝夫每日早上必定朝向東方——日本皇城的方向禮拜致敬，然後帶著自己的配槍，一個人種點什麼農作物養活自己。

不過，儘管日本政府知道中村輝夫是台灣人，仍然沒有向他發放遲滯的薪資和補償金，只付了六萬八千圓，決定將他送回台灣。

育德一想到中村隱身叢林三十年，其孤獨和忠誠信念，就於心不忍。而等候中村的台灣，已經不是「日本」的領土了。他聽不懂人們交談的中國話，妻子早就改嫁他人了。育德光是想像中村看見故鄉早已人事已非的情景，心頭不由得泛起一陣心酸，甚至爲日本政府漠視中村應有的權益感到悲憤。

相較於中村輝夫被發現之前，即有兩起日本軍人深陷叢林裡卻不知戰爭結束的事情：橫井庄一（一九七二年）和小野田寬郎（一九七四年），但他們的回歸均受到日本國內媒體的關注歡迎。在育德看來，多半的日本人頗爲同情他們的遭遇，礙於日本政府與台灣沒有外交關係，若談及台灣的事務，必然遭致中國政府的抗議，因而沒有採取積極做法，但是這樣做，等於在踐踏台灣人日本兵的尊嚴，這是他所無法忍受的。

育德再度思考前日本兵置身在台灣的處境，他們眞的孤立無援，二戰結束以後，政府不曾體恤他們的辛勞，在曾經是敵國的中華民國體制下，又不得不隱藏前日本兵的身份。日本政府對於超過三萬名戰歿者和受傷者，卻完全不給予任何補償。日本人士兵一旦戰歿，其遺族依恩給法尙可拿到年金，因戰爭受傷者，可拿到傷殘補助金，這兩條法律都有其「國籍條項」法源，但是對於二戰後失去日本國籍身份的台灣人，卻得不到任何補償（基於一九五二年簽定的日華和平條約，日本與中華民國討論，可以此條約處理這件事情，但日本政府指出，中華民國並未提出，日本於一九七二年放棄了該條約）。

在一般人看來，遇見這棘手的事情，多半會認爲「多說無益」、「尋求法律途徑自能解決」，而不敢付諸行動。可是對育德而言，他很想爲這些弱勢者做點什麼，「聲援他們是有意義的。付諸行動就會得到成果」，他堅持這樣的理念，如同他長年以來堅定推動台灣獨立運動的立場。

此外，育德認爲這樣做有其意義，因爲藉由這個問題，可以使日本人認識「台灣」的處境。而且，自從三年前，日本與中國恢復邦交以後，「台灣」這個名詞就從日本的大眾傳媒上消失了。中村輝夫的事情，只能用「台灣人元日本兵」表述。然而，育德光是聽到電視播報員說出「たいわん」，字幕出現「台灣」二字的時候，就不由得心情激昂起來。

爲此，育德決心成立「台灣人元日本兵補償問題思考會」（以後略稱「思考會」）。他向台高、東大時代的朋友們呼籲，立即獲得他們的支持，甚至借名贊助，明治大學教授宮崎繁樹旋即應允，並出任該思考會的會長。宮崎教授是國際法權威，亦是「在日台灣人人權守護會」的成員。

有意參加「思考會」的人慢慢地增多起來。尤其中村輝夫的日本人長官川島威伸和特設的水上勤務第111戰友會的加入，無疑給育德等人帶來極大的鼓勵。「思考會」沒有會規，不需繳納會費，全是義工團體。當初，在台灣獨立聯盟看來，育德與其將時間花在這問題上，不如專注於台灣獨立運動。然而，育德說服他們，「這也是台灣問題之一」。從那以後，獨立聯盟全力協力該會，不管街頭活動或記者會的事前準備，充分發揮出他們長年以來的行動力和經驗。

對於該會的成員來說，他們的行動很有意義，他們集思廣益，要採取什麼方法才能讓日本政府落實「對於台籍人戰歿傷者的補償」。然而，這中間有兩個困難，其一，台灣和日本之間沒有外交關係；其二，「國籍法」的限制。因此，他們最初想到的方法是，透過街頭簽名聯署、集會喚起社會輿論的關注，甚至到相關政府部門陳情。

育德負責《台灣人元日本兵思考會》會報的發行，每年發刊一次至二次，內容主要爲說明該活動方針、引述新聞媒體的報導、會務報告和預告活動，捐款者姓名住址、金額等全予刊載。一收到捐款，立即開立收據，寄給捐款者。推展這活動的核心意義是，不僅賬目，所有活動務必誠信透明。

經過了一年，這活動沒有實際成果，宮崎教授提案採取這樣的戰略：首先向日本政府提起訴訟，透過此訴訟吸引大眾傳媒的關注，即使判決敗訴，還能藉由媒體的力量形成社會輿論，進而說服國會議員使之立法。自由人權協會表明全力支援，由所屬的七名律師負責訴訟，完全是義務性質，辯護律師不支領任何報酬。該會律師前往台灣調查，選出了十四名原告，原告來日本出席開庭審判時的機票費用和住宿費，則由大眾的捐款充當。

一九七七年八月十三日，他們向東京地方法院提起訴訟。一九八二年二月二十六日，做出判決，他們的請求遭到駁回。

儘管這起訴訟敗訴，但經由媒體同情似的大幅報導，報紙投書和捐款激增起來。例如，「瑞穗塾」、「南星會」（第四十八師團戰友會）等熱烈響應，參與者增加不少，增強了此活動的氣勢。育德編纂訴訟相關的資料，編製完成後，年輕義工們立即傳發給議員會館和各新聞媒體。

參與者的職業和經驗各有不同，但互助合作，和氣融融，直到「思考會」結束，從未出現意見不合的衝突，從年長者到青年都彼此尊重信任。其中，有成員回憶：「王老師是該會的核心人物，他總是和藹可親待人。」對於育德而言，他和才識之士、溫恭謙和的人共同面對困難引以爲樂。而且，他想到這麼多日本人眞誠地爲台灣人的權益奔走，實在銘感五內。

一九七八年六月，以有馬議員爲主，成立了「國會議員懇談會」。有馬先生最初由內務省調到勞動省，任職事務次官後，投入選舉當選了國會議員。第一次參加者共有六名，關於第一次審判結果，新聞媒體反應熱烈，參加的議員增多起來，最多的時候有五十名之多。這些國會議員分屬各黨派：自民黨、社會黨、民社黨、公明黨、共產黨，幾乎包括了所有政黨。這些國會議員爲了在選舉上爭取更多選民的支持，都騰出時間爲此事奔走。屆時判決敗訴，國會議員可以提案立法，台籍日本兵補償問題即可實現。因此，「思考會」對此抱以高度的期待。

然而某日，亞東協會（台灣駐日大使館）請有馬先生說明此事，會面的台灣政府官員當面向有馬先生勸告，「這件事情是王育德在操縱，補償金撥下來，他很可能用於（台灣）獨立運動，所以台灣政府無此意願協助，請有馬先生盡早收手吧。」

當時，一些自民黨的國會議員受到台灣政府的壓力，因而有所顧忌。

在那以後，育德比以前更戒愼恐懼，改以「事務局」的名義繼續推動。聯盟的成員們徹底扮演輔佐的角色。然而，這就是多數台灣人不知道王育德和「台灣獨立聯盟」爲此活動付出諸多心血的原因。相反地，「思考會」的成員和律師團，隨著與育德的往來，他們都能深刻了解台灣獨立運動的內涵。

一九八二年三月十日，律師團向東京高等法院遞狀上訴。於是，日本政府於一九八五年年度預算中，編列了五〇〇萬圓「台灣人元日本兵問題檢討費」。這個措詞正表示日本政府承認「台灣人元日本兵」。其後，報紙和各媒體開始使用「台灣」這樣的稱號。一九八五年五月，日本政府召開了「台灣人元日本兵問題關係省廳連絡會議」。一九八五年八月二十六日，第二次判決。控訴被駁回，敗訴。不過，吉江清景審判長做出罕見的附帶說明：

「吾在此衷心期待，國家施政者應當克服外交、財政、法律層面的困難，及時消除負面之作爲，努力提高國際社會的信任。」

吉江審判長這番附帶說明，如同呼籲日本政府「必須有所作爲」，該成員們知道，表面上敗訴，但實質上卻是勝訴。因此，報紙紛紛以頭版刊登，社論的觀點全部支持「緊急援助台籍日本兵」，育德爲日本人如此關注台灣人的問題，感到無比欣慰。可惜的是，當時台灣的新聞報導受到嚴格管控，多數的台灣人並不知道日本人在這件事的辛苦付出。

確切地說，吉江審判長是育德就讀台北高校時的同學。當然，那次他擔任審理此案的法官全屬偶然，吉江法官成長於日治時期的台灣，或許因爲這一點，他較能深刻理解台灣人的境遇。最高法院承審法官園部逸夫也是育德台北高校的學弟。這時候，有馬議員爲了取得中國政府和台灣政府的同意，熱心奔走，但是，雙方政府沒考慮台籍日本兵的困境，礙於自己的面子不做出退讓。

然而，這一天終於到來了！

一九八七年九月十八日，日本國會通過了「關於台灣住民戰歿者遺族之弔慰金法案」，這是日本國會有史以來罕見的事例，眾議院和參議院贊成，從自民黨到共產黨全會一致通過表決。基於翌年四月國會的「特定弔慰金等支付實施法案」決定，其支付金額，每人一律二〇〇萬圓。這是十二年來爲這活動奔走的成果。

事實上，有二萬八千名台籍日本兵都領取了二〇〇萬圓的弔慰金。嚴格說來，日本對於戰後補償，唯獨這件法案獲得實現。因此，有法律人指出，在日本二戰後制定的法律中，這條法律堪稱最佳範例。

十二年來，「思考會」來自民眾的捐款也高達了三千五百萬圓，由此看來，這個問題都由日本人的善意獲得了解決。

一九九二年七月十四日，「思考會」舉行了解散儀式。

只是，王育德並未看見這成功的結果，於一九八五年九月，第二次判決兩星期後溘然辭世了！他沒能見證到這個成果，但他應該充分體會到「思考會」的精神內涵。其他成員們也爲能夠參與這個運動感到充實愉快。這對育德而言，就是最美好的餞別。

在普通市民以微薄力量與國家對抗的事例來看，它與推動台灣獨立運動有相通之處，這就是不考慮個人得失，而是出於正義感，爲了台灣人的前途奮鬥。

這個運動對育德來說，是其人生的最大成就。他隻身來到日本打拚，建立廣闊的人際關係，成爲該活動的核心人物，吸引許多良智的日本人支持他，育德喜歡與這些有識之士共同努力。

回想起育德這十年來的辛苦付出，或許正如獨立聯盟成員向他勸告的，育德應當專注於獨立運動，不致於蠟燭兩頭燒。然而，育德知道，他不身先士卒，台籍日本兵的問題就很難公諸於世，甚至被葬送於黑暗的歷史中。育德認爲，日本政府用五百六十二億圓國家預算來補償台籍日本兵，是行所當行的事情。

燃燒殆盡（鞠躬盡瘁）

一九八五年九月八日，育德在寫稿半途，妻子喚吃晚飯，他放下了手中的鋼筆。吃完晚餐後，說身體不舒服，便倒下休息，就此失去了意識。原因是心臟病發作。

救護車趕來了，他一度恢復了呼吸，但仍然陷入昏迷，被送往了東京女子醫科大學醫院。翌日，九月九日，一度恢復了意識，傍晚時再度發作，最後搶救不及，死因爲心肌梗塞。追其原因，他平常看來很健康的樣子，這年四月，他往大學途中，即感到胸部不適，到醫院做了檢查，被診斷患有狹心症。不過，他要處理的工作實在太多，沒有做外科手術，暫時服用藥物治療。現在，透過雞尾酒療法，可以有效改善心臟狹窄的問題，如此應該可以多活幾年。可惜，在一九八五年，日本的心臟外科技術還沒那麼進步。醫生囑咐他要注意身體，但是他認眞的性格，連日以來仍然到大學裡授課。他於是年六月舉行的台高同學會中，在色紙板上寫下「燃燒殆盡」四個字。那時候，他經常用這句話，告訴獨立聯盟的成員，似乎早已預知自己壽命不長。在這種情況下，他想必是這樣選擇，與其安靜休養，不如盡早完成任務。而「燃燒殆盡」正是他所信奉的精神，亦是他告別朋友的言詞。

那年夏天，活動特別多。第二次判決之外，海外台灣人在日本舉行了「台灣同鄉會世界大會」和「台灣獨立聯盟」中央委員會大會，他爲其準備接待，忙得無法抽空休息。

在八月的同鄉會上，育德看見幾名來自台灣的年輕人上台慷慨陳言「誓必推動台灣的民主化」，於是對身邊的妻子說：

「這樣看來，台灣有希望了。我的責任完成了。」

育德謝世的時候，他書房裡的書架上放著剛編完的會報《思考》第十七期原稿，以及資料特輯「第二次判決『國家應盡快實行救濟政策』」文稿。那些資料於第二次判決不到兩星期，育德即整理完稿。

他在桌上留著殘稿，那是預定在下期《台灣青年》刊登的，題爲〈「匹夫不可奪志」的戰鬥〉，這對於享年六十一歲的育德而言，無異於最貼切的標題。

正如育德的夙願那樣，進入二十世紀八〇年代，台灣尋求民主化的聲音愈加高漲，一九八六年，民主進步黨正式組黨，將台灣獨立列入黨綱。一九八七年，戒嚴令終於解除了，一九八八年時任國民黨主席的李登輝，是首位當選總統的台灣人，在他的主政下，陸續地推動民主改革，這正如育德於二十七年前所預料的。

二〇〇〇年，台灣第一次民主的總統大選，民進黨的陳水扁當選總統。

五月，王雪梅受邀出席觀禮，這是她睽違半世紀的返國之行。在此數年前，從事台灣獨立運動的人得以返國，但雪梅堅持「沒有實現台灣獨立絕不回國」的信念，從這意義來看，這亦是她對亡夫的承諾。

現今二〇〇一年，國際社會還不承認台灣是主權獨立的國家。它具有並發揮民主國家的職能，卻無法加入聯合國和其他國際組織。然而，育德在天之靈，現在想必期盼台灣人向世界宣示，我們不是「中國」而是「台灣」的訴求，亦即宣布「台灣」這個新生獨立國家的來臨。

王育德年譜

1924年1月	30日出生於台灣台南市本町2-65
1930年4月	台南市末廣公學校入學
1934年12月	生母毛月見女史逝世
1936年4月	台南州立台南第一中學校入學
1940年4月	4年修了，台北高等學校文科甲類入學
1942年9月	同校畢業，到東京
1943年10月	東京帝國大學文學部支那哲文學科入學
1944年5月	疎開歸台
1944年11月	嘉義市役所庶務課勤務
1945年8月	終戰
1945年10月	台灣省立台南第一中學（舊州立台南二中）教員。開始演劇運動，處女作「新生之朝」於延平戲院公演。
1947年1月	與林雪梅女史結婚
1948年9月	長女曙薰出生
1949年8月	經香港亡命日本
1950年4月	東京大學文學部中國文學語學科再入學
1950年12月	妻子移住日本

1953年4月　東京大學大學院中國語學科專攻課程進學

1953年6月　尊父王汝禎翁逝世

1954年4月　次女明理出生

1955年3月　東京大學文學修士。博士課程進學。

1957年12月　《台灣語常用語彙》自費出版

1958年4月　明治大學商學部非常勤講師

1960年2月　台灣青年社創設，第一任委員長（到63年5月）。

1960年3月　東京大學大學院博士課程修了

1960年4月　《台灣青年》發行人（到64年4月）

1967年7月　明治大學商學部專任講師
埼玉大學外國人講師兼任（到84年3月）

1968年4月　東京大學外國人講師兼任（前期）

1969年3月　東京大學文學博士授與

1969年4月　昇任明治大學商學部助教授
東京外國語大學外國人講師兼任（→）

1970年1月　台灣獨立聯盟總本部中央委員（→）
《台灣青年》發行人（→）

1971年5月　NHK福建語廣播審查委員

1973年2月　在日台灣同鄉會副會長（到84年2月）

1972年4月　東京教育大學外國人講師兼任（到77年3月）

1974年4月　昇任明治大學商學部教授（→）

1975年2月　「台灣人元日本兵士補償問題思考會」事務

	局長（→）
1977年6月	美國留學（到9月）
1977年10月	台灣獨立聯盟日本本部資金部長（到79年12月）
1979年1月	次女明理與近藤泰兒氏結婚
1979年10月	外孫女近藤綾出生
1980年1月	台灣獨立聯盟日本本部國際部長（→）
1981年12月	外孫近藤浩人出生
1982年1月	長女曙薰病死
	台灣人公共事務會（FAPA）委員（→）
1984年1月	「王育德博士還曆祝賀會」於東京國際文化會館舉行
1984年4月	東京都立大學非常勤講師兼任（→）
1985年4月	狹心症初發作
1985年7月	受日本本部委員長表彰「台灣獨立聯盟功勞者」
1985年8月	最後劇作「僑領」於世界台灣同鄉會聯合會年會上演，親自監督演出事宜。
1985年9月	八日午後七時三〇分，狹心症發作，九日午後六時四二分心肌梗塞逝世。

國家圖書館出版品預行編目（CIP）資料

台灣獨立運動啓蒙者：王育德自傳暨補記 / 王育德、王明理著；吳瑞雲、邱振瑞譯. -- 初版.-- 臺北市：前衛，2018.09
384面；15×21公分

ISBN 978-957-801-858-7(平裝)

1. 王育德 2. 自傳

783.3886 107015022

台灣獨立運動啟蒙者
王育德自傳暨補記

作　　者　王育德、王明理著；吳瑞雲、邱振瑞譯
責任編輯　番仔火
美術編輯　宸遠彩藝、Nico
封面設計　黃聖文工作室

出 版 者　前衛出版社
10468 台北市中山區農安街153號4樓之3
Tel：02-25865708｜Fax：02-25863758
劃撥帳號：05625551
E-mail：a4791@ms15.hinet.net
http://www.avanguard.com.tw
出版總監　林文欽
法律顧問　南國春秋法律事務所
出版日期　2018年9月初版一刷

總 經 銷　紅螞蟻圖書有限公司
台北市內湖區舊宗路二段121巷19號
Tel：02-27953656｜Fax：02-27954100
定　　價　新台幣400元

 Printed in Taiwan ISBN 978-957-801-858-7